國家圖書館出版品預行編目資料

清末的江蘇教育總會（1905-1911）／陳昀秀 著 — 初版 — 新
北市：花木蘭文化出版社，2011〔民100〕
目 2+174 面；19×26 公分
（古代歷史文化研究輯刊 六編：第 15 冊）
ISBN：978-986-254-609-3（精裝）
1. 教育行政機關　2. 教育史　3. 晚清史
618　　　　　　　　　　　　　　　　　　100015463

ISBN-978-986-254-609-3

9 789862 546093

古代歷史文化研究輯刊
六　編　第十五冊　　　　　　　　ISBN：978-986-254-609-3

清末的江蘇教育總會（1905-1911）

作　　者　陳昀秀
主　　編　王明蓀
總 編 輯　杜潔祥
出　　版　花木蘭文化出版社
發 行 所　花木蘭文化出版社
發 行 人　高小娟
聯絡地址　新北市永和區中正路五九五號七樓
　　　　　電話：02-2923-1455／傳眞：02-2923-1452
網　　址　http://www.huamulan.tw 信箱 sut81518@gmail.com
印　　刷　普羅文化出版廣告事業
初　　版　2011 年 9 月
定　　價　六編 25 冊（精裝）新台幣 40,000 元

清末的江蘇教育總會（1905-1911）

陳昀秀　著

作者簡介

陳昀秀，臺灣台中人，一九七九年生。臺灣大學歷史系學士，臺灣大學歷史研究所碩士，目前就讀於臺灣大學歷史研究所博士班。

提　要

　　本論文主要是透過江蘇教育總會在清末學界中的種種活動，突顯改革派士紳在清末複雜的政治、社會中所遭遇的困境。藉此個案研究，可以讓我們較為深刻地體會清末改革派士紳的雙面性，及其在傳統與現代轉化之間所面臨的困局。清末改革派士紳所面臨的困境有三。第一，改革派士紳的政治理想藍圖是依照英國、日本此等君主立憲國而建造的，所以他們勢必要與官方合作。但清廷卻因對種族與權力的畏懼，無法誠心地將這一股改革的力量納為己用。第二，改革派因屬於新興的社會勢力，並且具有中央公權力的加持，故與舊派地方紳董處於地方權力資源的競爭關係。而這樣的權力競爭關係，不只存在於地方社會中的兩派士紳，亦存在於地方官、改革派士紳和中央政府之間。第三，則是藉由下層民眾的反應，顯示改革理想與傳統社會習慣的不相融。層出不窮的毀學風潮，揉合了一般民眾對於洋人事物的恐懼和想像；而西方近代民族國家對社會進行的科層化控制，與傳統中國控制社會的方式不同，使得下層人民感到無所適從。改革派士紳雖有啟蒙下層社會的努力，但當時他們最關注的問題仍在政治改革的層次。本書企圖藉由此三種面向的處理與分析，讓我們更了解清末改革者所面臨的各種困境。

目次

緒　論 ……………………………………………………… 1

第一章　清末教育行政體系的建立 ………………… 13
　　第一節　中央教育行政體系的建立 …………… 14
　　第二節　各級地方教育行政體系 ……………… 21
　　第三節　地方自治的影響 ……………………… 29

第二章　江蘇教育總會的成立 ……………………… 41
　　第一節　省界與學額 …………………………… 42
　　第二節　士群：學會 …………………………… 53
　　第三節　章程及組織架構 ……………………… 61

第三章　新舊不融：權力競爭的動態圖像 ………… 81
　　第一節　地方士紳權力的結構變化 …………… 83
　　第二節　地方學會與地方官府間的互動 ……… 88
　　第三節　下層民眾的反應：毀學風潮 ………… 98

第四章　清末士紳的政治和文化網路 ……………… 115
　　第一節　江蘇教育總會與江蘇諮議局 ………… 116
　　第二節　江蘇教育會總會與新式文化傳播媒介 … 126
　　第三節　中央教育會與全國教育總會聯合會 … 135

結　論 …………………………………………………… 155

徵引書目 ………………………………………………… 167

緒　論

一、研究動機

　　由傳統到現代的轉變過程中，最先受到注目的是政治層次的變革，辛亥革命的成功，奠定了中國由帝制走向民主的過程。在思想文化史的範疇裡，最迷人的議題之一在於知識體系的轉變，誠如張灝於〈思想的轉變和改革運動〉一文中所指出：「1890 年代的思想變動，引發政治上的改革，也開啓了一個社會文化的新時代」，1895 到 1925 年間，確爲近代中國思想文化史上最重要的轉型期。〔註1〕辛亥革命確實爲中國注入一股新的政治力量，但革命的成功絕非一蹴可及，亦不能全歸爲革命黨人的功勞。正如 Douglas R. Reynolds（任達）所言：「革命的成功，仰賴的是那數以萬計熱心於改革的菁英人物」，〔註2〕此處所言之菁英人物，筆者以爲即傳統社會中的士紳階層。

　　清末新政中的教育改革，正是近代中國知識體系轉型的重要關鍵。透過對教育的控制，統治階級將主流的符號和意義，內化於下一代，從而實現了統治階級文化特徵的再生產（Reproduction）。也就是說，統治階級透過教育，將自身的文化和價值合法化爲社會的客觀文化和價值。〔註3〕所以教育是一種文化再生產的過程，經過學校體系我們不斷地被相同的文化所複製。我想問

〔註1〕　張灝，〈思想的轉變和改革運動〉，收於《張灝自選集》（上海：上海教育出版社，2002 年），頁 126。

〔註2〕　任達（Douglas R. Reynolds），李仲賢譯，《新政革命與日本：中國，1898～1912》（江蘇：江蘇人民出版社，1998 年），頁 49。

〔註3〕　Pierre Bourdieu and Jean-Claude Passeron，邢克超譯，《再生產——一種教育系統理論的要點》（北京：商務印書館，2002 年）。

究竟是什麼原因改變了傳統文化複製的過程？新教育體系的產生，是一個原因，因爲它改變了傳統知識體系繼續流傳下去的基因。在清末，不論「學堂」或「學校」，都是新知識、新概念的載體，它既是國家權力制度的展現也是社會公共領域中的一環。這樣的雙重特性，在晚清最後十年的教育改革中最爲明顯，並且奠定了中國近代教育制度的基礎。然而，一個制度的產生和廢除絕對都不是像孫悟空一樣，平白無故地從石頭裡蹦出來，絕對有其相應的社會環境和變動。新學制的誕生與確立，始於 1900 年開始的新政時期，而其淵源卻應上溯至戊戌變法。1890 年代是近現代中國思想文化轉變期的濫觴，失敗的百日維新，開啓了之後一連串的變革，辛亥革命之所以能如此迅速地推翻滿清，必須歸功於戊戌變法所埋下的思想種子。

　　戊戌變法運動，在政治上是失敗的，但在思想文化上卻帶來了天翻地覆的變革，自此以後中國歷史的走向與傳統越來越遠，與西方越靠越近，不論在制度上，還是知識體系上，漸漸地都以「西化」爲最高標準。在辛亥革命之前，實已進行一場「靜悄悄的革命」，〔註4〕特別是在 1901 年到 1910 年之間。由於社會的演變是一積累的過程，新舊因素的相互交織、影響，進而使社會各層面的變化更加複雜化，層層因素相互套疊，刻畫出現今的面貌。但在歷史的書寫過程中，我們很容易忽略失敗者，「勝者爲王，敗者爲寇」的俗諺，如今審視起來實不虧爲眞理。在頌揚革命的同時，不論是戊戌變法、立憲運動還是清末的新政，皆被視爲失敗品，不值一提。然而這些失敗的運動，和那些被革命者視爲迂腐、過時的士紳卻是促使中國由傳統走向現代的關鍵力量。〔註5〕綜觀近代中國史，自 1890 年之後，幾乎每十年一變，先是戊戌，再來是新政、然後是民國建立、五四運動和日本侵華，外在客觀環境的快速轉變，迫使人們不斷地

〔註4〕 Douglas R. Reynolds 認爲在 1898～1912 年，特別是 1901～1910 年間，中國在思想和體制方面，正在進行著一場 Thomas Kuhn 於《科學革命的結構》中所言「典範轉移」的過程。雖然言之改革，但事實上卻一場等同於農業革命、商業革命、工業革命般的架構變化過程。《新政革命與日本：中國，1898～1912》，頁 13～14。

〔註5〕 曾樸在〈修改後要說的幾句話〉中提到胡適認爲《孽海花》屬於第二流的作品，因爲其中的許多情節仍屬於「老新黨」的口吻。針對如此之批評，曾樸做了如下的嘲諷：「大概那時，胡先生正在高唱新文化的當兒，很興奮地自命爲新黨，還沒想到後來有新新黨出來，自己也做了老新黨」（曾樸，《魯男子·孽海花》，台北：桂冠，1984，頁 409）。曾樸的嘲諷之語，相當寫實的說明自清末以來，隨著思潮的轉變，每一代知識份子皆有自視其「新」的現象。

思考該如何去應付新局。而西方的思想資源於此時，猶如一廣大的藏寶庫，供當時的知識份子任意取用，還來不及好好地消化，就有新的問題要解決。在此一急就章的劇烈變動時代裡，無怪乎一切以「新」與「變」為上，太過老成與保守的折衷派，就變得不合時宜，而為時代所淘汰。

讓我們將時光倒回二十世紀初的中國，當時掌握政治、社會、思想文化變動的關鍵者，即為後來革命派份子所不齒的士紳。〔註6〕戊戌變法若是中國近代史上的一場啓蒙運動，那麼清末最後十年的新政，則是戊戌維新份子思想真正落實與推廣的合法化時期。1901年，當慈禧在西安宣布變法時，許多維新派人士嗤之以鼻，認為新政不過是：「取戊戌之故事，一一行之於辛丑，全襲其題目而隱易其文章」。〔註7〕但此時，各種社會啓蒙的形式與活動仍大量湧現，並且擁有一套完整的論述與系統，加上新政實經清廷之認可，在政治力的加持下，使得改革風潮成為一股有理念、有目的且有組織的運動。〔註8〕在救亡情緒的催化下，政治制度的革新成為富國的首要目標，在改革派士紳的心目中，立憲政府的建立和政權的參與為其理想的政治藍圖，而與之並行的，便是嚴復所謂的「開民智」。中國教育體制的改革、科舉制度的廢除皆受此思潮之影響。

回顧過去有關教育史的研究，往往過於僵化、冰冷，忽略了人的活動與思考，制度的形成與改變，不可避免的與「人」、「社會」有所關連，三者之間的關係是互動式的。人，既是制度設立的客體與主體，也是創立者和被規範者，應是一種動態的關係的呈現。晚清新式教育制度的形成，是一段思想、文化、政治、社會相互角力和影響的複雜過程。不論是科舉制度的廢除還是新學制的

〔註6〕由於江蘇教育總會在清末堪稱為當時省級的士紳集合體，所以必須對行文中所言之「士紳」、「紳士」和「知識份子」稍作說明。行文之中不論是言及「士紳」或「紳士」者，皆以當時人的稱呼為主。因為在當時這兩種稱法皆有，之間的區別並不清楚，另有「紳董」一詞，亦是時人對於地方士紳的一種稱呼。一般而言，「士紳」著重在「士」，學術知識意味較濃；而「紳士」跟「紳董」的著重點則在「紳」，偏重在地方社會身份的陳述。至於，「知識份子」一詞，當時人用的較少，且為西方的概念，故在本論文中並不常使用。由於江蘇教育總會的會員，在清末大多仍具有傳統功名或是社會聲望，政治傾向上屬溫和的改革者。與張灝所言之「新知識階層」的出現，有所差別，故在論述與行文中，仍以傳統的「士紳」、「紳士」和「紳董」稱之，以求盡量符合當時人之用語。

〔註7〕轉引自劉秀琴主編，《近代中國社會文化變遷錄》，第二卷（杭州：浙江人民出版社，199年），頁267。

〔註8〕李孝悌，《清末的下層社會啓蒙運動：1901～1911》（台北：中央研究院近代史研究所，1992年），頁6。

確立，除了都經過長時期的思想醞釀外，也代表文化和社會的變化，並對往後的政治和各層面產生了深刻且深遠的結構性影響。筆者深深以爲中國的教育改革，所牽扯的是整個中國思想文化史上的大轉向，也是整體知識體系的變動。在清末如此中央權力不振的時期，學部所制定的學制和章程是否能完全的落實，實爲一大問題。根據許多的回憶錄和傳記，在在顯示出當時學習體系的混亂，而各省之間的教育行政，更是各行其是、各自管理，學部實無置喙之能力，各地士紳成爲辦學的主要主角。

因此，要研究近代中國思想文化史上的轉變，不得不從士紳群體上著手；而思想文化的變革又牽涉到整體知識體系的變動，故教育是一很好的研究切入點。而江蘇教育總會恰好提供了這樣的一個窗口。藉由江蘇教總會各式各樣的活動與實際作爲，讓我們得以觀察晚清教育革新過程中的動態圖像，而非冷冰冰制度史的研究。

二、研究回顧與方法

關於中國近代教育史的研究回顧，關曉紅於《晚清學部研究》中緒論的第二節〈學術史〉中，以時間爲座標考察了學部研究的發展及變化，其回顧的內容不論是對於教育史料集的彙編，還是 20 世紀 30 年代以來有關中國近代教育史的中外二手研究，都作了很詳盡的說明與提要，極具參考價值。〔註 9〕故本節主要是針對近代教育研究的方法和取向稍作說明，順便說明本研究的方法和取向。

當我們翻開一本通論性的中國近代教育史著作，映入眼簾的大致可分爲傳統教育的改革、近代新教育的萌芽、學制的演變和名家的教育理念四大部分。所以一般教育史的研究途徑不外乎有以下幾類：第一類的取向偏向思想史，此類研究方法多從著名的思想家著手，例如：鄭世興《梁啓超教育思想》〔註 10〕、謝義勇《蔡元培社會教育思想之研究》〔註 11〕和瞿立鶴《清末教育西潮：中國教育現代化之萌芽》〔註 12〕等偏重思想性質的教育理念研究。此類研究，多半由西方或是現代化的觀點來解讀自清末以來教育思想的發展，

〔註 9〕 詳見關曉紅，《晚清學部研究》（廣州：廣東教育出版社，2000 年）。

〔註 10〕 鄭世興，《梁啓超教育思想》（台北：幼獅，1980 年）。

〔註 11〕 謝義勇，《蔡元培社會教育思想之研究》（高雄：復文圖書，1990 年）。

〔註 12〕 瞿立鶴，《清末教育西潮：中國教育現代化之萌芽》（台北：國立編譯館，2002 年）。

往往缺乏整體的歷史與社會關懷，更無實際層面的論述，容易流於空泛。第二類則是教育制度史的研究，也是最多的一類，例如：學制、教育行政制度或是改革的計畫等等。蘇雲峰《張之洞與湖北教育改革》一書，〔註13〕可以說是傳統教育制度史研究的典範，雖涉及區域與人物兩部份，但其關於湖北教育改革的內容，主要還是在學堂的課程、教學方法和管理制度；就湖北省的教育改革而言，則是偏重於教育行政體系的建立，雖在第一章提及張之洞的「中體西用」，但此研究仍屬制度史的研究範圍。然而書中以學堂的課程為例言：「工藝學堂的漢文功課，大致與武備、農務二學堂一樣，都只在晚間學習而已，是『中體西用』思想在實際應用時偏差的一個例子」，〔註14〕來說明張之洞的「中體西用」在思想與現實之間的衝突，這一點是值得關注的。除此之外對於當時整體思想、社會和政治環境的變化並無太多論述。另外，關曉紅的《晚清學部研究》，亦是制度史研究之範本。其目的在藉由對學部的研究，來瞭解清末新政中央體制的變動，及其過程中所遇到的阻力和矛盾。但其視點主要是由上而下的去看清末的教育變革，對於地方教育的變革和士紳的力量雖有提及，但著墨不多。

　　第三類則是由學術史的角度出發，主要是針對高等教育體系，例如：蘇雲峰《三（兩）江師範學堂：南京大學的前身，1903～1911》〔註15〕和《從清華學堂到清華大學（1911～1929）：近代中國高等教育研究》〔註16〕以及莊吉發的《京師大學堂》，〔註17〕此類研究易流於校史型態，忽略社會結構、政治以及其他歷史因素之間的關聯性，視高等教育的發展為一獨立的自主體系。Ruth Hayhoe（許美德）的《中國大學：1895～1995，一個文化衝突的世紀》〔註18〕一書，則是綜合性的論述大學此一教育在中國發展的過程，以西方、日本及蘇俄的影響來綜合論述中國大學的發展，著重點在民國之後大學

〔註13〕 蘇雲峰，《張之洞與湖北教育改革》（台北：中央研究院近代史研究所，1983年）。
〔註14〕 蘇雲峰，《張之洞與湖北教育改革》，頁146。
〔註15〕 蘇雲峰，《三（兩）江師範學堂：南京大學的前身，1903～1911》（台北：中央研究院近代史研究所，198年）。
〔註16〕 蘇雲峰，《從清華學堂到清華大學（1911～1929）：近代中國高等教育研究》（台北：中央研究院近代史研究所，1996年）。
〔註17〕 莊吉發，《京師大學堂》（台北：國立臺灣大學文學院，1970年）。
〔註18〕 許美德（Ruth Hayhoe），《中國大學：1895～1995，一個文化衝突的世紀》（北京：教育科學，2000年）。

發展的途徑是朝向資本主義模式（西方），還是社會主義模式（蘇俄）。此書的現實意識太過濃厚，屬通論性質的著作。晚清新政時期所成立的大學不多，只有三所國立大學和二十四所省立大學，學生人數不到五千，〔註 19〕且以京師大學堂為全國最高學府。因此嚴格說來，清末並無現代意義下的大學，直到蔡元培任北京大學校長之後，才開始有符合西方與現代意義下的大學。除此之外，中國近代教育史的研究之所以偏重於高等教育，還有一個原因，即對於知識轉型的關懷。例如，陳以愛的《中國現代學術研究機構的興起：以北京大學研究所國學門為中心的探討（1922～1927）》，〔註 20〕以北大國學門的成立為例，處理外在學術環境的變遷對學者及學術工作的影響。而劉龍心的《學術與制度：學科體制與現代中國史學的建立》，〔註 21〕亦是此類研究的代表，此書的研究重點在知識轉型過程中，知識分類方法（類別知識）的改變。知識的分類，屬於廣義教育的一環，因為知識分類方法與教育的內容和方法相關，涉及到的是整體知識系統的變動，所以知識史、學術史皆與教育體系有所關連。例如，清末小學的廢經，和京師大學堂的學科分類，就都屬於廣義教育史研究的一環。

但筆者認為，中國近代教育史的研究，應該要像研究傳統的科舉制度一樣，顧及到社會的整體，而非單一的人物和點。近代中國教育的變革，除了思想文化外，更重要的是還涉及到政治和社會結構的整體的變動，影響層面非常廣泛。例如：傳統教育體系的崩潰和新教育制度的建立，除了帶動整體知識體系的轉向外，還使得傳統帝制和君王思想體系面臨崩潰，政治權力必須重新分配，社會結構也為之一變。Marianne Bastid *Educational Reform in early twentieth-Century China* 一書，〔註 22〕即以張謇在南通的教育改革為核心，論及清末新政人物的轉變，對於清末當時的整體社會、政治和思想氛圍皆有所論述，是一以人物為切入點來看中國近代教育改革的研究論著。但是這樣的研究尚嫌單薄，因為只有一個代表人物。桑兵的《晚清學堂學生與社會變遷》〔註 23〕和《清末新知識界

〔註 19〕周予同，《中國現代教育史》，轉引自許美德，《中國大學》，頁 65。

〔註 20〕陳以愛，《中國現代學術研究機構的興起：以北京大學研究所國學門為中心的探討（1922～1927）》（台北：國立政治大學歷史學系，1999 年）。

〔註 21〕劉龍心，《學術與制度：學科體制與現代中國史學的建立》（台北：遠流，2002年）。

〔註 22〕Marianne Bastid, *Educational Reform in Early Twentieth-Century China* （Ann Arbor： University of Michigan Press, 1988）

〔註 23〕桑兵，《晚清學堂學生與社會變遷》（台北：稻禾，1991 年）。

的社團與活動》，〔註24〕都是以「知識份子群體」為考察的研究對象，且與社會脈絡的變動緊緊相扣，但研究重點仍以革命份子為主。

　　清末教育改革之所以為後人所稱讚，實應歸功於開明士紳（enlightened gentry, Bastid 語）的熱心辦學。而過去的教育史研究，不論是學制的演變還是教育體制的建立，往往都著重於「中央／官方」的觀點，而忽略了地方士紳的力量。開明士紳在清末是一股重大的改革力量，而其發揮力量的管道主要有三：報紙、學會和教育。其中學會是清末開明士紳傳播新學的重要集結點，1909 年清末各地的教育會共有 723 個，足見其對於教育的熱情。而江蘇一地的教育會有 55 個，三年後成長到 115 個，〔註25〕可見江蘇當地士紳在教育界的力量。Marianne Bastild 亦言：「1911 年之前，教育是溫和派改革者（moderates）的領域」。〔註26〕但過去的教育史研究，卻未曾仔細地研究過此類問題和現象，皆將其視為一般的學會組織，直到近來受新文化史研究熱潮的影響，近人亦開始對於清末以來的教育會社開始作研究。例如：張偉平《教育會社與中國教育近代化》，〔註27〕此書廣泛地討論自 1905 年後的各式教育團體的發展，以期藉由清末民初以來的教育會社說明近代教育發展的內在機制和近代中國教育的發展。

　　以教育會為名的學會組織，始於蔡元培的「中國教育會」，但 1906 年之後的教育會性質則與中國教育會大不相同，除了是溫和改革者的集合體外，且為清政府正式認可的合法士人組織。其中成立最早，且組織規模最大的省級教育會，當屬張謇、惲祖祈、許鼎霖等人組成的「江蘇教育總會」。江蘇教育總會成立於 1905 年，一直到 1927 年國民革命佔領上海後，因被國共兩黨打為「學閥」之巢窟而關閉，持續長達二十二年的時間。但江蘇教育總會並不只是一個單純研究教育事務的民間團體，隨著外在政治、社會條件的變化，江蘇教育總會儼然成了江蘇省甚至是全國的一方之霸，透過種種的人際網絡，其所構成的勢力縱橫學界、文化界甚至與商界、政界都有所關聯。此一獨特的歷史現象，一直以來卻沒有人仔細地耙梳過。

　　研究江蘇教育總會的專著並不多，主要是放在江蘇省的現代化教育發展中被提及，例如：劉正偉的《督撫與士紳：江蘇教育近代化研究》，〔註28〕以

〔註24〕桑兵，《清末新知識界的社團與活動》（北京：三聯，1995 年）。
〔註25〕桑兵，《清末新知識界的社團與活動》，頁 274。
〔註26〕Marianne Bastid, Educational Reform in Early Twentieth-Century China，p.91。
〔註27〕張偉平，《教育會社與中國教育近代化》（杭州：浙江大學出版社，2002 年）。
〔註28〕劉正偉，《督撫與士紳：江蘇教育近代化研究》（石家莊：河北教育出版社，

一章的份量將江蘇省教育會當作個案研究；而《上海近代教育史：1843～1949》
〔註 29〕中則有一小節稍微提及。劉正偉的研究，對於江蘇省教育會的演變與
組織架構作了非常詳盡的分析。除此之外，江蘇教育總會或是江蘇省教育會
一詞，只有在研究教育會中的主要人物，例如張謇、黃炎培等人時才會附帶
提起。由於資料的限制，江蘇教育會的研究以大陸學者居多，但亦多為單篇
文章。臺灣學界，只有邱秀香〈清末江蘇教育會之研究（1905～1911）〉〔註 30〕
一文，是專門介紹清末江蘇教育總會的，有關教育會的史料來源主要是出自
《申報》和《教育雜誌》以及《教育行政機構及教育團體》一書中所收集的
文牘資料。在國際學界，相關研究則有 Schwintzer, Ernst Peter 的博士論文
*Education to save the nation:Huang Yanpei and the educational reform movement
in early twentieth century China*，〔註 31〕研究的主要對象是總會的中堅人物—
—黃炎培，希望透過黃炎培的一生，來觀察 20 世紀早期中國菁英階層對於政
治和社會的觀點。書中將教育會定位為「半官方（semi-offical）」的組織型態，
但其重點在黃炎培的職業教育，而非江蘇教育總會。蕭小紅（Xiaohong,
Xiao-Planes）老師的 *Education et politique en Chine:le rôle des élites du Jiangsu,
1905～1914* 〔註 32〕則是第一本研究江蘇教育總會的專書，其切入角度著重於
江蘇教育總會在政治上的影響，故其斷限於 1914 年，便是因為士紳們因袁世
凱關閉各地省議會，而失去了地方的政治舞台。除此之外，蕭小紅亦有單篇
中文論文〈從黃炎培與江蘇省教育會看國家和社會關係的歷史演變（1905～
1927）〉和一篇英文論文〈教育與政治：新文化運動時期的中國省際菁英——

2001 年）。

〔註 29〕 陳科美主編，《上海近代教育史：1843～1949》（上海：上海教育出版社，2003
年）。

〔註 30〕 邱秀香，〈清末江蘇教育會之研究（1905～1911）〉，收於胡春惠、周惠民主編，
《兩岸三地「研究生視野下的近代中國」研討會論文集》（台北：政治大學歷
史系，2000 年）。

〔註 31〕 Ernst Pete Schwintzer, *Education to save the nation : Huang Yanpei and the
educational reform movement in early twentieth century China* ,（Ph. D.-- University
of Washington, 1992 年）。

〔註 32〕 Xiao-Planes Xiaohong （蕭小紅）*Education et Politique en Chine : Le Rôle des
élites du Jiangsu, 1905-1914* （Paris: Ecole des hautes études en sciences sociales,
2001 年）。在此必須特別感謝蕭小紅老師，不論是史料的來源還是論文的提點
都受到老師很大的幫助。可惜的是此書以法文書寫，限於語言能力，無法仔
細的加以拜讀。

江蘇省教育會的個案研究〔Chinese provincial elites at the time of the New Culture Movement: Education and politics within the Jiangsu Provincial Education Association.〕〔註 33〕，研究的取向仍是以政治角度爲主。在日本，則有高田幸男的〈江蘇教育公會の誕生——教育界に建る清末中國の地方政治と地域エリト〉〔註 34〕、〈清末江蘇における地方自治の構筑と教育会——江蘇教育総（總）會による地域エリートの「改造」——〉〔註 35〕和〈辛亥革命前夕江蘇學務總會與地方教育界〉〔註 36〕三篇論文。作者認爲清末的江蘇教育總會，並不只侷限於教育改革一途，還具有與地方議會相似的性質，且對之後的辛亥革命具有重要的影響。比較特別的是〈辛亥革命前夕江蘇學務總會與地方教育界〉一文內容主要是根據《江蘇學務總會文牘》初編中所記載的學務糾紛，並將其分類，藉此探討在推行新教育的過程中所遇到的衝突，包括地方士紳之間的內部衝突、官紳之間的糾紛，是之前的研究中比較缺乏的部份。除此之外，不論是清末或是民初的江蘇教育會，在臺灣學界皆未被仔細的研究過。

　　不論是蕭小紅還是高田幸男的研究，大多偏重於江蘇教育總會這一群士紳與政治之間的關係，希望藉由此一個案探討士紳在政治權力的擴張與運作。筆者則希望透過江蘇教育總會此一民間士紳團體在學界的運作，觀察晚清在教育改革過程中，制度與實際上的落差和難處外，更進一步地希望透過對江蘇教育總會其他非關教育的活動，耙梳出清末士紳如何一步步地，在地方及全國藉由各種新式的文化媒介擴張其影響力，以及其在地方教育扮演的角色。

〔註33〕蕭小紅，〈從黃炎培與江蘇省教育會看國家和社會關係的歷史演變（1905～1927）〉，收於朱宗震，陳偉忠編，《黃炎培研究文集・二》（四川：四川人民出版社，2001 年）。蕭小紅，〈教育與政治：新文化運動時期的中國省際菁英——江蘇省教育會的個案研究〉一文原爲〈Chinese Provincial Associations with the New Culture Movement, 1914～1927〉發表於北大的一場學術會議，中譯本則需感謝蕭老師的慷慨解囊。

〔註34〕高田幸男，〈江蘇教育公會の誕生——教育界に建る清末中國の地方政治と地域エリト〉，《駿台史學》，第 103 號（東京：駿台史學會，1998 年 3 月），頁 1～29。

〔註35〕高田幸男，〈清末江蘇における地方自治の構筑と教育会——江蘇教育総（總）會による地域エリートの「改造」——〉，《駿台史學》，第 111 號（東京：駿台史學會，2001 年 2 月），頁 37～62。

〔註36〕高田幸男，〈辛亥革命前夕江蘇學務總會與地方教育界〉，《史林》，2002 年增刊（上海：上海社會科學院出版社，2002 年），頁 93～96。

三、論文架構

　　在章節的安排上，除緒論與結論外，正文共分爲四章。第一章「清末教育行政體系的建立」，除了簡單地陳述清末教育行政制度的建立外。亦藉由整體教育行政體系建立的過程，說明清廷在教育行政制度的改革中，基本上是處於一個被動的狀態。不論是學部的成立，還是各級地方教育行政體系的建立，都是在地方先行的狀態下，才被動地設立一中央級的管理監督機關。透過對清末各級教育行政章程內容的耙梳，發現不論是省級的學務公所，還是府廳州縣級的勸學所，主要的執行者皆爲地方紳董。中央僅派一提學使作整體監督管理的工作，如此的行政思考模式實未擺脫傳統。而隨著地方自治的實行，教育事務幾乎全劃歸地方管理，一開始甚至連勸學所也列爲地方自治的機關之一。可見清末教育權力，幾乎完全掌握於地方士紳之手，而這樣的現象一直持續到北伐之後，才因全國政治的統一而有所改變。簡述完清末教育行政體系建立的大背景與士紳和教育的關係後，第二章「江蘇教育總會的成立」，便直接切入正題講述江蘇教育總會的成立與其組織架構的分析。本章主要分爲三個部份，第一部份針對江蘇一地在新學制中所遇到的阻礙與問題，分析「江蘇學會」成立的原因跟背景。第二部份，則是對清末的學會作一簡單的歷史回顧，藉此說明「學會」此一組織對於清末士紳的重要性和歷史意義。並且藉由江蘇各地士紳的熱烈反應，來說明清廷制定《各省教育會章程》時的心態。最後則是對總會的組織、架構和章程作一分析，說明總會的運作程序，並彰顯總會在清末眾多學會中的獨特性。

　　第三章「新舊不融：權力競爭的動態圖像」，則是利用總會出版的文牘中所記載的調查報告，來觀察清末新式教育在推行過程中所造成的權力衝突。由於學會和新式學堂皆爲新學的主要傳播媒介，在推行的過程中容易受到舊勢力的反彈。不論是新式學堂的興辦、經費問題，還是各府廳州縣學會的成立，都會產生跟傳統社會運作模式不合之處，甚至是侵犯到原本的既得利益。因此各地學務糾紛不斷，地方士紳之間、士紳與地方官之間、士紳與一般民眾之間，都有許多新舊衝突的現象。此類衝突隨著清末新政推行腳步的加快，和地方自治的實行，在宣統二年造成一波又一波的毀學風潮，細究其原理，皆可以「新舊不融」四字總結。藉著總會在處理此類衝突時的態度，又可發現當時士紳們對於政府，及行政權力的不信賴，極度地想要擴張社會／民間的力量，認爲社會應擔負起改革的主要力量，新的社會思想逐步地成形。

　　最後一章「清末士紳的政治和文化網路」，則是想藉由教育總會在 1910年之後，積極參與全國性的運動來說明清末士紳的活躍。除了教育會此一舞台外之外，在政治上有諮議局，在經濟上有商會、勸業會，在文化上有各式各樣的期刊和報紙媒體，可供清末士紳利用及發表輿論。如此一來，政府與社會／士紳之間的權力衝突現象在最後這一兩年之內，達到了白熱化。而中央教育會的召開，更顯示出清政府對於新興社會力量的態度充滿敷衍，並未真切地想要將之納爲己用。加以「皇族內閣」的出現，江蘇教育總會的士紳們在清廷的統治之下，看不到理想藍圖實現的未來，遂於辛亥革命之際轉向，成爲壓垮清廷的最後一根稻草。

　　清廷預備立憲詔的頒佈，促使改革派士紳加快了立憲運動的腳步，而教育普及和國民教育成了當時教育改革的重心。也就是說，士紳們認爲新政的教育目標是放在如何地讓廣大的下層民眾接受教育，好讓他們具備國民的資格，爲新的政治體制做準備。但是，清政府是一個傳統的舊式政府，沒有足夠的財源和人力，所以必須大量地借用身爲社會中堅階層——地方士紳的力量，在這樣的一個過程中，使得地方士紳在傳統社會上所應負擔的責任合法化，亦讓他們嚐到了甜頭，準備爭取更多的權力。歷史絕對不是一個靜態的過程，尤其是在這麼一個劇烈變化的時代，體制的更動絕對是牽一髮而動全身，其連鎖反應是清廷所始料未及的。Phillip Kuhn 認爲，中國政治制度的穩定性，有很深的社會制度根源，而地方名流（local elite，即地方士紳）則是此一穩定性的關鍵。〔註 37〕所以，清末中國傳統社會的崩潰與士紳階層的變化息息相關，而新政的措施與政策，正是改變士紳態度的主要催化劑。革命往往發生在政權開明和政治逐漸放鬆的時候，由於清政府在宣統二年之後對於政治改革開始日趨保守，緊弛之間，使得初嚐議政權力的士紳害怕理想的幻滅而轉趨支持革命。所以，辛亥革命之所以能如此迅速的成功，其中的一個因素便在於士紳態度的轉變，而江蘇教育總會的士紳態度堪稱爲此類典範的最佳代表。

〔註37〕詳細論述參見孔復禮（Phillip Kuhn），《中華帝國晚期的叛亂及其敵人：1796～1864 年的軍事化及社會結構》（北京：中國社會科學，1990 年），第一章的第一節：近代史的時限。

第一章　清末教育行政體系的建立

　　「辦教育」、「興學堂」一直是清末民初以來很重要的理念及運動。「善言治天下者，不患法度之不立，而患人才之不成」，傳統的人才觀念，促使有志之士在面對甲午戰敗的困境時，將衰弱的原因由武力不如人，加強軍事國防一途，轉向人才的培養。教育改革因此成為甲午戰後（1895 年）以來的首要課題。中國近代教育制度真正的變化應起自戊戌變法時期，雖然自強運動期間已有北京同文館、上海廣方言館以及各地督撫大臣所辦的各種水師、武備、船政和鐵路等新式學堂，但其主要目的在培養「夷務人才」，就其學習的內容而言，是屬於「西藝」層次的新學。百日維新時，清廷雖然頒佈了許多與教育革新有關的政策，但隨著變法的失敗一切回歸原狀。庚子拳亂後，清政府為了鞏固民心，維新變法時的改革政策和理念幾乎全為新政所承繼。光緒二十八年（1902 年）〈欽定學堂章程〉（又稱壬寅學制）的頒訂，是清廷正式推動新教育制度的第一步。而光緒二十九年（1904）的〈奏定學堂章程〉（又稱癸卯學制），除了將學校系統與教育行政體系一分為二、確立教育宗旨外，還認為教育最大的目標在於培養「國民」，奠定中國教育體制西化的基礎。〔註1〕

〔註1〕　近代中國教育史的演變，不論是學制、行政制度還是學科內容，基本上都是朝向西化的方向在轉變，差別者在模仿的對象。清末《癸卯學制》的主要學習對象雖為日本，且企圖保留中國的特色，故小學課程中仍須讀四書五經。但廢經的言論，在清末卻早已沸沸揚揚，1911 年的中央教育會即通過小學不讀經之議案。蔡元培擔任民國教育總長一職時，正式廢除小學讀經，可以說是正式地與傳統教育內容決裂，之後的學科分類皆以西方為準，例如哲學、商學、理工科等。民國之後，學制的模仿對象由日本轉向美國，1922 年的全國教育會聯合會中制訂的新學制系統，則完全是美國式的。所以，中國近代教育的轉變可以說是完全的西化，與科舉時代的教育體系和內容可以說是完

然而，不論是〈欽定學堂章程〉還是〈奏定學堂章程〉，兩者關注的焦點都是教育制度中的「學校體系」，教育「行政體系」則一直到光緒三十一年（1905年）設立學部後，中央才正式有一專門管理新式教育的單位。值得注意的是，隨著新（西）學的擴散和新學制的推行，各省各地早已紛紛設立新式學堂，學務日繁，早已非一簡單的中央教育行政機關即可管理。加上科舉制度的廢除，和普及教育的呼聲日高，光緒三十二年（1906年）後，地方教育行政單位才在各方的呼喚下漸次成立，教育行政架構於此時亦似漸臻完整。

第一節　中央教育行政體系的建立

一、立憲與國民的雙重奏——興學熱潮

清廷開始正式地注意到教育行政管理的重要性，是在科舉廢除之後。學部成立於 1905 年底，科舉制度的廢除則在同年的 9 月，而各省教育行政體系的建立則在 1906 年。科舉制度的不合時宜，早在十九世紀末即已遭受李提摩太（Timothy Richard，1845～1919）等傳教士，和變法人士的強烈批評：「科舉夙為外人詬病，學堂為新政大端」。〔註2〕故廢科舉、興學堂一直是甲午之後，維新派的主要論點。立憲派人士的輿論，日俄戰爭的結果，以及革命氛圍日熾的影響，促使清政府不得不順應時勢，廢除行之千年的科舉制度。然而，科舉不僅僅只是一套選才制度，自北宋以來其所影響之層面廣及社會、政治、學術，科舉與傳統之間的各個層面是緊密相連的，構成一套科舉文化。〔註3〕故嚴復認為科舉制度之廢除，猶如秦始皇廢井田開阡陌，是千年一大創

全地斷裂。

〔註2〕〈會奏立停科舉推廣學校折暨上諭立停科舉以廣學校〉，璩鑫圭、唐良炎編，《中國近代教育史資料匯編：學制演變》（上海：上海教育出版社，1991年），頁530。

〔註3〕由於北宋國策特別禮遇文人，而與科舉制度相關的官學、書院、義塾等教育系統皆發展於兩宋時代進而定型。科舉在宋代社會中具有文化上的重要意義，例如通俗術語和各種儀式的運用，皆於此時大量出現，代表科舉制度的影響已經深入社會之中，形成社會之共識。而士人的生活方式也因應著科舉而發展，地方社會中也設置了許多與科舉有關係的機構和建築，例如資助士人赴考的科舉產業和公車賓興。種種發展到了明清兩代，只有越來越精緻與深化，成為中國知識份子，即士人生活的全部。宋代科舉與教育體系的研究，可參考賈志揚，《宋代科舉》（台北：東大，1995年）；陳雯怡，《由官學到書

舉。廢科舉所影響的不單單只是學制和教育，還牽涉到學務上一連串的制度變革標誌著中國教育的完全轉向。

　　清末興學的熱潮是一波接著一波，並且一步步地撼動著傳統的根基。壬寅和癸卯學制的制定是一波，科舉制度的廢除又是一波。根據光緒三十三年所做之《第一次教育統計圖表》中之〈各省學堂歷年增減比較表〉〔註4〕之統計數目顯示（見表1：光緒28～33年全國學堂統計表），在學制頒佈前的全國新式學堂數為 222 所，《癸卯學制》頒佈之後，學堂數目成長將近八倍，為 1,640 所；最驚人的是科舉廢除之後，即光緒三十二年的學堂數高達 11,211 所，與光緒三十一年的 3,433 所相比，增加之比例約有三倍，若與前兩年相比則有十倍。大量新式學堂的出現，使得學務日趨複雜，加以立憲在即，「普及教育」之呼聲亦日漸高漲，小學堂之設又必須普及於各府州縣，甚至是更下層的鄉里組織，迫使中央不得不設法對此一股新興之力量加以管制。

見表1：光緒28～33年全國學堂統計表

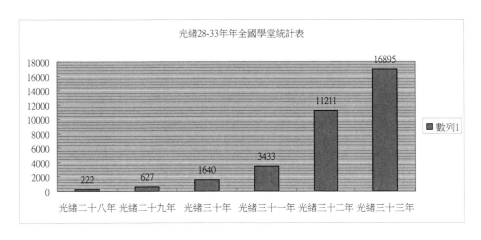

院：從制度與理念的互動看宋代教育的演變》（台北：聯經，2004 年）；李弘祺，《宋代官學教育與科舉》（台北：聯經，1993 年），以及梁庚堯，〈宋代的義學〉，《臺大歷史學報》，24 期，1999 年 12 月，頁 177～223；〈南宋教學行業興盛的背景〉，《慶祝鄧廣銘教授九十華誕論文集》（石家莊：河北教育，1989 年）；〈士人在城市：南宋學校與科舉文化價值的展現〉，收《經濟史，都市文化與物質文化——第三屆國際和學會議論文集》（台北：中研院史語所，2002 年）等關於南宋教育的論文。

〔註4〕　〈各省學堂歷年增減比較表〉，（清）學部總務司編，《第一次教育統計圖表（光緒三十三年）》（台北：文海，1986 年）頁 37～38。

　　學堂數量之所以如此大量之增加，除了明確的政策方向之外，亦與培養「國民」此一目標密切相關。光緒三十一年（1905 年）六月，清廷正式派遣五大臣至東西洋各國考察憲政，雖未正式頒布諭旨仿行立憲制度，但自日俄戰爭以來所醞釀的立憲風潮，於此時已臻成熟。憲政制度對維新派的士紳來說，是一種全民參與政治的想像，因此特別強調人民立憲與教育之間的關係。當時報章雜誌普遍地認爲中國人民之程度甚低：

> 今者我國之人民，果處何等之位置乎？泯泯昏昏，蠢如鹿豕。知書識字者，千不得一；明理達時者，萬不得一。家庭之中無禮教，鄉里之中無團體，郡縣之間，視同秦越，省界一分，爾詐我虞。以如是之國民，而與之以莫大之權，使之與聞國事，是何異使蚊負山蚯距海也。……其如民智之幼稚，民力之綿薄何？吾恐憲政既立，而國民茫然無措。〔註5〕

憲政制度必須要人民具備完善政治知識和自治能力的配合才得以實行。故唯有民智大開之後，人民才具備談論、商議國家大政的資格，因此培養立憲國民資格的唯一方法，便是「教育」。二十世紀初的五到十年之間，有志於革新者之所以不斷倡導「普及教育」和「強迫教育」，便是爲了要達到此一目標，初等小學堂的設立爲其首要之途徑。如此一來，即可解釋爲何在學部統計的各類學堂數量之中，以小學堂之數目最爲龐大，高達 33,605 所。〔註6〕

　　在立憲與國民的雙重奏下，廣設小學堂是清末最後五年的主要教育政策。光緒二十九年（1904 年）〈奏定初等小學堂章程〉，〈立學總義章〉中言：

> 國民之智愚賢否，關國家之強弱盛衰。初等小學堂爲教成全國人民之所，本應隨地廣設，使邑無不學之戶，家無不學之童，始無負國民教育之實義〔註7〕

《奏定高等小學堂章程》，亦以「培養國民之善性，擴充國民之知識，強壯國民之氣體爲宗旨」，〔註8〕雖然《奏定學務綱要》中仍認爲，「京外大大小小的文武各學堂，以造就通才爲宗旨」。〔註9〕但科舉廢除之後，學部於光緒三十

〔註5〕　覺民，〈論立憲與教育之關繫〉，《東方雜誌》，第 2 卷，第 12 期，1905，頁 5428。

〔註6〕　〈各省普通學堂統計表〉，（清）學部總務司編，《第一次教育統計圖表（光緒三十三年）》，頁 35～36。

〔註7〕　璩鑫圭等編，《學制演變》，頁 292。

〔註8〕　璩鑫圭等編，《學制演變》，頁 306。

〔註9〕　璩鑫圭等編，《學制演變》，頁 488。

二年（1906）再次奏陳教育宗旨中便明言：

> 考之東西各國之學制，其大別有二：曰專門，曰普通，而普通尤爲
> 各國所注重。普通云者，不在造就少數之人才，而在造就多數之國
> 民。〔註10〕

當教育以培育「國民」爲宗旨時，象徵著傳統教育裡「養士」的特點已然消失，〔註11〕是中國近代政治制度變革的開端，也是近代教育制度在「西化」過程中的一重要關鍵。此後，不論是學校體制還是教育行政體系的變動，基本上都是朝著培育「國民」此一大方向前進著。「國民教育」，是清末教育變革的大纛，亦是民間改革派的努力目標。

　　而「國民」一詞的出現，及其賦予之想像和意義，肇始於梁啓超（卓如，1873～1929）在1899年一系列有關國家、國民的文章。在梁啓超的筆下，中國之所以會淪落至目前如此衰弱的地步，主要在於不團結；與他國之競爭之所以皆處於下風，是因爲以「國家之競爭」對抗「國民之競爭」：

> 競爭者，進化之母也；戰事者，文明之媒也。爲國民競爭者言之也。
> 國家競爭其力薄，國民競爭其力強；國家競爭其時短，國民競爭其
> 時長。〔註12〕

近代中國之所以無法與列強爭勝的主要原因，在於單以一「家」之力抵抗他國全國人民之力。梁啓超更認爲，沒有國民意識的國家，國中之人視國土爲一家之私產，國際外交之事爲一家之私事。如此將會導致「民不知有國，國不知有民，以何堪之！其將以何堪之！」的局面。過去的戰爭是君主一人之事，文明的演進，卻揭示著現今的競爭型態是「全國性」的、是「全民的」。故梁啓超在鼓吹國家思想的同時，也吹起了國民的號角。惟有當中國團結成一「大群」，人民亦皆能視國家之事爲自己之事的同時，中國才有富強之機，亦或者說才有富強的根本。中國想要與列強爭勝，立足於世界，其關鍵點便在「國民之力量」。只有國民具有競爭力，國家才具有競爭力，兩者兼備才能與世界其他國家一爭雌雄。

　　隨著梁啓超鼓吹國家、國民的號角聲，清末最後十年瀰漫著一股對新社

〔註10〕璩鑫圭等編，《學制演變》，頁534。

〔註11〕陳東原，《中國教育史》（台北：臺灣商務，1976年）。

〔註12〕梁啓超，〈論近世國民競爭之大勢及中國前途〉，《飲冰室文集》，第二冊，（雲南：昆明出版社，2001年）頁810。

會的想像。新的社會不再是以士、農、工、商爲劃分的界線，而是要合四萬萬人民爲一個新的整體，並且重新雕塑出「新國民」。什麼樣的國家才符合萬國競爭的型態？新的國民又該具有什麼樣的素質？具備這些素質又有何用？對清末改革派士紳而言，面對清末的衰象有著急迫的危機感，目睹甲午戰爭的失敗，以及日本在日俄戰爭中的勝利，所有答案被歸結到「立憲」一途。開革派士紳替未來的國家規劃出「一君萬民」的新藍圖：君主與人民之間沒有隔閡，上下之間輿情相通，人民深切地瞭解國家的重要性，因爲他們可以參與政治，有歸屬感。以當時立憲派之言論來看，中國自秦以來，兩千年的光陰，人民皆在專制的茶毒下生活，如何擺脫過去的奴性，重新認知自己的角色，瞭解身爲現代國民應有的權利義務也成爲當務之急。所以「開民智」（即教育）與「立憲」之間有著必然的關係，如此一來便可說明爲何清末知識份子們是如此地關懷教育議題，教育改革爲何會在清末新政中成爲最重要的課題，「國民觀」的形成是不可或缺的要素。如此一來教育的普及，便成爲首要之課題，爲達普及之目的，必須興辦大量的「小學堂」，讓人民擁有基本的知識與能力，才有辦法參與公共之事務，而非庚子拳亂之中的愚民。

二、學部的成立

爲了因應新式學堂的大量成長，光緒三十二年，清政府開始對國家的教育管理體系進行一番大改革，以便集中統轄各省的教育事務。

在中國的傳統制度底下，並無近代國家體制中的教育行政機關，而是以普通行政機關兼管教育事業的「類教育行政制度」。〔註13〕以清代爲例，在京師大學堂成立以前，教育事業的最高管理單位是「禮部」，除了負責科舉與各級學校的管理外，還負責全國的禮樂儀式和祭典。由於傳統中國的教育與科舉之間關係密不可分，各級官學或是書院、私塾、義塾和社學等等傳統的教育單位，在現代教育的觀點之下，皆只能視爲科舉制度的附庸，而非近代西方觀點下的「學校」，禮部亦非近代國家體系中的教育行政機關。綜觀整個自強運動時期，不論是直屬於中央的北京同文館，還是各地督撫爲了培育洋務人才，而興辦的各種專業技術學堂，管理單位不是總理衙門就是各地督撫，而非由中央禮部統一管轄，因此學堂之間各行其是，並無統一之規章和行政機關。

〔註13〕瞿立鶴，《教育行政》（台北：國立編譯館，1992年），頁29。

　　直到維新運動時期，對西方教育體系有更進一步的認識之後，才開始有仿效西方建立各級學校和統一管理新式學堂的企圖。康有為（祖詒，1858～1927）在〈上清帝第六書〉中認為，改革的第一步是設立「制度局」，並於制度局底下分立十二個支局，其中「學校局」的設置便是針對管理各級學校所設之機構：

> 自京師立大學，各省立（高等）中學，府縣立中小學及專門學，若
> 海、陸、醫、律、師範各學。編譯西書，分定課級，非禮部所能辦，
> 宜立局而責成焉。〔註14〕

康有為的目標在建立各級的新式教育體系，而「學校局」則是新式學堂的最高管理單位與禮部以示區隔。康有為的「學校局」是中央設立全國最高新式教育管理單位理想的濫觴，在舊派官員的抵制下，康有為設置制度局改變國家制度的理想雖未實現，卻促使京師大學堂在政治妥協的氛圍中得以成立，成為新式學堂的最高管理機構兼最高學府。但京師大學堂，仍不脫傳統教育管理的思維，帶有濃厚的國子監氣味。〔註15〕

　　變法運動雖在慈禧的反對下落幕，但此「新」、「舊」交疊的管理政策和思維卻在八國聯軍之後的「新政」中敗部復活。京師大學堂與管學大臣重新被啟用，於全國設立各級學堂的理想亦在《壬寅學制》和《癸卯學制》中漸次實現，確認了新式學堂的合法性，更進一步地催化清末士紳興學的熱潮。然而，不到兩年的時間之內，中央學制的章程為何制定了兩次？單就《壬寅學制》的內容章程與《癸卯學制》相比，即可發現 1904 年制定的《癸卯學制》，增補了許多內容，例如：小學教育區分為高等與初等兩級；添補了「蒙養院章程」、「師範學堂」、「實業學堂」等章程，使其更貼近當時改革派士紳對教育的想像。而《癸卯學制·學務綱要》中，提出設立「總理學務大臣」一職，導正了中國傳統教育制度中教育與行政合一的現象，〔註16〕即使教育行政體系只是《學務綱要》的最後兩點，仍是中國教育制度在實踐與觀念上，由傳

〔註14〕 康有為，〈上清帝第六書〉，收於湯志鈞編，《康有為政論集》（北京：中華書局，1981 年），頁 215。

〔註15〕 「各省近多設立學堂，然其章程功課皆未盡善，且體例不能畫一，聲氣不能相通。今京師既設大學堂，則各省學堂皆當歸大學堂統轄，一氣呵成」，明顯地說明京師大學堂為各省新式學堂的管理機構，與國子監管理各級官學頗有異曲同工之妙。朱有瓛等編，《中國近代教育史資料彙編：教育行政機構及教育團體》（上海：上海教育出版社，1993 年），頁 5。

〔註16〕 「各省遍設學堂，其事至為重要，必須於京師專設總理學大臣，統轄全國學務。……其大學堂，應請另派專員管理」。璩鑫圭等編，《學制演變》，頁 507。

統轉向近代的一大里程碑。雖然，蔣維喬（竹莊，1873～1958）的回憶中提及：「總理大臣設立後雖與專設一部無異，卻未見諸實行」，[註 17] 但此一轉變，實替學部的成立開了風氣之先。

因此，中國近代教育的轉變在學部成立之前，仍只侷限於教育的傳授機構，而未體現在教育管理的層級上。也就是說，此時的教育變革主要是在教育的「形式」，尚未觸及至「教育行政」的層面。一般而言，教育制度包括「學校教育系統」和「校外教育機構」，而學校教育系統是教育制度的核心，由各級各類的學校所組成。[註 18] 但筆者認為，不論是「學校」或「校外教育機構」，所代表的都只是教育的形式，而非整體的「教育制度」。「教育制度」，除了學制之外，應該還包括對各級教育機構的行政管理。因為教育行政管理才是屬於國家制度的層次，唯有當國家正式設置管理各級新式學堂的中央和地方行政單位，才代表新式教育正式地被納入國家體系之中，才是「教育制度」真正轉變的開始。[註 19] 各級學校體系的建立，是最外圍的形式建設。實質的教育內容，即科目傳授的轉變，則是晚於外在形式的變化。[註 20] 近代中國教育制度的改變是由外而內的，因此最先變動的是最外在的形式建構，在新式學堂已成必然趨勢的情況下，有心辦學的士紳們才開始極力地要求清政府模仿日本的文部省，設立一中央級的學務統轄機構，即教育行政機關。

然而，綜觀中國近代教育制度的發展，我們可以得出一個粗淺的大略印

[註 17] 蔣維喬，〈清末之教育行政〉，原為《清末民初教育史料》，載《光華半月刊》，第 5 卷，第 2 期，1936 年，現收於朱有瓛等編，《教育行政機構及教育團體》，頁 97。

[註 18] 田正平主編，《中國教育史研究・近代分卷》（上海：華東師範大學，2001 年），頁 255。

[註 19] 教育行政的意義為何？在瞿立鶴的書中，綜合各家之說後將其歸納為三點：一、教育行政是達成教育目標的制度；二、教育行政是實現建國理想的歷程；三、教育行政是完成教育任務的行為。總的來說，教育行政的終極目標在於，實現教育宗旨和建國理想。（瞿立鶴，《教育行政》，頁 7～10）所以，各級教育行政機關的確立，才代表著國家對於整體教育政策有一明確的方向，此亦學部成立最重要的意義。

[註 20] 新學制頒佈之後，許多人的啟蒙教育仍是以四書五經為主，新式學堂章程中所規定應有之西學科目，往往都只是虛應故事。關於幼時啟蒙教育部分的紀錄可參考張倩儀，《另一種童年的告白：消逝的人文世界最後回眸》（台北：臺灣商務，1997 年）。

象，即中央的制度變革和制定一直都處於落後與被動的狀態。制度的變革，在清朝最後的二十年之間，早已有各方人士透過各種方式與管道不停地倡導。中央的態度，往往都是在情勢已然成熟，不得不對其加以管理的考量下，才開始做出改變。學部的設立是一個例子，地方教育行政體系亦是如此。1880年代開始，經過戊戌變法，到 1905 年學部的建置之前，設立管理新式教育的主管單位的計畫一再胎死腹中，管學大臣、總理學務大臣，皆可視之爲清政府在不願大幅度更動國家政治體制的前提之下，出於被動與應付下所增設的人事因應。制度的改變，牽涉到的是一系列權力關係的改變與資源的重新分配，故總理學務大臣其下雖分設「專門」、「普通」、「實業」、「審訂」、「遊學」、「會計」六處，頗具機構之雛形卻只是空有虛文，淪爲咨文收發所。

　　研究中國近代教育行政體系的學者認爲，中國近代教育行政體系的建立有如下之特點：中央教育行政機關，自學部成立後，便已經是規模備具，民國之後的更動都只是在原有的組織上作調整。相對而言，地方的教育行政制度，則是變更頻繁，與中央的穩定恰好相反。〔註 21〕之所以會有這樣的認知，主要是因爲，過去中國近代教育史的研究總是趨向於一種由上而下地探討，從中央制度史研究的角度出發，或是經由對著名的思想家、大人物的言論與思想進行研究，以此窺探中國近代教育史的發展，如此一來，實難獲得清末教育體系建立的全貌，必須改以由下而上的視角，才能眞正觀察到中國近代教育制度的演變是如此地雜亂無章。由清末最後五年內，省──府州縣這一級教育行政管理單位的設立，可以檢視出地方士紳對於清末地方教育所做出的努力，而清政府是迫於眾多木已成舟的事實，才開始陸續被動地建立地方層級的教育行政組織。

第二節　各級地方教育行政體系

　　設立總理學務大臣之時，《學務綱要》即明載：

> 至各省、府、廳、州、縣遍設學堂，亦須有一總匯之處以資管轄，宜於省城各設學務處一所，由督撫選派通曉教育之員總理全省學務，並派講求教育之正紳參議學務。〔註22〕

〔註21〕楊亮功，〈我國教育行政制度之沿革及其發展〉，收於中國教育學會主編，《教育行政制度研究》（台北：商務，民國 56 年），頁 18～19。

〔註22〕朱有瓛等編，《教育行政機構及教育團體》，頁 507。

學務處是中央最早明文規定設置的各省最高教育管理機構。若由地方的實際運作面來看，張之洞早於 1899 年即設立「學堂所」，作爲管理新式學堂的總單位。1901 年湖北、江寧成立學務處，隔年袁世凱統轄下的直隷省亦設「學校司」，總理一省之學務。〔註23〕在《癸卯學制》頒佈之前，清政府也已經命令各省、府、州縣將各省所有書院，依照省、府州縣之等級分別改爲大、中、小三級學堂。〔註24〕各省督撫鑑於「新教育」成必然之趨勢，也早已先行在地方上成立各省學務總理機關。《學務綱要》中呼籲各省設立學務處的條文，似乎只是給予已有之現象一合法性的地位，〔註25〕至於是否有確切的實行？若以 1905 年至 1906 年的情勢看來，湖北、福建遵旨設置「學務處」，但直隷一地仍以「學校司」爲最高管理機關，兩者名稱不同，組織各異，各省設置學務處一文，或許眞的只是徒具虛文。

一、地方教育行體系的確立

學部成立之後，對於整個紊亂的地方教育行政體系開始了一連串的整頓工作。第一步，即是將各省學政一職改爲提學使司。學政原爲各省最高的教育管理人，科舉廢除後，將其職務由掌管各省科舉考試改爲管理學堂事務，且隸屬於學務大臣，而非禮部。之後，便廢除學政一職，改設提學使司（簡稱提學使或提學），其職位在布政使司之次，按察使之前，歸地方督撫管轄。其中最有意思的，當是提學使司「歸地方督撫節制」一項。在過去，學政一職是「於督撫爲敵體」、「於地方爲客官」的行政官。〔註26〕此番變化，充分地顯示出中央與地方行政關係間的重大調整：一方面是地方實力增強，權力大爲擴張；另一方面也表示舉辦新政事務必須仰賴地方官紳的力量。〔註27〕倘若再由學務公所的組成來看，更清楚地可以觀察到此一中央與地方之間的

〔註23〕關曉紅，《晚清學部研究》，頁 61～62。
〔註24〕〈各省、府、直隷州及各州縣分別將書院改設大中小學堂〉，璩鑫圭等編，《學制演變》，頁 5～6。
〔註25〕以直隷學務機構的沿革來看，光緒二十八年四月設立學校司，三十年六月因應學務大臣奏定之章程，即〈學務綱要〉，而改稱學務處。足見中央之規定遠在地方之後，其目的一方面在於承認既有之現況，並賦予其正式的合法性；另一方面也是中央權力的一種宣示效果。
〔註26〕〈學部政務處奏請裁學政設提學使司折〉，朱有瓛等編，《教育行政機構及教育團體》，頁 39。
〔註27〕關曉紅，《晚清學部研究》，頁 107。

權力變化。提學使的辦公事務所稱爲「學務公所」，是一省中最高的教育行政機關，底下分「總務」、「普通」、「專門」、「實業」、「會計」、「圖書」六課，並且另設「學務議紳」四人。六課的課員，由提學使司選官紳中有學行者擔任；學務議紳則延訪本省學堂較具聲名之紳士充任，並置議長一人。〔註 28〕1906 年 4 月，各省學務官制正式出爐，其所規劃出由中央至地方的學務行政體系如下圖所示：〔註 29〕

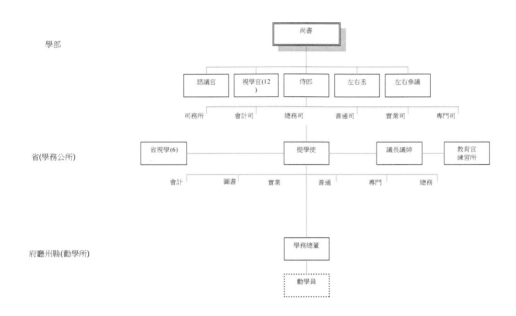

「學部——學務公所——勸學所」，由中央到各府廳州縣，整個教育行政體系至此可以說是規模底定。

　　假使仔細去閱讀學部奏陳的地方各級教育行政機構章程，我們可以發現一個很有趣的現象。除了學部和提學使之外，不論是學務公所還是勸學所中所有從事人員的身份，都是地方紳士。美其名地說是「合官紳而籌任使」，〔註 30〕實際上卻是不得不仰賴地方士紳力量來推動各項新政策，尤其是在越社會底層的行政組織中越是明顯。清政府對整個新地方教育行政體系的掌握，只擁有提學使司任命權。其他的諸如省視學、學務總董、勸學員，雖須

〔註 28〕 璩鑫圭等編，《學制演變》，頁 39～40。

〔註 29〕 資料來源：夏承楓，《現代教育行政》，頁 407；轉引自朱有瓛等編，《教育行政機構及教育團體》，頁 95。

〔註 30〕 〈學部奏成各省學務官制折〉，朱有瓛等編，《教育行政機構及教育團體》，頁 42。

經提學使同意，實際上往往是交由地方上之士紳所決定，提學使的功用猶如一橡皮圖章罷了。

為什麼會有這樣的情形？「州縣辦學之實行在紳不在官」是主要的原因。〔註31〕江南的「學務公所」〔註32〕和直隸的「勸學所」，正可作為學務體系的形成亦是「在紳不在官」的最佳範例。

在學部尚未頒定〈各省學務官制〉之前，各省在府廳州縣此一層級上的教育行政體系，可以說是各自為政。以江蘇省而言，便是由兩江學務處通飭各州縣設立「學務公所」；而直隸一地，則是由嚴修創立的「勸學所」為次一級的地方教育行政機構。〔註33〕因此「學務公所」，在兩江地區等於是勸學所的前身，以上海為例：

> 一九〇五年（清光緒三十一年）科舉既廢，學部頒佈章程，督促各
> 地人民興辦學校，並學務機關。是年陰曆十月，由姚文枏等發起上
> 海閤邑學務公會，聯合城鄉學員，開會於明倫堂，組織學務公所。
> 〔註34〕

學務公所的設立，雖然是經由各屬的州縣官所主持，屬於行政範圍。但依照《江蘇學務總會文牘》的各地報告，可確定的仍是以當地士紳為主。學部頒佈〈勸學所章程〉之後，江蘇士紳便將原有的學務公所皆改名為勸學所，例如上海、江甯、甘泉、桃源：

> 學部新定章程，凡各省夫州縣所立學會，均須改名教育會；學務公

〔註31〕〈復潘庶常浩論學務事〉，《江蘇學務總會文牘》上編，頁109。

〔註32〕總會在〈上學部請明定各省學額並撤銷科舉名目呈〉中言：「然推其注重學堂之故，率本其獵取科第之心，遂激為競爭學額之漸。此風起於湘閩，流及蘇皖，而江南統轄三省，故江甯省城所立水陸師、實業、高等三江師範各學堂，畛域既分，競爭尤烈，……」，《江蘇學務總會文牘》上編，頁27。故本文中若言及江南一詞，則是指清代兩江總督所轄之地。

〔註33〕光緒三十一年十二月九日（1906年1月3日），〈大公報〉上刊有直隸總督「督院札飭各屬設立勸學所」一文，且於同年之《東方雜誌》，第3卷，第1期上也收錄直隸省勸學所之章程。學部於1906年4月才頒訂〈各省學務官制〉，5月才有〈奏定勸學所章程〉。不論江蘇一地之學務公所，或直隸之勸學所，皆早於學部奏定〈勸學所章程〉之前，可見各省在此之前應是各自有其「官方」的學務機構，名稱未定，但皆以當地士紳為主要的組成內容。《清史稿》中亦言勸學所之設，創始於嚴修，時間約在1905年7月，略早於江蘇的學務公所。嚴修自訂，高凌雯補，嚴仁曾增編，《嚴修年譜》（濟南：齊魯書社，1990年）。

〔註34〕胡懷琛，〈上海的學藝團體〉，《上海通志館期刊》，2卷，3期，頁842～843。

> 所均須改名勸學所，以昭畫一。近聞上海、揚州、丹徒及長元吳各
> 學會皆已改爲教育會；江甘桃源各學務公所，亦已改辦勸學所，所
> 有章程，悉照部定新章辦理。〔註35〕

以學會爲名的各地支會也都因〈各省教育會章程〉的頒佈而改稱教育會。若
與之前所述之直隸學務機構的沿革來看，兩者之間頗有異曲同工之妙。中央
制定的章程官制，只是讓原本即已存在的省級和次級教育行政單位就地合
法，並且賦予統一的名稱和官方之章程。而這官方章程，說穿了，也只是各
地現有學務機構的拼裝車。〔註36〕寶山縣教育會即由學會轉化而來，當時袁
希濤爲寶山縣學堂的總理，爲了推廣新式學堂，和當地有心辦學的士紳一起
組織學會。兩江地區的學務公所成立後，寶山學會即「一方盡力興學，一方
研究進行」，直到中央各省學務官制章程出爐：

> 越二年，勸學所教育會章程同時頒佈，學務公所改組爲勸學所，學
> 會亦改組爲教育會。自是勸學所之總董、縣視學輒由會選舉之，又
> 得由會監察之，其各學區之種種糾紛，勸學所或不能處理者，又得
> 由會調查而解決之。以上各職權雖未列舉於會章，而習慣上以爲官
> 廳所承認。蓋其時教育會之地位隱然若議事機關與勸學所之執行機
> 關相對待矣。〔註37〕

足見官方章程的制訂，其目的只是在彰顯政府的存在感，畢竟官方在確實的
執行能力上是近乎於零，勸學所之總董與無法處理之事務，實際上皆由地方
學會推舉與處理。

二、第一線的教育行政機關——勸學所

　　在論及江蘇教育總會之前，必須對清末教育行政體系中，最底層的「勸
學所」多加介紹。勸學所除了是清末普及教育政策最前線的推動者外，其職
能與性質和地方教育會的重疊性最大，亦是最容易造成糾紛的第一線。

　　光緒三十二年頒佈的〈奏定勸學所章程〉中，明定勸學所之設置爲：

> 勸學所以本地方官爲監督，設總董一員，綜核各區之事務，每區設

〔註35〕〈各省教育彙誌・江蘇〉，《東方雜誌》，第 3 卷，第 11 期，1906，頁 7951。
〔註36〕學部所頒行之章程中，學務公所的體例主要是參照兩江學務處，設置學務議
　　　　紳和議長。而勸學所之名稱與章程，很明顯地是採用直隸的勸學所，其章程
　　　　內容幾乎完全沒有變化。
〔註37〕〈寶山縣教育會〉，朱有瓛等編，《教育行政機構及教育團體》，頁 342。

> 勸學員一人，任一學區內勸學責。總董由縣視學兼充，勸學員由總
> 董選擇本區土著之紳衿，品行端正，夙能留心學務者，稟請地方官
> 札派。〔註38〕

勸學所的主要成員雖是地方紳董，一旦任之則「照章給與五品、六品、七品
銜職」，〔註39〕足見其具有官方之權威。勸學所雖爲府廳州縣的官方教育行政
機構，但有關勸學員有籌款興學之責一項，官方則是採取任由紳董處理與籌
措的不介入態度。這麼一來，便造就了層出不窮的地方糾紛。

　　除此之外，勸學所的主要職務爲：講習教育、推廣學務、實行宣講、詳
繪圖表。講習教育，主要是開設「教育講習科」，兩個月內教授各區勸學員「學
校管理法」、「教育學」、「奏定小學章程」、「管理通則」等等與新式學堂、教
育有關的職務與辦法。詳繪圖表，則是由勸學員造具表冊，注明「學堂數」、
「學生人數」、「班次」、「課程」及「出入款項」，分期報明本城勸學所及提學
使，以上兩項屬技術性的職務，而最重要的則是推廣學務與實行宣講兩項。

　　推廣學務之目的在於勸募學生入學和鼓勵士紳興學，並以此定勸學員成
績之優劣，辦法有五：〔註40〕

一、勸學：勸學員的主要工作在勸導民眾入學。說明學堂並非新奇之產
　　物，宣導科舉廢除之後，除了學堂之外則無進身之階，以及入學之
　　好處，並且勸募富商士紳興學以及改優良師塾爲私立小學。

二、興學：諸如；統計學齡兒童數目，以估算初等小學之需求量和地點；
　　學堂教室之多寡、課程之實行、教員之延聘、款項之籌措、半日學
　　堂之設立等，皆爲一村之學堂董事所應負責之事項。

三、籌款：考察地方公款情形，例如：迎神賽會演戲之存款，並且酌量
　　各地情形，令學生繳納學費。

四、開風氣：組織小學師範講習所、冬夏期講習所、宣講所和閱報所。
　　並且介紹好學之士，進初級師範學堂，或傳習所學習新學。

五、去阻力：舉凡各地阻撓學務的劣紳地棍、造謠生事之愚民、頑陋塾
　　師和學堂附近的娼寮、煙館，若有干擾學務之行爲，勸學員調查後，
　　通知勸學所稟明地方官分別辦理。

〔註38〕　〈學部奏定勸學所章程〉，璩鑫圭等編，《學制演變》，頁60。
〔註39〕　〈學部奏准續擬各省提學使辦事權限章程〉，璩鑫圭等編，《學制演變》，頁46。
〔註40〕　〈學部奏定勸學所章程〉，朱有瓛等編，《教育行政機構及教育團體》，頁61～63。

　　宣導新學制、興學、籌設經費、開通風氣、去阻力，幾乎所有新學制推行過程中所會遭遇到的困難皆需仰賴勸學所解決。依照選舉職員的規定，一縣只有總董一員，且由縣視學擔任；一區只有勸學員一人，並無其他人員的設置，即有學堂董事，人數亦是不多。章程中亦規定，一區所劃三、四千家，少則二、三村，多則十餘村，範圍不可謂不大。而新學務林林總總，事務繁多，光是籌款興學、去除地方頑劣勢力，並非單憑地方士紳的力量即可解決。雖有官方力量的加持，但清末地方學務，各種光怪陸離的現象卻不曾因此而減少，反而牽扯出更複雜的問題。

　　以實行宣講一事為例，章程中規定各屬地方必須設立宣講所，並且延聘專員隨時宣講。宣講項目首重〈聖諭廣訓〉，次講教育宗旨，即「忠君」、「尊孔」、「尚公」、「尚武」、「尚實」五條諭旨。以及學部頒行的宣講各書和國民教育、修身、歷史、地理、格致等淺近之事理，白話新聞亦在宣講之中，唯一的限制是：「惟不得涉及政治演說一切偏激之談」。〔註 41〕宣講員，必須具有師範畢業生或是具有同等學力者，才有演講資格；聽講者，除婦女之外，一概無資格限制。宣講時，還須有「明白事理」的巡警員在旁監督，遇有妨礙治安之演說，可立即禁止、解散。然而，清末巡警的素質是否真具有解散演說之資格則令人存疑：

> 宣講有宣講之資格，監督有監督之資格，旁聽有旁聽之資格。試取近事為證，則知我國之事變甲而不變乙，則甲為無效有斷然也。夫宣講之資格，學部定章以師範畢業生，及與師範生有同等學力，品行端方者為合格，或小學堂教員亦可。而學務總董，則選本籍紳衿年三十以外，品行端方，曾出洋遊歷或曾習師範者派充，所定資格可謂詳且慎矣。而旁聽之資格，僅曰明白事理，然則巡警不出自學堂，所明白者何事理耶？〔註 42〕

可見以巡警或監督判別宣講標準易生流弊，以江蘇學務總會當時調解金壇學會之糾紛為例。金壇縣在學會成立之際，于鳳藻於會中詳述地方衝突原因之本末，縣令在聽取監督者之回報內容後非常不滿。以宣講之資格而言，于生符合規章中之資格限定，因此總會認為旁聽監督者是否具有判演講內容別的能力，值得商榷。況且日本及西方各國的警察，之所以具有稽查結社和解散

〔註41〕　〈學部奏定勸學所章程〉，朱有瓛等編，《教育行政機構及教育團體》，頁 62。
〔註42〕　〈復蘇松太道瑞論警察干涉演說書〉，《江蘇學務總會文牘》上編，頁 98。

集會的權力，是因爲人人皆受普通教育，且警察亦有專門之學校訓練，故「社會之受制於巡警也，非受制於巡警，受制於公認巡警之法律也」。〔註43〕當時的中國既無普通之教育，亦缺乏專門學校培養警察，所以學務總會認爲監督演說是否違背宗旨之責，應先由各處勸學所的縣視學暫時任之，等巡警有判別之能力時再由其判定之。〔註44〕

綜合上述，我們可以深切地感覺到，相對於省級管理單位──學務公所而言，勸學所所擔負之責任非常的重。弔詭之處在於，勸學所雖爲官方教育行政體系，成員卻爲士紳。畢竟傳統中國與近代西方在國家的管理上是兩個完全不同的運作模式。近代化的西方國家型態，是一個專門化、分工化的政府，訴求政府的公權力可以下達至地方社會的最底層。〔註45〕傳統中國的政府管理並不具備這樣的條件，它有時候允許社會存在著許多自主的空間，只要符合傳統儒家意識型態的規範即可。然而，自甲午戰爭以來，康、梁等維新人士對國家的想像即以西方近代國家型態爲目標，而新政的制度變革亦是以此爲基礎，企圖建立一個西方式的近代政府。〔註46〕除了政策推行過程中必然遇到的傳統阻力外，更重要的一點是清政府並不具備如此的人力與財力。所以，清末最後十年，學部爲了要推行新的教育制度，以及達到教育普及的目標必須大量倚重地方士紳的力量。

加上中國傳統的社會習慣，負責地方事務的除了地方官之外，最重要的就是地方上的士紳，「上與官親，下與民親」，士紳一直是傳統地方社會的實

〔註43〕〈復蘇松太道瑞論警察干涉演說書〉，《江蘇學務總會文牘》上編，頁99。

〔註44〕〈復蘇松太道瑞論警察干涉演說書〉，《江蘇學務總會文牘》上編，頁99。

〔註45〕近代國家的型態主要是以西歐的「民族國家（nation-state）」爲原型。Charles Tilly 認爲政治組織的官僚化，以及軍事力量的建立和財源的擴大近代民族國家的特點。所以，19世紀以後的近代民族國家有如下之特點：明確的領土範圍、中央集權，甚至是高壓專制的。詳細論述請參考：Charles Tilly ed., *The Formation of national States in Western Europe*（Princeton:Princeton University Press, 1975）；Charles Tilly and Wim P. Blockmans ed., *Cities and the rise of states in Europe, A.D. 1000 to 1800*（Boulder : Westview Press, 1994）

〔註46〕梁啓超等立憲派人士所欲建立的國家型態是以政治改革爲主，其理想是建立國會和各級議會的君主立憲制度。清末新政的政治改革，不論是學制、警察制度、議會的設置還是地方自治章程，雖然都脫胎於日本。但日本在明治維新之後，便完全地轉向西化，其中當然也有日本之傳統，但整個大方向都是向西方看齊的。因此，清末立憲派大規模地向日本取經的同時，也間接地等於在模仿西方的國家體制。不論是立憲派還是革命黨，都是以西方的近代國家型態爲理想，只是一取溫和的君主立憲，一取激進的共和主義。

際負責人，而地方辦學也是其負責的傳統事務之一。尤其是在此內外交迫的時刻，加上戊戌時期對於士紳階層的啟蒙，亦使得傾向於改革的士紳有了新的組織與想法。故江蘇學務總會的成立，除了處於教育改革環境背景外，還有其傳統因素，即士紳的文化責任。清末學部所頒發的許多法令中，在涉及到地方教育的部分，很明顯可以看到政府對地方士紳力量的倚重。光緒三十二年四月，〈學部奏陳各省學務官制折〉中即言：

> 竊維興學之道期於普及，而各省幅員遼闊，風氣不齊，全賴辦事官
> 紳通力合作，廣施誘掖勸導之方，徐收畫一整齊之效。〔註47〕

故在清末教育行政的規劃中，除了提學使外，省視學、省學務公所中的學務議紳、各府州縣的視學員，以及勸學所的總董、勸學員等皆委託地方士紳擔負管理與勸學的責任。「官紳合作」是清末最後十年，清政府豎立的一面大旗，除了新政的推行需要借用士紳的力量外，也希望在這一面旗子下，將清中晚期以來，日漸興起的士紳力量加以收編，並置於其掌控之下。透過江蘇學務（教育）總會，我們可以具體而微地看到在清末新政推動過程中，許多權力競爭與新舊角力的圖像，藉由這些圖像的拼湊與描繪，可以更深刻地體會到一個劇烈變動時代中的各種矛盾與衝突。

第三節　地方自治的影響

　　清末的教育改革，並非只是單一的變動因素，與其有所牽引的是清末整體的制度變革。之前兩節所論及的，不論是中央還是地方教育行政體系，都是整體制度改革中的一環，而地方自治所牽動的亦是整體地方行政體系的變動，故其對於整體地方教育行政體系的影響深遠。不論是學務公所還是勸學所，都在地方自治章程頒佈之後，又重新做了調整，因此在討論江蘇教育總會的實際運作時，必定會與地方自治有所牽扯。歷史的面相千變萬化，所有的變動皆非單一因素即可解釋，值此劇烈轉變的時代，各項變數之間層層套疊，若不仔細的加以耙梳及整理，無法完整的釐清變動的真相。因此，本節首先要處理的部分是清代地方行政系統的運作體系，如此一來才能彰顯出地方自治實行的真意及目標。

〔註47〕　〈學部奏成各省學務官制折〉，朱有瓛等編，《教育行政機構及教育團體》，頁42。

一、傳統地方行政

清代的地方行政劃分爲三級：省——府——州縣廳，州縣之下的鄉村鎮並未設置行政單位，所以州縣是清代地方制度中最基層的行政單位，其主要之目的在於稅收。而清末地方自治改革的重點，則在於城鎮鄉此一層級，因此我們必須先大略地介紹一下清代地方政府之運作。

依照瞿同祖的研究，清代的州縣政府是所謂的「一人政府」，且具有「混沌整體」的性質。〔註48〕州縣是地方行政上的最小單位，也是中央政府最後的統治防線，至於鄉鎮村層級並沒有任何「正式政府」的組織存在，亦不具法律地位。因爲有清一代的地方行政屬於高度的中央集權制，所有層級的掌控都統一在省級的最高行政長官——總督或巡撫的手上。簡單地說，知縣之上有知府、知州；而知府、知州之上有各式各樣的道員的，例如：分守道、分巡道等等；道員之上還有布政使、按察使等省級的行政長官；最後一統於各省的巡撫或是總督。如此嚴密的層級監督，在中央控制力較強的時期，地方行政之權集於中央。正如蕭公權所言，鄉村之所以享有一定程度的自治，主要是因爲政府「甘願放棄」其干預的權力，而不是政府有意賦予其類似自治的權力，因爲當局無法完全控制或監督其活動。換句話說，傳統地方社會的自治狀態，是中央集權不徹底的結果，只要有能力，對於地方社會的干預，中央從來就不曾猶豫過。〔註49〕

有清一代的財政制度，則充分地顯示出其地方行政具有中央集權的特性。從傳統的財政制度中來看，地方並沒有自己的財政。以州縣官爲例，除了薪俸與養廉銀之外，並無任何其他可支付的財源。而整個州縣衙門，又都是依賴州縣官一人在運作，中央雖有設置州縣府衙，但整個府衙的運作完全是仰靠州縣官的私人勢力，舉凡書吏、衙役、長隨、幕友等等衙門裡的辦事人員，幾乎都是州縣官自己帶來的而非政府的編制。加上地方的所有稅收幾乎都要上繳中央，地方幾乎沒有存留，所以州縣官根本沒有財源來支撐府衙的行政運作，和其他的額外支出，例如：攤捐、罰俸、規費等等各式各樣的官場應酬。如此一來，州縣官就必須藉由收取各種的慣例性收費——即陋規，來滿足其行政費用

〔註48〕瞿同祖，《清代地方政府》（北京：法律，2003年）。

〔註49〕Kung-ch'uan Hsiao *Rural China:Imperial Control in the Nineteenth Century* （Seattle：University of Washington Press, 1960）。轉引自瞿同祖，《清代地方政府》，頁11。

的支出。由於，中國官方正規的稅收只有田賦一項，所以中國的基本財政原則就是，每一類的支出，都必須對應一項確定的稅收來源，一旦有新的支出項目，官員們就得設置新的名目來籌措經費。〔註 50〕因此，中國的財政稅收項目非常的混亂，不同地區，收費的名目、類型和數額就不相同。雖然地方政府沒有正規的財政收入，但地方社會實際上卻有許多的公款可以使用，諸如恤嫠、育嬰、義倉積穀、救荒、義棺義塚等等有關地方社會的善舉之事，都有紳董在管理經費。因此，在清末推行新政此一新舊轉型期中，就必須大量地動用到這些款項，且企圖將其作新的管理，遂引起地方紳士集團之間的許多爭執。

二、地方自治的理想

地方自治的實施主要是爲了搭配預備立憲的進程表，在當時人的規劃藍圖中，地方自治是實行立憲制度的第一步，主要之目的在使人民具有基本的參政能力。因此除了〈地方自治章程〉的制定外，不論是府廳州縣還是城鎮鄉，皆另有其對應的選舉章程。由於傳統中國對於社會的控制力，僅達府廳州縣此一層級，之下的城鎮鄉並沒有正式的設官統治，多交由民間士紳自行管理。但隨著近代國家體制的興起，國家所必須負擔的事務日漸繁瑣，科層化的體制必須深入社會的更底層才能有效地管控。清末開明士紳們對於整個國家未來的藍圖，是以西方近代國家體制爲理想，而西方近代國家的形成自中古以來，城市擁有相當的自治權，加以日本的市町制之對照，使得士紳們認爲非實行地方自治否則立憲政體無法成功。

然而何謂地方自治？依照當時人的看法：「地方自治者，以一府縣或一町村之名譽官吏，從國法受政府之監督，以其地方稅辦理其自己地方之政治之制度也」。〔註 51〕換句話說，清末地方自治後來在實際執行層面上的主要概念是：「以本鄉之人辦本鄉之事，使地方人任地方之事」，或者是「以本地之紳民，集本地區之款項，圖本地之公益」。所以，自治的理念是在國家行政的基本框架之外，建立一個相對獨立，並且是以本地之人、本地之財，辦理本地之事的組建而成的一地方行政系統。〔註 52〕

〔註 50〕瞿同祖，《清代地方政府》，頁 47。
〔註 51〕〈解釋地方自治之意義及分類〉，《中外日報》，《東方雜誌》，第 4 卷，第 12 期，1907，頁 10980。
〔註 52〕魏光奇，《官治與自治：20 世紀上半期的中國縣制》（北京：商務印書館，2004 年），頁 80。

　　清末維新派人士地方自治理想實行的第一頁，是由梁啓超和譚嗣同的「南學會」所展開。譚嗣同在言及其對學會之看法時，認爲每省都應設立一「總學會」，而督撫學政皆應入會作爲表率；而各府廳州縣則設分學會，當地之地方官或是教諭等學官也應入會，學會皆由當地的紳士領導，而「分學會受成於總學會」。

> 官欲舉某事、興某學，先與學會議之，議定而後行。議不合，擇其說多者從之。民欲舉某事、興某學，先上於分學會，分學會上總學會，總學會可則行之。官詢察疾苦，雖遠弗閡也；民陳訴利病，雖微弗過也，一以關捩於學會焉。〔註53〕

如此一來，上下之隔閡得以消失，而學會雖無議院之名，卻有議院之實。梁啓超在〈論湖南應辦之事〉時，也提到：「欲興民權，宜先興紳權；欲興紳權，宜以學會爲起點」。〔註54〕由於士紳下與民親，熟悉地方情形，在「通上下之氣」的理念上，具有中介的作用，故必須先以學會教育士紳，使其明瞭新學及新政後，才能更進一步地改善整體中國社會。南學會，便是在此種思想氛圍中得以成立，亦被譚、梁等新派人物視爲湖南一省新政之命脈。故〈南學會章程〉中明白指出：「南學會爲湘省開辦學會之起點，應以本學會爲通省學會之總會，其各府廳州縣續立之學會，皆爲分會」。〔註55〕皮錫瑞在其日記中言：「（南學會）章程甚繁，此爲議院規模，利權盡歸於士紳」，〔註56〕可知南學會雖以學會爲名，實際上卻是要成爲地方議會的前身，目的在激發湖南人民的保教愛國之心，以及奠定地方自治的基礎。因此，南學會是一個欲連結全省官紳，並且想要達到地方自治此一目的的政治組織。同時期（1895～1899）的其他學會，大多偏重於對新知識的宣導和對士紳的啓蒙，以地方議會自居的學會，南學會當屬第一。雖然其後的發展，並未達到地方議會之規模，以及「隱寓眾議院之規模」的理想，〔註57〕但以學會行地方自治的理想，卻在戊戌政變後繼續發酵，流亡海外的梁啓超，以其筆鋒大力倡之。

〔註53〕譚嗣同，〈壯飛樓治學十篇・治事篇第四：通情〉，《譚嗣同全集》（台北：華世出版社，1977年），頁94～95。

〔註54〕梁啓超，〈論湖南應辦之事〉，《飲冰室文集點校》，卷1，頁95。

〔註55〕〈南學會總會章程〉，轉引自湯志鈞，《戊戌時期的學會和報刊》（台北：商務印書館，1993年），頁226～227。

〔註56〕〈皮鹿門日記〉，轉引自《戊戌時期的學會和報刊》，頁222。

〔註57〕湯志鈞，《戊戌時期的學會和報刊》，第五章。

　　地方自治經過了長期的醞釀與宣傳，在立憲運動時期（1905～1911）達於顛峰，成為一股澎湃的政治熱潮。除了海外的提倡和國內士紳的輿論影響外，清政府之官員亦陸續上書，請求實行立憲及地方自治。在立憲此一大目標之下，教育、地方自治、財政以及警政等各種制度的改革都是必須的基礎。其中，尤以教育和地方自治最為改革派士紳們所重視，且被視為立憲政體中最基礎的建設。教育之所以重要，在於其培育下一代以及灌輸新的知識；而地方自治之所以為立憲之基礎，在於時人認為立憲最大的目的在於「君民一體」、「上下一心」，如此一來才能與列強爭雄。戊戌維新變法雖然失敗，但其影響卻是涵蓋了整個清末新政，除了在政策上為清廷所採納外，清末新政的整個思想資源幾乎全來自維新人士，較具改革開放心態的士紳，其用字遣詞亦皆不出梁啟超所倡導之政治、社會思想的範疇。

　　立憲運動期間（1905～1911 年）的士紳，認為地方自治制度實行最大的目的在於：「使民練習政事，與聞治道之法」。〔註 58〕其中最重要的關鍵便是設立地方議會，培養人民參與政治的經驗。此一觀念跟建置國會的目的一樣，都在消除隔膜，況且地方議會除了能保護地方不受擾害和維持利益外，最重要的一點是地方議政本來就是人民應有的權利，不必政府的承諾便可實行。因此，今日憲法雖然尚未實行，但民間必須先於各府廳州縣，廣設地方議會：

> 使舉國之人，咸富裕其政治之經驗，而嫻熟其實地之措施，則根基
> 既植於立憲之前，效果自不難收於立憲以後矣。〔註59〕

然而地方自治的目的，並不只是著重於地方議會，還包括地方行政，故地方自治的真正意涵是在消融官民之間的界線，共同謀取公益：

> 養成人民之公共心。人民惟知各箇人之利益而無公共心。則各欲自
> 保其利益，必置公共之政務於不問。故先使從事地方公共政務，使
> 知公共之利益保全，而後各箇人之利益可以保全，進而參與國政，
> 亦不致視國家之利益與人民之利益為二物。此地方自治所以大有益
> 於國家也。〔註60〕

〔註58〕 陸宗輿，〈立憲私議〉，收於《東方雜誌》，第 2 卷，第 10 期，1905，頁 5014
　　　　 ～5015。

〔註59〕 〈論立憲當有預備〉，《東方雜誌》，社說，第 3 卷，第 3 期，1906，頁 6093。

〔註60〕 〈解釋地方自治之意義及分類〉，《東方雜誌》，第 4 卷，第 12 期，1907，頁
　　　　 10985。

在當時人的認知中，原本應該屬於社會自行管理的事項，都掌握在官府的手裡，造成「官有權而民無權，官取利而民攘利，官與民遂顯然劃爲公私兩界」的情形。〔註61〕如此一來，人人都只顧及到個人的私利，而未考慮到國家及社會的整體利益。倘若能讓人民也有共同討論地方公共事務的權力，而且能共享地方上之利益，讓人民將一鄉一邑之事，當作是自己的事，自然就會拋棄個人的自我利益，追求公益。

　　光緒三十二年之後，政府官員也將地方自治的辦理排入預備立憲的改革進程中。但是，官方對於地方自治的認知，起於新政的待辦事項太多，「分治則利，合治則害；分治則益，合治則損；分治則成，合治則敗」。〔註62〕參酌西方各國的政治體制後，認爲統治方式分爲中央集權和地方自治兩種，兩者相輔相成，缺一不可。進言的京外官員，爲了卸除清廷對於地方自治的戒心，在基本的立論上仍以中央集權爲主要的論點，論及地方自治、立憲及議院之必行時，皆以「輔助」、「採集輿論」等字眼來進行說服的工作。因此在清政府的眼中，與其說是地方自治，不如說是「地方分治」，行政之大權仍統於中央：

> 中央集權者所以尊主柄也，其法權操諸君主，是雖經上下議院允行，非得君主俞允，則不成爲法律。若既經君主許可，以敕令布之全國，則中央政府得時時監督之，闔闢張弛，惟其所令，而全國不敢自爲風氣。然又恐權集中央，比國臣民或但知有服從之義務也，而不知有協贊之義務也，則又有地方分治之制以維之。其法凡郡縣町村悉舉公正之士民以充議長，綜賦稅、學校、訟獄、巡警諸大政，各視其所擅長者任之，分曹治事，而受監督於長官。其人之不稱職，事之不合法者，地方長官得隨時黜禁之，遇有重大事件，則報告於中央政府，以行其賞罰。〔註63〕

加上中國幅員遼闊，一省之中州縣數十個，大者千里，小者百里，僅由知縣一人負責全部的行政事務，加上更調頻仍，使得「民間利病漠不相關」，尋常

〔註61〕　〈論立憲當以地方自治爲基礎〉，《東方雜誌》，第2卷，第12期，1905，頁5475。

〔註62〕　〈南書房翰林吳士鑑請試行地方分治摺〉，故宮博物院明清檔案部編，《清末籌備立憲檔案史料》（北京，中華書局，1979年），頁713。

〔註63〕　〈南書房翰林吳士鑑請試行地方分治摺〉，《清末籌備立憲檔案史料》，頁711～712。

百姓更是「各務私圖，遑知公益」。〔註64〕所以爲了要達到「上下一心」的目標，以及面對百廢待舉的新政，皆非知縣一人之力就能擔負的起，也不是少數幾個士紳就能分擔的，故應實行地方自治，合官紳之力共謀新政之發展。

　　因此在清政府的認知中地方自治的意義在於「助官治之不足也」，所以憲政編查館所擬定的〈城鎮鄉地方自治章程〉中界定自治的意義爲：

> 地方自治以專辦地方公益事宜，輔佐官治爲主。按照定章，由地方
> 公選合格紳民，受地方官監督辦理。〔註65〕

藉此申明自治的意義並非不受管轄的意思，地方自治的權力來自於國家，所行之事，便應受政府之監督：「自治者，乃與官治並行不悖之事，絕非離官制而孤行不顧之詞」，自治與官治相倚相成，合則雙美，離者兩傷。

　　如此一來，地方自治的實行，便不能單純認爲是士紳們的勝利——紳權的擴張，因爲歷史現象往往是複雜而非單一的，清政府之所以願意實行，並非是完全地放任，而是有意地要加以控管，所以是在兩者皆可互謀其利的情況下，地方自治才得以成爲國家的政策。

三、地方學務的變化

　　從自強運動開始到清末新政，士紳們已經開始投身於近代實業和教育事業等各項新興事務，但地方自治使得地方士紳可以名正言順地涉足於地方社會的政治、經濟和教育文化領域，公然在官治之旁，形成另一種公共權力。清代統治者對於士紳的權力擴張和制度化的組織，一直都是戒慎恐懼地防備著。〈地方自治章程〉的出爐，等於是清政府公開地允許士紳得以利用組織化和制度化的形式參與地方政治，並且主導地方的公共事務。除了章程中明定的縣議（事）會、參事會、董事會和鄉董之外，舉凡各縣的自治局、保衛團、各地鄉村長等的村治組織，和各種商會、農會、教育會等社會自治組織，都同時或多或少地兼具地方自治的職能。〔註66〕此類組織，在當時都是依據國家的法律和章程所建置，處理的都是地方社會中的公共事務，但他們的領導人員，卻是「紳」而非「官」。

〔註64〕　〈南書房翰林吳士鑑請試行地方分治摺〉，《清末籌備立憲檔案史料》，頁 711
　　　　～712。
〔註65〕　〈城鎮鄉地方自治章程〉，《清末籌備立憲檔案史料》，頁 728。
〔註66〕　魏光奇，《官治與自治》，頁 357。

憲政編查館於奏議〈地方自治章程〉摺中，明白地指出：

> 地方自治既所以輔官治之不及，則凡屬官治之事，自不在自治範圍
> 之中。查各直省地方局所，向歸紳士經理者，其與官與權限，初無
> 一定，於是視官紳勢力之強弱，以爲其範圍之消長。爭而不勝，則
> 互相疾視，勢同水火。近年以來，因官紳積不相能，動至生事害公
> 者，弊皆官民分際不明，範圍不定之所致。〔註67〕

所以，章程之中，明確地劃分出城鎮鄉的自治事宜爲以下八大項：〔註68〕

一、學務：舉凡一城鎮鄉之中小學堂、蒙養院、教育會、勸學所、宣講
所、圖書館、閱報社等其他關於本城鎮鄉學務之事。

二、衛生：清潔道路、蠲除污穢、施醫藥局、醫院醫學堂、公園、戒煙
會等其他關於本城鎮鄉衛生之事。

三、道路工程：道路的改正與修繕，修築橋樑、疏通溝渠、建築公用房
屋、路燈等其他關於本城鎮鄉之道路工程。

四、農工商務：改良種植牧畜及漁業、工藝廠、工業學堂、勸工廠、改
良工藝、整理商業、開設市場、防護青苗、籌辦水利、整理田地等
其他關於本城鎮鄉農工商務之事。

五、善舉（即社會福利事業）：救貧事業、恤嫠、保節、育嬰、施衣、放
粥、義倉積穀、貧民工藝、救生會、救火會、救荒、義棺義塚、保
存古蹟等等有關本地善舉之事。

六、公共事業：電車、電燈、自來水等等其他有關本地之公共營業。

七、因辦理本條各款籌集款項等事。

八、其他因本地方習慣，向歸紳董辦理，素無弊端之各事。

觀其內容，總歸只有一句話，即第八條的「其他因本地方習慣，向歸紳董
辦理，素無弊端之各事」。若與時人的認知相較：「凡一切地方之鄉團保衛，小
學教育，清查保甲，徵兵準備，以及道路水利衛生等政，無不可一任紳士辦理」。
〔註69〕除了鄉團保衛，因涉及軍事武力，會直接威脅到國家權力外，地方自治

〔註67〕〈憲政編查館奏核議城鎮鄉地方自治章程並另擬選舉章程摺〉，《清末籌備立
憲檔案史料》，頁726。

〔註68〕〈憲政編查館奏核議城鎮鄉地方自治章程並另擬選舉章程摺〉，《清末籌備立
憲檔案史料》，頁728。

〔註69〕陸宗輿，〈立憲私議〉，《東方雜誌》，頁5015。

事宜中所列之項目，的確是直接賦予地方士紳處理地方事務的合法性。

地方自治實施後，宣統三年（1911年）資政院與學部重新擬定了一份〈地方學務章程〉，相較於其他的地方自治事宜，中央對於地方學務的規範相對而言是比較明確且仔細的。跟1906年的〈各省學務官制〉和〈奏定勸學所章程〉相比，〈地方學務章程〉最大的不同，是把地方學務的執行單位由勸學所改為府廳州縣及城鎮鄉的自治職，即由府廳州縣的議事會、董事會和城鎮鄉的議事會、鄉董，依照相關之法令辦理。原本地方教育行政的設計僅止於府廳州縣的勸學所，如今為了達到教育普及的目標，藉由城鎮鄉地方自治，將地方學務向下擴張一個地方層級，並且將學務的統籌與執行交由地方士紳處理。「鄉學連合會」和「學務專員」成為城鎮鄉地方教育行政的最小單位，若有學務爭議，則交由地方自治職處理。在地方自治尚未實行之前，所有的地方教育事務均歸勸學所處理，時人認為此一規定：「在當日故可收統籌兼顧之功，在今日轉致有權限不清之慮」。〔註70〕所以學部將勸學所劃歸為府廳州縣官的教育行政輔助機關，以佐理官辦學務，且有贊助監督自治學務的權力。如此一來，〈城鎮鄉地方自治章程〉便不宜將勸學所列入自治範圍，因為勸學所是行政機關。

再以勸學所負擔之事務來看，〈地方學務章程〉頒佈後，其所擔負的事務與1906年相比顯得明確且簡單。由於學部將勸學所定位為官方的教育行政輔助機關，故其所負擔的學務，除了稽核當地學齡兒童數目以及義務教育的勸導外，其他事務只限於官立學堂，例如：官立學堂的之設置、稽核、辦學務經費之核算，官立學堂學額、學級和授課時間的分配、職員的進退、建築、設備等等，其餘的事項則有學務專員處理。然而，不論是勸學所還是府廳州縣或城鎮鄉的學務專員，其處理之事務，都已經沒有最初的繁雜，皆只限於學堂的事務、興學的經費和一般的學務處理而已。〔註71〕除此之外，〈地方學務章程〉中還有一個重點，即地方學務的興辦經費。章程中規定：府廳州縣鎮鄉鄉學連合會或其分區，為了要辦理學堂、蒙養院、圖書館等教育機構，得置「基本財產」和「集存款項」。由於經費一直是有心興學人士的最大困擾，

〔註70〕　〈學部奏改定勸學所章程折（附章程）〉，朱有瓛等編，《教育行政機構及教育團體》，頁91。

〔註71〕　〈改訂勸學所章程折（附章程）〉，朱有瓛等編，《教育行政機構及教育團體》，頁92～93。

所以學務的經費來源，在地方自治的理想中，即以地方稅來籌措。但傳統的財政制度並無地方稅之概念，於此時才得到法源的認可。

由於清代的州縣地方制度具有「渾沌整體」的性質，所以必須任用私人勢力來執行公務；加上國家於州縣之下不設治，只能依靠地方人士襄助地方上的公共事務。與近代國家的建制相比較，地方治理有完整的科層化行政組織。而清末地方自治的改革，卻在官治和自治兩條基本路線上徘徊。政府傾向官治，藉由國家派官治理，目的在擴充和健全國家整體的地方行政，將地方社會各種經濟、文化、社會事務的興辦和管理，納入國家行政的掌控之中。但清末的地方自治，很明顯地是走向「以地方之人辦理地方之事」的模式。中國古代地方制度究竟有多少的自治成分，老實說並不重要，因爲清末實行的地方自治，究其根柢實爲橫向移植的舶來品。甲午戰前關於實行地方自治的論述，相當一致的是要結合西方地方自治的模式和中國傳統的鄉官制度。而甲午戰後的地方自治，則是結合了西方立憲與開設議會的理想於其中，所以地方自治，雖爲清末一重要的政治風潮，但在實際的實行層面上，地方自治其實跟傳統的鄉官制度大不相同，與底層人民的習慣更是格格不入。而這樣的改變對生活於底層的人民感受則是遠比立憲政治來的深刻而切身，故其引起的反彈聲浪——毀學風潮——也最爲壯觀。

小　結

因此，綜觀清末自 1902 年興學以來，表面上雖有完整的學制和尚稱完整的教育行政體系，但其成效卻是不彰，民國四年教育部在擬定《地方學事通則》中即言：

> 吾國興學十餘年，小學教育未臻普及，揆厥原由，實因地方團體不知教育之良楛，即一國之榮悴之所關；而國家對於地方教育之設施，亦悉聽其自由。辦學既少，專責成效自屬無多，自非明定責成，仍難期有進步。〔註72〕

若再佐以後人的自傳，可以明顯地感受到清末新政中雖屬「教育」一項最爲後人所稱許，亦認爲其功績最大。但就實際的成效而言，一般人並未進入所謂的「初等小學堂」受教育，大多數的人仍是在私塾中接受初等教育。馮友

〔註72〕　〈擬定地方學事通則繕具草案請核定公布文并批令（附地方學事通則草案）〉，朱有瓛等編，《教育行政機構及教育團體》，頁 144～145。

蘭（芝生，1895～1990）六歲入家塾啓蒙，一直到十五歲左右，約 1910 年間才進縣城的小學校唸書。若依照《癸卯學制》的規定與提倡新教育的士紳們之認知，馮友蘭七歲就應該要進小學。茅盾（1896～1981）七歲也是先進家塾唸書，雖由父親教授新學，不到一年的光陰即因父親病逝而又轉入私塾。半年後，才進入由書院改辦爲初等小學堂的立志小學。其教授內容亦皆爲舊學，國文課本用的是《速通虛字法》和《論說入門》，修身課本就是《論語》，歷史是老師自己編的，至於按學制規定新式小學應有的音樂、圖畫、體操等課程，皆未設置。〔註73〕故民國初年檢討教育普級的成效時言：

> 竊維地方辦學，首重經費。查東西各國，對於地方教育事業，莫不籌給巨款，作爲基本財產。故國內政費雖如何拮据，而教育一項決不蒙其影響。日本於明治二十八年，將吾國賠款撥給一千萬元作爲小學基金，自後國民教育之發達，幾有一日千里之勢。吾國自前清興學以來，地方學務恆因經費竭蹶，中途廢弛。〔註74〕

地方的經費不足雖是原因之一，但中央沒有強大的執行力也是其中的原因之一：

> 查勸學所之設，始自前清，經由我大總統（袁世凱）倡於北洋，成效最著。民國成立，或設或否，縣自爲政，不足以昭劃一。現擬恢復舊時辦法，規定各縣均應一律設置。至於該所職務，重在輔佐知事辦理辦理現屬教育行政事宜。〔註75〕

所以在北伐成功，民國統一之前，中央雖然空有學制與所謂的教育行政體系，實際上卻都是沒有執行效力的，教育的責任與工作大多仍仰賴民間的力量。

清末教育行政體系的轉變基本上是爲了因應大量新式學堂而產生的，除了學部之外，地方各級的教育行政機關大部份都是「地方先行」，然後再由中央制定統一的規章加以規範。然而，清政府的管理思考模式仍不脫傳統地方行政的思維。最明顯的例子便是省級的最高教育官——提學使，和縣級的教育行政單位——勸學使。提學使的功用，主要仍是如同督撫一樣是中央監督者的角色，而非執行官；眞正的執行單位是勸學所，而勸學所擔負的責任與

〔註73〕茅盾，《我走過的道路》，上冊（北京：人民文學，1997 年），頁 72。
〔註74〕〈擬定地方學事通則繕具草案請核定公布文并批令（附地方學事通則草案）〉，朱有瓛等編，《教育行政機構及教育團體》，頁 145。
〔註75〕〈擬定地方學事通則繕具草案請核定公布文并批令（附地方學事通則草案）〉，朱有瓛等編，《教育行政機構及教育團體》，頁 147。

事務與知府、知縣一樣的重大，卻也相對的「混沌」。不同之處在於勸學所的總董爲地方紳士。一直要到〈地方自治章程〉頒佈之後，中國的地方行政才算有了改變。只是這樣的改變，才剛要起步，便面臨了重大的政治變局──辛亥革命，尚未執行，就又面臨到更艱困的環境和條件。

　　清末的地方自治是對地方事務及行政區的重新規劃，加上它有明確的選舉章程規定，姑且先不論其實行的成效如何，章程的頒布即代表著此一理想和制度已獲得大多數人的認可才有被制定的可能。而政府的明確宣示，也代表著中國的地方行政自此邁入另一個里程碑。加以士紳對於地方自治的熱衷，縣級以下的地方事務在傳統社會中便是他們的負責範圍，各級地方自治章程的頒佈，可以說賦予原本屬於「非正式權力」的地方士紳正式的官方認可。〔註76〕歷史之流無法輕易的一刀兩斷，尤其是在清末新政這般溫和的改革運動中，更能見到許多歷史的連續與斷裂之處。以地方自治而言，其理念與形式來自於泰西和日本，但也或多或少融合了中國社會的傳統性質，例如士紳的社會功能和濃厚的地域觀念。地方自治如此，教育行政制度如此，江蘇教育總會的成立和運行也是如此。清末的最後十年，是中國政治體制轉變最劇烈的時期，且不論其他有關法律、警政、商業等等的制度變革，〈地方自治章程〉的頒佈與實施，與一般民眾最貼近，其改變與影響也最深刻，加上士紳在傳統社會中，之所以能「下與民親」，最重要的便是因爲他們掌握了社會中的各種事務，因此在審視清末最後的變化時，不能不考慮士紳所給予的種種影響。而江蘇教育總會，給予了我們一個完整透視在此新舊交雜的過渡時代中最佳的觀察點。

〔註76〕瞿同祖：「是紳士與地方政府共同管理當地事務的地方菁英，與地方政府所具有的正是權力相比，他們屬於非正式的權力」。《清代地方政府》，頁282。

第二章　江蘇教育總會的成立

　　根據江蘇教育總會會員姚文枏所纂《上海縣續志》的記載，江蘇教育總會緣起於光緒三十一年九月（1905 年），江蘇商紳張謇（季直，1853～1926）惲祖祁等人的籌畫，原定名爲「江蘇學會」，迭次集議後，於是年十一月召開成立大會，舉張謇爲總理，惲祖祁爲協理。〔註1〕確切的成立時間是光緒三十一年九月六日（1905 年 10 月 4 日），此次集會約有二百餘人，是日會議便擬定學會宗旨，並選出十二人爲會章起草。〔註2〕江蘇學會成立後，爲了讓學務的推行能夠深及江蘇一省的各府廳州縣，越二日便於《申報》刊登廣告，號召全省跟學務有關的士紳共同出席十日的定章大會（見圖）。十日大會，出席者大約百餘人，議定會員的入會資格，待會章議定後，再由各廳府州縣公舉代表到上海開成立大會，公決章程、選舉職員，更希望會後各會員能回鄉組織地方分會，以推廣江蘇一省之學務。〔註3〕學會成立之初，即規定以一省士紳爲主要的會員資格，且隱含地方自治之理念，故本章一開始便以省界與學額之爭論，來說明總會成立的主要原因。

〔註1〕　〈江蘇學務總會成立〉，朱有瓛等編，《教育行政機構及教育團體》，頁 255。
〔註2〕　〈江蘇學會開會記事〉，《申報》（上海），1905 年 10 月 5 日，第 1 張第 4 版。
〔註3〕　〈紀議立江蘇學會情形〉，《申報》，1905 年 1 月 9 日，第 1 張第 4 版。

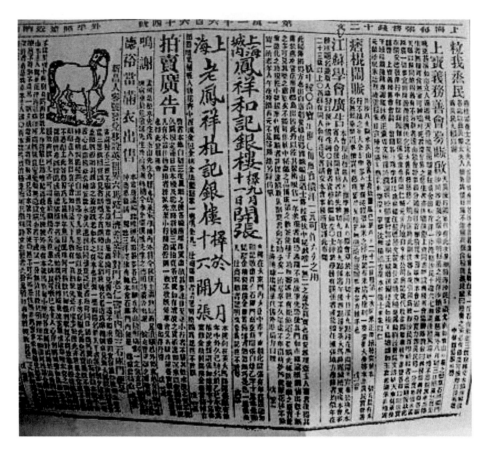

江蘇學會廣告：本會本會現由發起人公推學界同人草擬會章，於本月初十日准
（準）九點開會宣布公決。凡本省人合後開資格者，請先於初九日午前九點鐘迄
午後四點鐘，至英大馬路泥城橋東塊本會事務所題名，並取入場券以便□生席。
○到會者資格約擬如左
○士紳於學務有關係者，或能擔任擴張地方學務者，均須年在二十三歲以上
○再蘇有同人如有意見書請交本會事務所收
謹此布聞〔註4〕

第一節　省界與學額

　　江蘇士紳於此時成立以一省學務為主要訴求的學會之原因，由《申報》
所刊登之〈長沙曾鑒吾致江蘇學會書〉一文或可稍見端倪。曾鑒吾指出江蘇
一省學務最大的問題在於「貴省著名之大學堂，不以本省人自辦，而為多數

〔註4〕　《申報》，1905年10月6日，第1張第1版。

無知之士之後補人員之巢窟也」。〔註5〕文中指出，諸如南洋公學、水路師、將備學堂和三江師範等新式學堂，辦學的成效不彰，在於學堂的總辦皆爲外省的候補人員，或是官場中的腐敗人物。例如：南京水師學堂的總監督蔣錫彤，是中法一役中見軍艦沈沒而逃離崗位的懦夫；陸師學堂的總辦雖名爲新黨，實際上卻是卑鄙齷齪的無恥之徒。江蘇一省貴爲南洋第一門戶，物產豐富、財富充足，卻放任此輩外省官員玷污學務。因此曾鑒吾認爲江蘇士紳必須團結江蘇全省士紳的勢力，掃除此類的學界蟊賊，然後進行投票選出眞正熱心於教育的本省人爲領導。

曾鑒吾認爲，湖南一省的學務之所以較江蘇進步，便是因爲他們長期以來皆以湖南之人辦湖南一省之學務，外省人士根本無法干預：

夫地方自治之謂何？即本省人辦本省事是也。學堂且不能本省自辦，他何有焉？貴省果能萬眾一心，誓在必成，僕知督撫雖冥頑，絕不能冒犯不韙爲把持計，亦視乎貴省人團結力之厚薄爾。〔註6〕

對比之下，江蘇省的士紳太不團結才會使得著名之高等學堂皆由此類「魑魅魍魎之輩」所把持。〔註7〕除此之外，當時「學額」與「省界」之爭，也是激起江蘇士紳有志於組成「江蘇學會」的主要原因之一：

近聞貴省於爭額事主持甚力，又聞學會已就成立，不禁額手稱慶，謂貴省學務從玆可以日有起色。雖然竊嘆貴省僅能爲其細而不能爲其大也。夫以本省之財產興辦本省之事，本省人皆有干預之權，此者世界之公理也。凡事應爾，而於學務尤甚。蓋學務者造就國民之基礎，全省興廢之所關，國家存亡之所繫。〔註8〕

藉由曾鑒吾論江蘇學會成立一事，可以發現他非常強調「省籍」的概念。所以，江蘇學會的成立對於江蘇的地方自治和學務會有所助益，是因爲能聯合一省之人辦理一省之事，顯見其地域觀念非常的濃厚。

省界與學額一事，在光緒三十一年的下半年之所以引起相當多的討論，便是在於地域觀的作祟。而學額之所以與地域、省籍扯上關係，主要的原因在於科舉制度所遺留下來的積習。最明顯的一個例子便是科舉功名與各級新

〔註5〕 〈長沙曾鑒吾致江蘇學會書〉，《申報》，1905 年 11 月 28 日，第 1 張第 3 版。
〔註6〕 〈長沙曾鑒吾致江蘇學會書〉，第 1 張第 3 版。
〔註7〕 〈長沙曾鑒吾致江蘇學會書〉，第 1 張第 3 版。
〔註8〕 〈長沙曾鑒吾致江蘇學會書〉，第 1 張第 3 版。

式學堂之間的比附。〔註9〕馮友蘭自述童年的求學經驗時，便透露出當時社會
對各級新式學堂與傳統科舉頭銜之間的對比：

> 説到資格，當時人的心中，還是以科舉的資格為標準。無論什麼資
> 格，他都要把它折合為科舉的資格，心裡才落實。……按當時清朝
> 所定的學校制度，在縣城裡設小學，在省城裡設高等學堂，在北京
> 設京師大學堂。學校分為三級，恰好原來科舉功名也有三級：縣一
> 級的功名是秀才，省一級的功名是舉人，中央一級的功名是進
> 士。……把這兩個三級折合起來，縣裡小學畢業就相當於秀才，省
> 裡高等學堂畢業就等於舉人，在京師大學堂畢業就等於進士。〔註10〕

因此，馮友蘭的母親才會希望小孩能進縣城裡的小學校去唸書，最起碼博得
一個「秀才」的名，進入「士林」的行列，維持書香門第、耕讀傳家的薪火。
遠在戊戌變法倡導設立各級學校時，梁啓超就已經有如此的比擬。〔註11〕身
為時代變革火車頭的維新派人士，雖然已經明瞭學校的層級與科舉功名的不
同，但社會中的普羅大眾，卻仍深受傳統標準的影響，凡事凡物還是要與過
去熟悉的體制有所依傍。

除了功名的比附之外，過去各級官學所遺留下來的「學額」觀念，也與
各級公立學堂所收之學生數（亦稱學額）相比擬，造成各省之間學額與省界

〔註9〕 《癸卯學制》中有《奏定各學堂獎勵章程》，章程制定的用意在：「自高等小
學堂以上，或由升學考試給獎，或由畢業考試給獎，各有限制，各有取義。
兹比照奏定獎勵出洋游學日本學生章程，給予出身，分別錄用」。所以，馮友
蘭所陳述之各級學堂與功名之間的比附，只是民間自己的想像。實際上，要
獲得功名出身的獎勵，仍須經歷重重的考試，並非一畢業即有進士、舉人、
生員之類的頭銜。此類考試，仍是由中央所主持。以中學堂畢業者為例，必
須經由省學務處，或是由道、府會同學堂監督、堂長、教員考試之後，若其
成績為中等以上者，除了可保送升入高等學堂之外，亦贈與拔貢、優貢、歲
貢等出身頭銜（璩鑫圭等編《學制演變》，頁514、517～518）。清末的最後十
年之間，實際的施行情況如何，仍須再做詳細的研究。但可以確定的一點是，
科舉雖然廢除了，考試並未因此而減少。除了獲得功名出身需要考試之外，
不論是要進小學、中學還是高等學堂，都還是需要考試的。

〔註10〕 馮友蘭，《馮友蘭自述》（河南：河南人民出版社，2004年），頁16～17。

〔註11〕 梁啓超〈變法通議‧論科舉〉：「故欲興學校，養人才，以強中國，惟變科舉
為第一義。大變則大效，小變則小效。綜而論之，有三策焉：何謂上策？遠
法三代，近采泰西。和科舉于學校，自京師以訖州縣，以次立大學小學，聚
天下之才，教而後用之。入小學者比諸生；入大學者比舉人；大學學成比進
士；選其優異者，出洋學習比庶吉士；其於歸內、外、户、刑、工、商各部
任用比部曹」。《飲冰室文集點校》，卷1，頁36。

之爭。學額的分配與定型可上溯至明朝洪武二年（1369 年），明太祖詔令天下各府州縣必須設置學校，即官學，且有一定的教官和生員額數。故「學額」一詞，原指科舉時代各級官學經由考試錄取固定的學生額數。到了清朝，學額的多寡分配按照每縣的文風、錢糧和丁口之數為劃分標準，有大、中、小三等級，確切的額數屢有調整，依各行政單位的重要性和級別而有所不同，較大的行政區，應試的人數多，學額也多，兩者之間並無固定的比例。因此，就每個考生的錄取機會而言，各行政區之間有很大的不平等性，錄取的人數完全視朝廷的需要而調整，由於學額並不是一固定的數值，加上其中所牽涉的問題超出本文之範圍，在此不做詳述。﹝註 12﹞由於學額奠定了科舉與學校之間的關係，連帶使得科舉和學校的錄取人數具有深厚的地域意識。畢竟登科之後所帶來的好處，除了關係到個人和家族的興衰外，還牽涉到地方的利益和人文風氣的盛衰，科舉功名也是地方集體競爭的目標。﹝註 13﹞

　　瞭解學額與科舉之間的關係後，才能理解為何光緒三十一年下半年，江蘇一省的學額與省界問題，會造成非常大的風波。張謇在江蘇教育總會第二屆常年大會中言：

> 去年九月，下走以經營實業事來上海，適邦人士因甯郡學額與湘皖人有違言。走以為齦齦齒牙，無俾事實，徒示人以不廣，且學務待理非止一端，將謀所以通上下之郵，俾供以集事為的，則非合吾邦人之明於茲誼者，各出其熱心毅力，為其分內所應為不能有濟，於是乎學務總會之議起。﹝註 14﹞

足見總會的成立，實與學額的爭議相關，而學額一事，也是總會第一年常會時，除了討論會章之外，最熱門的議題，連續兩天在大會裡皆提及學額的問題。一開始只是江蘇士紳的不滿，至當年十一月十七日，卻因「江寧各學校本省諸生以爭學額將罷學」﹝註 15﹞而擴大風波，在《申報》、《大公報》上可見不同意見的讀者投書議論。

﹝註 12﹞　張仲禮，《中國紳士：關於其在十九世紀中國社會中作用的研究》（上海：上
　　　　　海社會科學院，1991 年），頁 82～84。
﹝註 13﹞　何炳棣，《中國會館史論》（台北：學生書局，民國 55 年），頁 7～8。
﹝註 14﹞　〈江蘇總學會開會紀事〉，《申報》，1906 年 11 月 7 日，第 1 張第 3～4 版。
﹝註 15﹞　張謇，《嗇翁自訂年譜》卷下（北京：北京圖書館出版社，1999 年），頁 562。
　　　　　詳細爭論可見《江蘇學務總會文牘》初編上，〈致三江師範學堂李觀察瑞清論
　　　　　各校罷課書〉、〈復甯垣十七省學會發起人書〉，頁 90～92。

學額與省界可糾紛究竟是怎麼引起的？根據江蘇學務總會文牘中的說法，學額省界一說，起自於湖南、浙江、福建和廣東諸省，江蘇的學額風潮實受他省反動激化而成，非由江蘇人開其先風。然而，江蘇的省界和學額問題卻遠較他省複雜，主要原因在於江蘇省的行政區域劃分異於他省。柳詒徵（翼謀，1879～1956）在〈學務雛議〉一文中，認為省界之分肇始於他省，但其他省的省界糾紛卻不及江蘇一般複雜，最重要的原因在於：

> 獨兩江以一總督轄三省四布政使司，此已異矣。而鄉試之制又第合
> 甯蘇皖三布政使司所轄之人而試之，江西不與焉。〔註16〕

傳統行政制度的劃分，造成今日學堂、學額之糾葛。蘇籍人士認為，本省學堂當然以收本省學生為主，其他省分「不得占吾正額」；而安徽和江西人士，則認為既然都是同一個總督所管轄，權利應當均分；又有人援引科舉之例，認為「贛可分，而皖不可分」。眾多歷史因素的加累，使得江蘇與安徽、江西的學額爭執風波，越滾越大，爭論不斷。

以三江師範學堂的學額爭執為例，三江師範學堂，顧名思義，即是包含了江蘇、江西與安徽三省。根據〈江蘇紳士惲彥彬等請改三江學額〉一文所言，三江師範學堂最初的設定學額數共有 900 名，甯、蘇二屬各 250 名；皖贛各 200 名。因為偏遠州縣來學者甚少，縮減名額後，甯、蘇二屬各 90 名；皖贛各 60 名。後來學部又為了普及教育的目標，擴增學額數目。甯、蘇增加額數僅為 108 和 102 名、安徽則增加了將近三倍，有 180 名之多；江西擴增之後的數額更高達 237 名。恰如文中指出，此次學額的擴增「多者驟增三倍，少者只添十餘人，是江蘇與皖贛共擔擴充之名，而安徽江西獨被擴充之實也」，〔註17〕故江蘇士紳的不滿可想而知。加上三江師範的辦學經費來源，主要是由江蘇一省支付：「江甯藩司籌撥常年經費，蘇藩司每歲撥銀四萬兩，又江寧銅元局盈餘為的款」，〔註18〕而皖贛兩省則是按學生額數，每縣每名只需協助龍洋一百元，更讓江蘇士紳認為此次學額之擴充似有喧賓奪主之嫌。不論是柳詒徵還是江蘇學務總會，也都站在「竊以為本省之財力培養本省之人才，利權既不可放棄，斯學額不可不爭」〔註19〕的立場，認為：

〔註16〕柳詒徵，〈學務雛議〉，《江蘇學務總會文牘》初編上，頁 54。
〔註17〕〈江蘇紳士惲彥彬等請改三江學額〉，《申報》，1905 年 10 月 7 日，第 1 張第 4 版。
〔註18〕〈江蘇紳士惲彥彬等請改三江學額〉，第 1 張第 4 版。
〔註19〕〈上學部請明定各省學額並撤銷科舉名目呈〉，《江蘇學務總會文牘》初編上，

> 江甯省地位與蘇州地位截然不同，蘇州可置皖於外省之列，江甯則
> 不然。蓋江甯爲總督所駐，而江南二字兼轄蘇皖。且皖省每年解項，
> 亦僅至甯而不至蘇也。惟皖紳所議，則謂皖省每年所解之款，在二
> 百萬之外，故於學額不肯少讓。不知此項解款係政治界問題，豈盡
> 補助學費。及如江蘇每年協餉至新疆、甘肅等省，豈能於各該省照
> 攤學額乎？況各國通例，義務與權利爲對待之詞。江蘇賦重於皖贛，
> 則所得之利益不更當稍優乎。〔註20〕

柳詒徵也指出，議定學額和學費的方法，應該以地方的面積、人口和賦額的
比例來分配學額，才比較公正。柳詒徵與江蘇教育總會都指出「義務與權利」
的相對關係，認爲江蘇所納之稅既然重於江西和安徽，則其所應得之權利，
本來就應該要較兩地爲優渥。

　　科舉制度一廢，學堂成了士人出身的寄託所在，但學堂所收之學生名額有
限，高等學堂在清末的數量並不變，畢業後又被視爲等同於舉人的科舉頭銜，
故競爭激烈。加上江蘇的甯屬學堂多爲官辦，例如：高等三江師範、高等學堂、
水師學堂、陸師學堂等等官辦學堂的總辦皆爲官派，一旦學堂總辦爲他省人士，
爲了保障他省入學之名額，就會發生逐除其他省籍旅學學生之事。以湖南和江
蘇兩省比較，湖南的新式學堂大多爲湘省紳士主持，所以外籍學生很難進入湖
南的學堂就讀。而江蘇甯屬學堂，則視官派總辦的省籍爲何，哪一省籍的學生
就佔多數，如此一來，江蘇本地學子的就學優勢大減。〔註21〕以此對照〈長沙
曾鑒吾至江蘇學會書〉一文，兩者的語氣和立場相當一致，可見學務總會的成
立，受學額、一事的影響頗大，再從張謇於二屆常會中的發言，和其日記中特
別對學額省界之爭一事的記載看來，都足以證明江蘇學務總會的成立，除了要
解決一省的學務紛爭外，更有想將一省學務收歸於本省人之手的意圖。雖然學
務總會文牘中，亦收入于右任（原名伯循，1879～1964）的〈論分省界書〉，〔註
22〕其觀點主要陳述大家皆爲同文同種的中國人，不應有省界之分。于氏文中言
省界一說源於日本東京的留學生，其義有二：

> 一以人民愛國家，恆不若其愛鄉土。欲合全國人民爲一群，不若先

頁 29。

〔註20〕〈三上江督周論甯垣學務書〉，《江蘇學務總會文牘》初編上，頁 45。

〔註21〕柳詒徵，〈學務雛議〉，《江蘇學務總會文牘》初編上，頁 54。

〔註22〕原文爲〈于右任致主持分省諸君子書（論爭學額事）〉，登於《大公報》，1905
年 12 月 3 日～4 日，第 1 張。《江蘇學務總會文牘》亦將其收入，頁 59～62。

> 合一省之民爲一群。互相維持，互相援助，以長人民親睦之風。一
> 以地方自治爲立憲之基，以本土所產之財振興地方之公益，即以土
> 著之民參與本土之證物，人人能保本土之全力，人人能對本土盡義
> 務，則民權可伸。〔註23〕

中國的地域觀念本來就很重，聚小群以合大群，在當時是一普遍的想法，只
是這樣的理想，若是過度地吹捧，對於中國整體的團結發展並無好處，因此
總會便將于書置於柳書之後，並加按語言：「此書登在報紙，即以分省界爲詬
病者也，附於柳君（詒徵）書後，閱者可以參觀得失」，〔註24〕以示其客觀之
立場。但從總會與各級官員來往的書信、公文中，可以推斷其立場是與柳詒
徵相近的，皆秉持著「畛域之見，非蘇人所敢存。今之要求學額，爭論學費
者，出於不得已，而施愛宜有差也」的省籍觀點。〔註25〕

　　面對激烈的學額競爭和蘇籍學生採取強烈的罷課手段，總會也思考著怎
樣才是解決學額與省界之分的方法。學額之爭如此激烈的主因爲科舉制度的
舊習，所以根本的解決之法，便是廢除生員、舉人、進士等因科舉制度衍生
而來的頭銜，和過去一有功名即授與翰林、主事、中書和知縣等官職的獎勵，
否則全國人民專注之焦點之所以由科舉而學堂，皆是「本其獵取科第之心」，
與學校的教育目的相去甚遠：

> 然則國家設校之命意，將使人人有普通之資格耶。吾意此後無論農
> 工商兵無一非士，安得有如許生員舉人進士之名目而一一獎勵之。
> 如仍以科第爲榮，非是不足以歆動之耶。恐科舉時代生員舉人進士
> 之思想，一變而爲學校時代生員舉人進士之思想。……紳等以爲不
> 停科舉則無以作興學之氣，僅停科舉而不撤銷生員舉人進士之名
> 目，則適以懈嚮學之心。而學堂之爭額，勢必如科舉時代之分疆劃
> 界，或一省而異府，或一府而異縣，斤斤於冒籍跨考。同處於學界
> 而攻同類如仇讎，上既著爲禁令，下亦視爲固然。紳等誠不忍再睹
> 此紛紛擾擾，而使學界無復放光明之一日也。〔註26〕

所以江西旅甯學生所言之「嚴定學額，則惟中國承科舉之弊，習而不知」，

〔註23〕〈論省界之說足以亡國〉，《申報》，1906 年 12 月 8 日，第 1 張第 2 版。
〔註24〕于右任，〈于右任論分省界書〉，《江蘇學務總會文牘》初編上，頁 62。
〔註25〕柳詒徵，〈學務雛議〉，《江蘇學務總會文牘》初編上，頁 56。
〔註26〕〈上學部請明訂各省學額並撤銷科舉名目呈〉，《江蘇學務總會文牘》初編上，
　　　　頁 27～28。

〔註27〕可以說是當時的共識，解決的辦法，似應以廢除科舉名目為治標又治本的方法。科舉廢除之後，御使陳曾佑即曾上言，改學堂畢業生之資格，否則學堂與仕進之途混為一談「行之十年，進士舉人滿天下」，〔註28〕有名器太過浮濫之弊，故必須授與文憑而非頭銜。但傳統的影響力、社會的習慣，似乎仍不是如此容易改變。否則，馮友蘭的母親，也不會將孩子進小學堂與秀才此一級的功名作為連結。

　　然而，徹底解決學額問題的方法，除了廢除科舉頭銜之外，還有一個方法，即劃分學區。江西旅甯學生的上書中，即有「查東西各國興學，制度雖亦分設學區」一語，認為學區的劃分是以「至公之心，行便民之政。不但同國之人，不分彼此，即異邦殊種，誠使負笈而來，亦未嘗揮之門外」。〔註29〕學額實為科舉時代之產物，在講求教育普及的清末教育改革中，並不符合理想。廢除科舉功名的頭銜和官銜的授與，只能斷了一般民眾對於學堂的想像，而真正要達到教育普及的目標，並改正時人對於新式學堂的想像，則必須由學區的劃分著手。學區一旦劃定，各省、各府州縣、各鄉、各村的學齡兒童該入哪一學堂，皆自有規範，學額的衝突自然就會消失。但在實際的執行層面上實有困難：

> 東西各國初等教育畫為學區，各表其學齡之兒童之數，我國戶口統計向不精密，警察未能遍設，勢難仿行。然地方興學之詔既下，官吏飭報以為考成。据去年蘇撫官牘，且有某地已設小學若干區，而五人或八人為一學堂者。核其每學所費且數百千，以當今民人入學如此，其殷籌畫學費如此其不易，徒取一空名以為觀美誠復何心？法宜請明定程式，凡生徒不滿四十人者，按五年學期，每年裁八人，并此而不足不得為之學堂。〔註30〕

由此便可理解，為何不論是勸學所，還是地方自治實施之後負責學務的學務專員，皆把劃定學區列為首要之務，其目的便在消弭因科舉的遺毒──學額而起之紛爭，並進一步達到教育普及的目標。

　　科舉廢除之後的學務亂象，雖然是清末全國各地皆有的現象，但江蘇一省，在學務的統一上，還面臨著獨特的行政問題。江蘇向為江南重鎮，是全

〔註27〕〈江西旅甯學生上江督周玉帥書〉，《大公報》，1905 年 12 月 27 日，第 1～2 張。
〔註28〕〈奏請變通學堂畢業獎勵出身事宜折〉，璩鑫圭等編，《學制演變》，頁 541。
〔註29〕柳詒徵，〈學務雛議〉，《江蘇學務總會文牘》初編上，頁 56。
〔註30〕〈上江蘇學政唐條陳學務書〉，《江蘇學務總會文牘》初編上，頁 69。

國財賦稅收的主要來源，故其在清末的行政單位劃分上，被一分爲二。黃炎培（韌之，1878～1965）在敘述江蘇學務總會成立的背景時言：

> 江蘇省有江寧提學使，有江蘇提學使，一駐南京，一駐蘇州，同是
> 管轄全省學務，時時發生職權上的爭執，在這種情況下，1905年很
> 自然的產生江蘇學務總會（後改名江蘇省教育會）。〔註31〕

所以學會成立最主要的目標在統整江蘇一省之學務，使其不因寧屬、蘇屬的行政之分，造成學務上的不統一。

江蘇學務總會成立之後，即將其章程呈請督撫、省學務處及學部立案，〔註32〕兩江學務處認爲，學會成立一事關係全國教育，應由本部擬妥章程之後，再通行各省查照辦理，以歸劃一，且總會應設於省會而非上海。〔註33〕江蘇學務總會則以三大理由駁斥總會應設於省會之說，其中最主要的一點便是江蘇一省分屬寧、蘇的行政區劃：

> 江蘇省會督帥駐寧，撫帥駐蘇，省份之名稱一，而省會之地方則二。
> 督帥札文僅曰總會名稱應設省會，亦未指明在寧在蘇。若謂在寧乎，
> 則現在上海組織學會之人，在學界，則凡滬上一隅，百數十之學堂，
> 或監督或校員罔弗與也。在商界，則又滬上一隅各自有其經營，各
> 自謀其實業，凡聲望素著，熱心贊助者，又罔弗與也。〔註34〕

由於總會的會員，主要是上海學界和商界的人士，多半居住於上海一地，若棄上海而設於省會，對於辦事之人實多不便，且會喪失生計的來源，不是明智的選擇。再以各省將設提學使司及改省學務處爲學務公所一事爲由，依照江蘇一省的行政劃分，必有兩提學使及兩處學務公所。若以過去江蘇一省分設寧、蘇兩學務處的經驗來看，兩者的政策常常出現分歧的現象：

> 即就以前之寧蘇兩學務處言之，固皆轄全省之學務，而不分畛域矣！
> 何以蘇學務處所褒者，或爲寧學務處所貶；何以寧學務處所批准者，
> 蘇學務處或並擲槃而不收。〔註35〕

〔註31〕黃炎培，《八十年來》（北京：文史資料出版社，1982年），頁48。

〔註32〕上呈學部批准立案的時間，在光緒三十二年三月十七日。江蘇學會，雖成立於學部（1905年12月6日）之前，但其改名爲江蘇學務總會，則在光緒三十二年初。

〔註33〕〈兩江學務處照會〉，《江蘇學務總會文牘》初編上，頁9～10。

〔註34〕〈覆兩江學務處論總會應設上海書〉，《江蘇學務總會文牘》初編上，頁10～11。

〔註35〕〈覆兩江學務處論總會應設上海書〉，《江蘇學務總會文牘》初編上，頁10～11。

所以，當取會通之處為總會之所在，侷限於行政區域的劃分，並不利於江蘇
一省學務的整體發展：

> 總之江蘇一省既有兩省會，則總學會之移甯移蘇，轉偏舉而不能完
> 全，不如上海一隅交通便利。〔註36〕

因此，江蘇學務總會成立之目的，除了宗旨上所言之：「專事研究本省學務之
得失外」外，更重要的在統整科舉廢除之後江蘇一省的教育事務。故其在暫
定章程中亦言：「因交通之便利設總會於上海」。光緒三十四年（1908）二次
修改過的總會章程中，總會事務所仍設於上海，但於甯、蘇兩省垣，則分設
事務所，另有專章訂之且派員常駐，可以說是江蘇士紳與中央政府之間的一
種妥協。

　　由於科舉與傳統社會、政治結合密切，所以科舉制度的廢除，除了確立近
代中國教育制度的轉向外，也預示著中國傳統社會結構的崩解。〔註37〕但在科
舉廢除之初，偏僻之區的士人卻仍心存回復科考之遐想，即使是稍稍開通且以
興學為急務的地方士人，有的仍誤認學堂是士人的進身之階，科舉與學堂兩者
在一般人的眼中是相同的事物。〔註38〕對於教育的普及、教科書的統一、學校
經費的來源和學制的改良等重要的學務之事，世人皆茫然不知籌措。科舉雖廢，
科第思想卻仍固結人心，即使朝廷屢頒興學之旨，要求地方官與在籍士紳實心

〔註36〕〈覆兩江學務處論總會應設上海書〉，《江蘇學務總會文牘》初編上，頁10～11。
〔註37〕張灝：「傳統士紳階層透過考試制度一方面可以晉身國家官僚，另一方面留在
鄉土，擔任地方領導菁英，參與地方行政。因此其與現存權力結構的互相依
存關係大於相互抵觸的關係」〈轉型時代在中國近代思想史與文化史上的重
要性〉，收於《張灝自選集》（上海：上海教育，2002年），頁113。新式學堂
的出現，造就了新式知識份子；而科舉制度的廢除，不但割斷新式知識份子
與國家之間的政治權力關係，也使得他們脫離了地方的土著性，成了所謂的
「背離者」（費孝通語）。由於傳統地方社會的維持必須依靠士紳階層此一中
堅份子，新的教育制度卻瓦解了士紳階層之間共同的文化底層，連帶著也使
傳統社會的基礎面臨崩解的危機。相關研究請參考費孝通，《中國紳士》（北
京：中國社會科學，2006年）；張仲禮，《中國紳士》、《中國紳士的收入》。而
關於明清士紳於地方社會作用的研究，以日本學者岸本美緒等人研究最多，
其研究方向與大概可參考于志嘉，〈日本明清史學界對「士大夫與民眾」問題
之研究〉，《新史學》第4卷，第4期，1993.12，頁141～175。
〔註38〕杜亞泉〈論今日之教育行政〉一文指出：「今日我國之教育行政上，所持以達
普及教育之目的者，果有若何之政策耶？予得一言以蔽之曰：出身之獎勵而
已」。《東方雜誌》，第8卷，第2號，1911，頁19316。由於清廷尚未廢除出身
的獎勵，加上學校與科舉功名之間同樣都具有三級之間的對等關係，所以科舉
雖已廢除，出身獎勵的存在，使得一般民眾仍認為學堂只是科舉的替代品。

任事，但以興學詔令頒佈數年來的成績檢驗仍是差強人意。

學務的紊亂，加上學額問題的刺激，或多或少導致江蘇士紳產生了一省學務，應由本省人主之的地域觀。羅振玉（叔蘊，1866～1940）曾有「江蘇教育會逐客事」一語。此番爭議起於蘇省士紳於《申報》上公開刊登羅振玉在擔任江蘇教育顧問和江蘇師範學堂總辦時「築屋佔校地」一事。〔註39〕羅振玉認爲，蘇省士紳對他的不滿在於：

> 此校（江蘇師範學堂）雖爲蘇設，然蘇寧一省，不應分畛域。於是有投考者，與揚徐淮海一律憑文錄取，遵忠敏（端方）旨也，蘇紳滋不悅。蘇紳素多請託，招生時，以簡牘至者，不盡副所請，益不滿。〔註40〕

可見士紳對於是否能入中等以上的官學非常重視，而區域之分不僅限於各省之間，就連甯、蘇之分也是斤斤計較，所以才會有逐客卿的舉動。此事的發生，雖晚於省界與學額之爭，但糾紛產生的原因還是跟學堂的錄取人數有關係。由於兩造雙方於此事有各說各話的傾向，在此亦不下任何是非判斷。只是藉由此事，可以讓我們知道在清末由於社會民間尚未脫離傳統科舉的思維模式。由於學額在傳統科舉社會中，關係到各省之利益，加上它是以一地之錢糧和丁口爲判別之標準，故其所關係到的不單單只是簡單的學生人數的問題而已。在此新舊的過渡時期，學額後來更成爲各省諮議局議員的定額準則。議員的數額本來應該是依照戶口之數而有適當之比例，但當時的戶口統計並不確實，故以學額和漕糧之數爲參酌的標準：

> 惟中國戶口尚無確實統計，詳細調查恐需歲月，不得已參酌各省取進學額及漕糧之數以定多寡。本條鎖定，以各該省學額總數百分之五爲準。爲寧、蘇兩處漕糧最重，而學額較少，故就漕糧每三萬石加增一名，於江寧增九名，江蘇增二十三名。其漕糧雖重，而學額已敷，如浙江等省，不再加額。〔註41〕

如此一來便不難理解爲何當時的人對於學額的數目是如此之斤斤計較，因爲它關係到的是一省之整體利益。所以總會在成立之初，帶有強烈的地域性，

〔註39〕〈致蘇府陳請查侵占校地書〉，〈蘇府學務公所紳士請查侵占校地公呈〉，《江蘇學務總會文牘》初編下，頁90～93。

〔註40〕羅繼祖輯述，羅昌霦校補，《羅振玉年譜》（台北：行素堂發行，民國75年），頁31～32。

〔註41〕〈各省諮議局章程（附加案語）〉，《清末籌備立憲檔案史料》，頁671。

可以說是地方自治的前身。

第二節　士群：學會

　　要討論江蘇學會成立的背景，除了學務的混亂外，尚有「學會」此一遠因。爲了彰顯學務總會的時代意義和功能，有必要對學會的歷史作一簡單的回顧。

一、學　會

　　晚清士紳昌言集會，始自甲午戰後康有爲、梁啓超等維新士人的提倡，自此重新開啓士人橫向聯繫的新契機，大小學會自此遍佈清末中國。學會之所以被維新份子視爲最強而有力的組織，主要是因爲它可以「廣聯人才，創通風氣」和「興民權，通上下之情」。〔註42〕由於士紳是官、民之間的中介，也是中國傳統社會中的知識份子，故在廣大人民知識程度未達標準之前，士紳是新學最好的傳播媒介。康有爲在公車上書之後，也深深體會到聯合廣大士群的重要性，並且希望透過學會、報刊等新式的傳播媒介，對中國傳統社會的中堅份子——士紳，進行啓蒙的工作。因此，不論是嚴復、康有爲還是梁啓超，於此時所欲教育、開化的都是「士大夫」，唯有改變士大夫這一塊傳統社會的拱頂石，才有扭轉局勢、改變風氣的契機。〔註43〕

　　經過維新派的極力鼓吹，士人結社的傳統再度由歷史的潛流之中重新被挖掘出來：

> 學會起於西乎？曰，非也，中國二千年之成法也。……孔子養徒三千，孟子從者數百，子夏西河，曾子武城，荀卿祭酒於楚、宋，……鵝湖、鹿洞之盛集，東林、幾、復之大觀，凡茲前模，具爲左證。先聖之道，所以不絕於地，而中國種類，不至於夷於蠻越，曰惟學會之故。學會之亡，起於何也？曰國朝漢學家之罪，而紀昀爲之魁也。……紀昀之言曰：「漢亡於黨錮，宋亡於僞學，明亡於東林」。嗚呼！此何言耶？〔註44〕

〔註42〕湯志鈞，《戊戌時期的學會和報刊》，頁11～15。
〔註43〕詳細之論述，請參看史華慈（Benjamin I. Schwartz），《尋求富強：嚴復與西方》（江蘇：江蘇人民，1990年）、張灝，《梁啓超與中國思想的過渡》，（江蘇：江蘇人民，1995年）。
〔註44〕梁啓超，〈變法通議·論學會〉，《飲冰室文集點校》，卷1，頁39。

鑑於明亡之禍，清朝自成立開始就在明倫堂臥碑上明載「生員不許糾黨多人，立盟結社，把持官府，武斷鄉曲」。〔註45〕因此，士大夫的羣聚現象於有清一代非常的罕見，即使有也只是單純的詩文唱和，例如：嘉慶年間的「宣南詩社」，既不具東漢末年的清議，亦無明末黨社的議政風格。所以，江蘇學務總會的成立，亦曾爲自己的行徑做正當性的辯駁：

> 本朝鑒前明之轍，懸爲大禁久之，其名遂爲奸宄豪猾所竊。士夫益相戒，動色以立會非美名，不知不得其道則有聚眾干政之嫌，倘得其道亦收羣策羣力之效。明之亡，不亡於社會，而亡於不辨社會黑白之人，懲羹吹虀毋乃太過。〔註46〕

學務總會的辯詞和梁啓超的論述，都只是勉強地想將學會置於傳統的脈絡底下，用舊的瓶子去裝新釀的酒，博取老顧客的信任而已。因爲，不論是康、梁等人所提倡的學會，還是學務總會，本質上都在模仿西方傳教士所辦的學會，其中尤以廣學會（The Christian Literature Society for China）影響最大。〔註47〕加上嚴復提倡「群學」的影響，使得面臨瓜分之禍的中國士人，爲了保種保國、尋求富強，開始重視「群」的結合：

> 道莫善於羣，莫不善於獨。獨故塞，塞故愚，愚故弱；羣故通，通故智，智故強。……羣之道，羣形質爲下，羣心智爲上。……羣心智之事則頤矣，歐人知之，而行之者三：國羣曰議院，商羣曰公司，士羣曰學會。而議院、公司，其議論業藝，罔不由學。故學會者，又二者之母也。故學會者，又二者之母也。〔註48〕

經過梁啓超的詮釋，學會等於「士羣」，是「國羣」、「商羣」之母，成爲甲午戰

〔註45〕 謝國楨，《明清之際黨社運動考》（上海：上海書店出版社，2004 年），頁 171。

〔註46〕 張謇，〈上江蘇學政唐條陳學務書〉，《江蘇學務總會文牘》初編上，頁 64～65。

〔註47〕 張玉法認爲戊戌時期的學會淵源主要有二，即中國文人結社的傳統，以及西方傳教士在中國設立的西方式學會，而戊戌時期興起的學會的形式，主要則是採取西方學會的形式。張玉法，〈戊戌時期的學會運動〉，《歷史研究》，第 5 期（北京：中國社會科學出版社，1998 年）。筆者認爲其中以廣學會的影響最大，譬如上海強學會成立時，即發行《萬國公報》，便是採用廣學會之機關報的名稱。而戊戌之後的學會組織和活動，多少也都含有廣學會的影子，例如：發行報刊，董事會的形式和出版書籍等等。加上李提摩太與梁啓超等維新份子之間的友好關係，因此康、梁等人發起之學會運動，除了有傳統文人的精神外，其形式與內容則是擷取廣學會的模式。

〔註48〕 梁啓超，〈變法通議‧論學會〉，《飲冰室文集》第一冊，頁 38。

後士人們最熱衷提倡的團體形式。藉著學會，欲使自明末以來衰敗的士氣再度凝聚，理想的狀態是每一省都有一省之會，每一府皆有一府之會，每一州縣、每一鄉也都各有其會：「積小高大，擴而充之，天下無不成學人矣」。〔註49〕此狀態的描寫，與江蘇學務總會成立後，欲於江蘇各地成立府州縣層級的學會，具有相同的意義。

　　然而，以教育為目的及宗旨的學會，並不始於江蘇學會。江蘇籍的留日學生刊物《江蘇》，在 1903 年即鼓勵各省、各邑普設教育會：

> 個人之能力不敵全團體之能力也。是故我同胞而不憂家國則已，憂
> 家國則必立民團；我同胞而不立民團則已，欲立民團則請從教育會
> 始。〔註50〕

然細察文中所指稱的教育會，雖名為「上海教育會」，但由《上海縣志》和〈上海的學藝團體〉的記錄，1903 年左右，上海地區並無以「上海教育會」為名的社團組織。〔註51〕依時間推算，此處的上海教育會應是蔡元培（鶴卿，1868～1940）等人於光緒二十八年（1902）所成立的「中國教育會」。且以文中敘及上海教育會亦響應留日學生組抗俄義勇軍之事，文中所言的「教育會」，應該就是指「中國教育會」，且兩者的立場相近皆傾向革命。由於中國教育會與江蘇教育總會的本質、立場、目標皆不同，其活動在此不多做贅述。〔註52〕

　　故在 1905 年以前，即有許多類似的學會組成以推廣學務，名稱不一、章程不一，立場也不相同。由於官方沒有正式的章程規定，任由地方自行為政，熱心興學之人雖多，但對於如何辦理「新教育」的方法和認知卻是非常的混亂：

> 一郡縣之地，彼此辦法紛歧；一學校之間，前後之教科互異；官非久
> 於其任，報告視為具文；紳或任焉，不專辦事，率多觀望。是非各省
> 設立學會逐事研究無以收綱舉目張之效，為集思廣益之資。〔註53〕

〔註49〕梁啓超，〈變法通議・論學會〉，《飲冰室文集》第一冊，頁 40。

〔註50〕書慶，〈教育會為民團之基礎〉，收於張枏，王忍之編，《辛亥革命前十年間時論選集》，第一卷下冊（北京：三聯，1960～1977 年），頁 549。

〔註51〕上海縣教育會，在蘇提學使的催促下成立於光緒三十四年（1908 年），由姚子讓的教育研究會和龔傑的滬學會兩者合併而成。不論是時間還是性質，皆不吻合《江蘇》期刊中所言之上海教育會。所以推測應該是蔡元培等人於上海成立的中國教育會。

〔註52〕有關中國教育會之研究可參考桑兵，《清末新知識界的社團與活動》第六章。

〔註53〕〈上學部設立江蘇學務總會呈〉，《江蘇學務總會文牘》初編上，頁 1～2

職是之故，江蘇學務總會雖以教育研究爲宗旨，實際上卻認眞地處理和解決地方學務上五花八門的糾紛與事務，並且懷有更高遠的目標，即立憲和地方自治的政治企圖。希望以士人結社的模式，聚集社會之力量，進而影響官方的決策，一步步地實現理想中的國家藍圖。《江蘇學務總會文牘》初編〈敘〉中即言：

> 今朝廷銳意更新，將有事於地方自治。夫發擣自治之原理者，非學會之責而誰？故記者以爲，學會者，地方自治之雛形；江蘇學會者，尤全國社會之雛形也。海上交通利便，似宜有全國學務之公會……。〔註54〕

清朝嚴禁士人結社，甲午之後，康、梁以學會的名義，打破了傳統，但在官府的眼裡，學會仍極具危險性，故大部分的學會在戊戌政變之後多以研究學術爲名，極少如強學會、南學會般具有濃厚的政治性。因此，張謇等溫和派的改革者，在成立江蘇學會之後，對於官方的規定和眼光仍是甚爲恐懼，期望在官方的認可下進行活動，一步步地將其理念落實於現實之中。故其對於政治有所妥協；於理念有所論述；於權益有所爭取，表現出清末最後五、六年裡，官方——社會之間權力衝突的縮影。

二、各地士紳的響應

學會的主要目標皆在團結士人，並擴大聯繫作用，江蘇學會也不例外，除了以一省之學務爲目標之外，更想要集結全省之學務士紳共同參與，故於報上刊登廣告，廣召各府廳州縣之士紳和地方董事加入。地方上的響應程度，由學務總會出版的文牘初編即可探知一二。

曾樸（孟樸，1871～1935）在塔前公立學堂內設立常昭學會時，即明白地指出響應總會之宗旨，且與江蘇總學會，以及蘇府學會，隨時商酌聯絡辦理，以爲集思廣益之用。〔註55〕另外，根據《江蘇學務總會文牘》中有紀錄的府廳州縣名稱爲統計基數，大約有 71 個，〔註56〕沒有報告的只有 12 個，約占總比例的百分之十七。〔註57〕可見江蘇省約有八成以上的府廳州縣響應

〔註54〕 〈江蘇學務總會文牘初編敘〉，《江蘇學務總會文牘》初編上，頁1～2。
〔註55〕 〈蘇學務處批示彙誌〉，《申報》，1906 年 4 月 16 日，第 1 張第 9 版。
〔註56〕 筆者比對江蘇教育總會文牘中的府廳州縣名稱與王樹槐一書中的數目和名稱有所出入，故以江蘇教育總會文牘中的資料爲準。
〔註57〕 《江蘇學務總會文牘》分爲上下兩編，上編之內容爲「關係全體」者；下編之內容則是江蘇各府廳州縣分會之報告，分類之中以事相從，而無分會亦未

總會的號召，且亦認同學務總會成立的理念。以文牘中的〈清河學務公所報
告書〉爲例：

> 憲法實行在即，各省府州縣均組織學會、學務公所，以立地方自治
> 基礎。前閱貴會章程至爲完善，莫名欽佩。敝邑聞風興起，久擬集
> 合學界同志立一支會，並公舉代表赴貴會以便直接。〔註58〕

大體上而言，各地之所以對設會有如此積極之行動，主要在於環境風氣的改
變。1905 年底，清廷立憲的舉動和意思越來越明顯，而講求地方自治的氛圍
也越來越濃厚。總會的成立，既以立憲和自治爲主要之方向，自然引起江蘇
各地具有維新思想的士人響應。而「總會——各府廳州縣支會」的體系，便
是希望能更進一步地團聚分散於江蘇各地的改革力量，好爲日後的立憲和議
會政治奠定基礎。

　　然而，地方學會的發起，並非都是沒有問題的。以總會接收到的溧陽學
會組織文牘中，即不見章程，且無會員姓名，只言學會是由當地教諭顧懋熙
所組織，並公舉當地紳士王葆澂、曹承憲二人爲會長，致函總會之書，寫的
又是條理不清，詞句模糊難明。經由狄葆賢（楚卿，1873～1921）向來上海
的同鄉詳細詢問後，才知道此一學會，竟是少數人藉以營私植黨之用。碰巧，
溧陽縣令亦來函乞求總會調停地方學務之紛爭，信中對於顧儒學所立之會，
隻字未提，總會遂請劉縣令曉諭當地學界學部奏定的〈教育會章程〉，讓溧陽
縣的地方學會組織得以完善，好化解學務上的分歧。總會人士認爲教育會成
立之目的，在於解決學務上的之困難，豈可讓自便自私之人「借設會名目，
互樹黨援」。〔註59〕尤其當此轉變之時刻，想要從事改革的人士，若不能堅守
其品行與道德之標準，將會難免落人口實，徒增困擾。

　　士紳，在中國向來就不是一個純質的團體，其中包含著各式各樣的品類和
人物。〔註60〕因此，江蘇學會雖以地方紳士爲主要的號召對象，但其中仍是有

報告者，皆於縣名之下，注一「無」字，此爲統計資料之來源。
〔註58〕　〈清河學務公所報告書〉，《江蘇學務總會文牘》初編下，頁56。
〔註59〕　〈致蘇省學務處論溧陽顧教諭設立學會書〉，《江蘇學務總會文牘》初編下，頁2。
〔註60〕　瞿同祖以官吏和非官吏的差別將之分爲官紳（offical-gentry）與學紳
　　　　（scholar-gentry），即一般所謂的「紳」與「士」。而張仲禮的分類則是以功名
　　　　作爲分類的標準，將生員以上的士紳劃分爲上層，以下者劃分爲下層。何炳
　　　　棣認爲士紳爲傳統社會的統治階級，所以他是以出仕與否爲標準來劃分士
　　　　紳。Philip Kuhn 則認爲，應該要從不同層次機構中的權力來區分士紳，即所
　　　　謂的地方菁英／名流。所以他將士紳區分爲全國、省和地方的三種類型，依

所區別的。所以對於江蘇省各府廳州縣舉派參與大會的代表有資格的限定：

> 凡各地熱心教育諸君子，祈於見報後即公舉適當本會代表人之資格
> 者，每廳州縣各二人以上，由該處學務公所出具公函，詳載舉定人
> 之姓名、履歷，先期知照本會。無學務公所者，由該處各學堂出具
> 公函，……〔註61〕

江蘇教育總會之後修訂的章程中，更規定只有地方上的「學務董事」、「學會會長」和「總董」才具有代表人的資格，若要加入學會，除了要年滿25歲之外，還必須是跟與學務有關係的紳士，或者是興辦工商實業著有成效之人。

清末興學是一股熱潮，固有許多下流社會的「椎埋豪猾之儔」或是不肖士紳子弟聚眾結黨，假託學務，大行「舞文攬訟，干犯法紀之事」，而其所設之學堂，則「專收遊墮之民，橫行於市井之間」。〔註62〕有趣的是，地方長官遇到此類冒名學界中人的反應態度：

> 官長省事警察畏煩，往往誤認其爲學界中人，不敢拘捕干涉，而彼
> 之氣燄益張。不但飾非玩法，妨害治安，且於學堂名譽大有關係，……
> 〔註63〕

可見「學界」〔註64〕在當時人的眼中，除了有「救國救民」、「富國強種」的一面之外，似乎也是一個新興行業、一個肥缺、一種斂錢的門路。馮友蘭的回憶

照其影響力來區別。筆者傾向於 Philip Kuhn 的分法，因爲士紳是一複雜的歷史產物，分的越詳細才能顯示出其複雜性。相關討論請參見瞿同祖，《清代地方政府》和孔復禮（Philip Kuhn），《中華帝國晚期的叛亂及其敵人》。

〔註61〕〈上海江蘇學會廣告〉，《申報》，1905 年 11 月 19 日，第 1 張第 1 版。

〔註62〕〈兩江學務處沈觀察桐來書〉，《江蘇學務總會文牘》初編上，頁 90。

〔註63〕〈兩江學務處沈觀察桐來書〉，《江蘇學務總會文牘》初編上，頁 90。

〔註64〕R. Keith Schoppa 認爲，隨著 1905 年科舉制度的廢除，紳的地位開始沒落。因此一個表達其自身社會身份的新方式開始出現，即在清末報刊雜誌上不斷看到的「界」，例如：政界、學界、商界等等。而他認爲「界」，是一個有邊界的區域空間概念，表明了一個多中心的亞文化世界圈。「界」所代表的是具有共同利益的集團或群體，而且是建立在大量的私人交往網絡之上。隨著公共領域中被認可的社會身份越來越多，就區分的越細，1916 年之後，以紳爲主的公共聚合體便消失了。R. Keith Schoppa（蕭邦奇），《血路：革命中國中的沈定一（玄廬）傳奇》（江蘇：江蘇人民，1999 年），頁 14。筆者以爲關於清末「界」此一觀念的出現，應當再做更仔細的研究，除了象徵著士人對於社會結構及身份區分的新概念，與傳統的四民社會——士農工商大不相同之外。由學界、教育界、學術界；實業界、商界等名詞的變化，更可以看出各種新名詞的傳入與應用的時間性和深化。

錄中說：「在新政中，往往用了些本地紳士，特別是教育一項，官是無能爲力的。在教育界，紳權很快就發展起來了」。〔註65〕而刊登於《申報》的短編小說〈教育會〉中，也藉由一七十老人之口嘲諷不肖教育會會長：「此教育會會長某某也，去歲末爲會長，時一寒尚澈骨，而今日者有藍呢轎矣！」〔註66〕小說中的會長在開會時亦言：「本會年來財政甚支絀，欲建屋舍無款，欲辦事無款，欲□助某某學校無款，鄙人不得已創一特別捐。凡來此蒞會者，舉熱心諸君子。願諸君子解囊助僕」。〔註67〕足見辦學在當時確實可以藉由許多名目來斂財，且足夠使一介貧寒之士豐衣足食。

　　如此一來，即可理解張謇爲何會在光緒三十四年的常年大會上，以數語勉勵會員在道德人格上的堅持：

　　　　謇意以爲凡在教育會之人，必須人人嚴加自治，不嚴於自治，不獨
　　　　敗個人並損全體，所謂千金之堤潰於一蟻之穴也。至於全體爲人詬
　　　　病，則不能得鄉里信用，更安有教育普及之望大可懼也。〔註68〕

對會員的道德人格有如此強烈之要求的主要原因，便在於去除阻力。若其品德高尚，在鄉里之間素有名望，值得鄉人所信賴，推動教育之普及自然便利。另一方面，也不會成爲「官方」解散學會的藉口。爲了爭權奪利，羅織罪名的害人之事，在中國社會中屢見不鮮，而新組織的崛起，加上官方力量加持，若不認眞管理，難保不會有害群之馬的出現，使得剛萌芽的希望，隨即遭到摧毀。面對溧陽學會此種情形，爲了避免對總會及各屬支會「公信力」之妨礙，且造成「是官借學會以攻官，紳借學會以攻紳」，予人結黨營私的印象與詬病。〔註69〕總會煩請溧陽縣令，查明眞相後，若眞有不法情事，諸如干涉之事超出教育之範圍，或者會員之間爭端不斷的話，皆應依學部頒訂的教育會章程第十三條解散。

　　學務總會的會員於光緒三十二年成立時，已達二百三十二人之數，可見江蘇學務總會的成立，對當時的士、紳具有一定的吸引力，而參加第一次常會的人數，亦在90至110餘人之間。〔註70〕再者由會員名錄來看，列名會員

〔註65〕馮友蘭，《三松堂自敘》，頁32。
〔註66〕短篇小說〈教育會〉，《申報》，1908年8月4日，第2張第4版。
〔註67〕短篇小說〈教育會〉，《申報》，1908年8月2日，第2張第4版。
〔註68〕〈張會長在會場發布之意見書〉，《江蘇教育總會文牘三編》甲，頁61～62
〔註69〕〈復溧陽縣劉大令書〉，《江蘇學務總會文牘》初編下，頁206。
〔註70〕〈紀議立江蘇學會情形〉：「是日到會者共一百十餘人，簽名入會者共九十餘

者的政治立場，並不一致且南轅北轍。俞子夷（1885～1970），曾對中國教育會和江蘇教育總會下過如下之評語：

> 兩個教育會，中心人物不同，政治傾向亦有左右；中國教育會在十年前播下些革命的種子，江蘇省教育會在十年後收得些共和的秕穀。更有趣的是：曾經在上海收拾中國教育會殘局的蔣維喬，鍾觀光與省教育會熱心義務教育的袁希濤，1912 年，會合於蔡元培為總長的教育部幕內。〔註71〕

文中所提及的蔣維喬，或者是俞子夷自己都曾先後加入中國教育會和江蘇教育總會。南社的柳亞子（安如，1887～1958）、包天笑（朗孫，1878～1973）也都列名江蘇教育總會的會員，其中包天笑亦正式參與總會之事務，回憶錄中也提及了江蘇教育總會與時報館之間的關係。

《復報》於江蘇學會成立之初，曾撰文批評總會為「依附官場，崇拜資格，幾為藏垢納污之地」，而地方的主事者雖為地方公舉出身，卻仍「多循舊社會資格，故所得者，多庸庸不足道，而少年奇特之士，則不為其社會所容，橫被排擠」。〔註72〕《復報》是東京革命派所辦的報紙，雖承認張謇等立憲派所成立的團體，有講學合羣及立地方自治的善意，卻認為其在資格的限定上顯得太過嚴苛與狹隘。依照光緒三十二年出版的《江蘇學務總會文牘》中的會員名錄，的確也能瞭解為何《復報》對於總會的組成會有如此的批評，根據現有的資料分析，可以發現總會的會員年齡層大多集中在 30 到 39 歲。相對於革命所訴求的熱血青年，總會會員以青壯年為主，超過七成；而曾經擔任過會長的，不論是張謇、王同愈（勝之，1855～1941）還是唐文治（蔚芝，1865～1954），則在 50 至 59 歲之間。若以社會地位言之，會員資格中已經明定以地方紳士為主，其中留學者不過十一、二人。若再將總會的會員名錄與江蘇諮議局的議員名錄相比，〔註73〕可見諮議局的議員一半以上均為江蘇教育總會的會員，故其背景

人（有十餘人因事早出）」。《申報》，1905 年 10 月 5 日，第 1 張第 4 版。

〔註71〕俞子夷，〈一九二七年前幾個教育團體——回憶簡錄〉，《華東師範大學學報》（教育科學版），1989 年第二期，頁 94。

〔註72〕轉引自桑兵，《清末新知識界的社團與活動》，頁 205。

〔註73〕根據筆者現有之會員名錄，較為完整者有 1906 年出版的《江蘇學務總會文牘》和 1916 年出版的《江蘇省教育會年鑑》第二期。由於《江蘇學務總會文牘》中的會員名錄只有姓名和籍貫，而《江蘇省教育會年鑑》的會員名錄，對於會員的年齡、學歷等資料記載詳細，故主要是以 1916 年的會員名錄為主，以此推算其入會時的年紀與學歷。

與比例符合張朋園對於立憲派所做的成員分析，兩者之間的共同特徵為：以士紳為主，大多具有功名；曾在中央或地方擔任職務；留日學生居多。〔註74〕唯一不同之處，在於會員的年齡較諮議局年輕，以35歲上下為主。

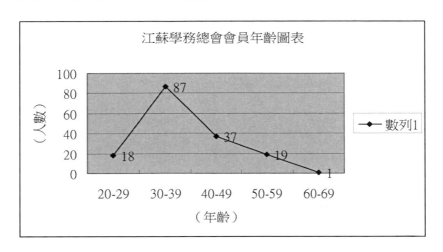

誠如桑兵所言，清末中國境內，左右兩派的政治對立，並未如海外那般壁壘分明，相互混雜的狀況反而比較常見。〔註75〕一個人，往往具有多重身份，在清末有志於維新的知識份子，其角色更是多重，黃炎培、蔣維喬、包天笑等人，皆依違於革命與立憲之間，不能簡單地將所有的清末士、紳和留學生等知識份子劃分為政治光譜上的兩類人。許多人在面對清末這二千年來未有之大變局的時候，對於國家未來的走向，並非都如此的明確。其對現狀的不滿，也並不一定都和章太炎（1869～1936年）等激進的革命論者一樣，將救國一途歸結至種族。全面的破壞、推翻滿清，終究非多數人的目標。大多數的士人，還是希望能在現有的框架中進行改革，以達到政權參與及立憲的理想。

第三節　章程及組織架構

江蘇教育總會在清末，光是名稱就改了三次，分別是一開始的「江蘇學會」，成立後的「江蘇學務總會」和官方章程頒佈後的「江蘇教育總會」。倘若再加上民國之後的「江蘇省教育會」，沒有一個清末的民間教育團體或是士

〔註74〕張朋園，〈立憲派的「階級」背景〉，《中央研究院近代史研究所集刊》，第22期上，1993年6月，頁221～222。
〔註75〕桑兵，《清末新知識界的社團與活動》，頁205。

人組織，能不間斷地運行長達二十二年（1905～1927）的時間，且一直具有相當的影響力。

值得注意的是，教育會中的職員，除了會董是直接由各廳州縣的現任勸學所總董擔任外，大至會長、副會長，下至評議員、幹事員皆是在每年的常會上由會員公舉，即投票選舉。由於總會的評議員是按照江蘇省各府廳州縣的比例而產生，故儼然具有地方議會的雛形，而江蘇教育總會似乎亦是以地方議會的前身自居，其所做之努力與事業，皆與議會設立的理想和目標一致。因此本節的第一部份，主要在比較中央的〈各省教育會章程〉和〈江蘇教育總會章程〉，藉此先初淺地探究清末官紳之間的衝突；第二部份則是藉總會的組織和架構，觀察其運行以及江蘇教育總會之所以能在清末甚至是民國後擔負起教育界龍頭的原因。

一、〈各省教育會章程〉與〈江蘇教育總會章程〉

由於〈江蘇學務總會暫定章程〉，對於總會的組織結構和職員職務的規定略顯粗糙，故以光緒三十四年（1908 年）修訂過的〈江蘇教育總會章程〉為準，詳細介紹一下江蘇省教育總會的組織和架構。總會章程共分「總綱」、「會員」、「職員」、「常會臨時會」、「職員會」、「事務所」、「會計」和「附則」八章，除此之外「評議員會」和「會董會」則另外訂有專章。

〈江蘇教育總會章程〉的第一章〈總綱〉，即教育總會成立的宗旨，與〈江蘇學務總會暫定章程〉相比，教育總會展出更為強大的企圖心。學務總會的宗旨在於：「專事研究本省學務之得失，以圖學界之進步，不涉學界外事」，其所列舉項目之中，除了「丁、預備地方自治」一項之外，皆不出學務範圍之內。〔註 76〕〈江蘇教育總會章程〉的總綱，除了注重實業、尚武教育和輔助本省教育行政外，尚增添了「注意教育普及以予立憲國民之資格」和「注意政治上之教育，以養成議員及本省諮議局各地議事會董事會之人才」二項，〔註 77〕足以顯露出江蘇教育總會在政治上的企圖心。若再對照學部的〈奏定各省教育會章程〉的宗旨：

> 教育會設立之宗旨，期於補助教育行政，圖教育之普及，應與學務

〔註76〕 〈江蘇學務總會暫定章程〉，收於《江蘇學務總會文牘》初編上，頁 3。
〔註77〕 〈江蘇教育總會章程〉，朱有瓛等編，《教育行政機構及教育團體》，頁 271～272。

公所及勸學所聯絡一氣。〔註78〕

即可見江蘇學務總會所謂的「不涉學界外事」只是單純的說詞。當學部批准各省設立教育會之後，江蘇紳士便不再以此爲滿足。除了輔助一省之教育行政，讓學務歸於統一之外，更要聯絡各省教育總會，共同進化，符合國民教育之宗旨，最終之目的，就是養成立憲國民資格和各級議會的議事人才。故其總綱的部份宗旨雖已超出官方章程範圍。

表 2：各省教育會章程、江蘇學務總會暫定章程及江蘇教育總會章程之宗旨

章程名稱	宗　　旨
〈各省教育會章程〉（1906）	教育會設立之宗旨，期於補助教育行政，圖教育之普及，應與學務公所及勸學所聯絡一氣。
〈江蘇學務總會暫定章程〉（1905 年）	專事研究本省學務之得失，以圖學界之進步，不涉學界外事。 甲、注重師範：勸導各道或各府廳州縣建立師範學校，養成教員、管理員。多設初級小學校以謀教育之普及。 乙、考求實業：勸設實業學校養成農、工、商實業之才。 丙、提倡尚武精神：各學校均宜注重體育。現北洋以行就地徵兵之法，南洋亦復踵行各。府廳州縣之學生，有卒業於高等小學校之程度，而年齡身材合格，志願在武備者，隨時向本地學會董事報明，學務公所驗明註冊，報告本會，以便俟本省各水陸師學堂招考時，由本會照章保送。 丁、預備地方自治：近日朝調特遣大臣，考求各國政法，將來當以地方自治爲行政之基礎，宜辦政法、警察等速成科，養成地方裁判、警察之資助。 戊、聯合本省學界：一，調查出洋學生名籍、學科，並查年歲及出洋年月畢業期限。二，每年二次，春以三月，秋以九月，江南、北各三人，分赴各府廳州縣調查學務。調查員舟車路費由總會支給，凡到一處，飲食、住屋、舟車等事由該處照料。三，總會所調查，或各處自陳意見及辦法於總會者，分次彙告會員。四，除接待本會會員及各處代表人外，凡本省人就學於各省及外國者皆招待之（招待另設細則）。 己、交通各省學界。或通函簡，或派參觀，聯絡情誼，交換知識。
〈江蘇教育總會章程〉（1908 年）	第一章　總　綱 第一條　學部奏定教育會章程，爲各省所共同遵守，江蘇教育總會以成立在先之學務總會遵奉部章改設。凡部章未見專條而

〔註78〕〈學部奏定各省教育會章程折〉，朱有瓛等編，《教育行政機構及教育團體》，頁 247。

	本省已實行無弊，或部章頒行以後，因時勢之關係，爲教育宗旨所必先注重者，應訂專章與部章相輔而行。
	第二條　本會除隨時查照部章辦理外，特揭重要之事項如下：
	一、注意教育普及，以予儲立憲國民之資格。
	二、注意政治上之教育，以養成議院及本省諮議局，各地方議事會、董事會之人才。
	三、注意實業教育，使農、工、商三業其實力，足以助各種機關之發達，而立富國之基本。
	四、注意尚武教育，使地方人民皆有軍國民之精神，以立強國之基本。
	五、輔助本省之教育行政，以期各廳州縣之學務辦法歸於統一。
	六、聯絡各省教育總會，以期共同進化合於國民教育之宗旨。

　　但在實際的執行層面上，其所採取的態度則是張謇「得尺則尺，得寸則寸」的溫和緩進態度。〔註79〕若與官方有所衝突，皆是採取折衷妥協的方法，此點可由前述總會會所應設上海，還是省會的爭議中，看出江蘇教育總會在遇到衝突時的折衷處理方式。

　　對於江蘇教育總會的成立一事，清廷並非任其自由發展，而是想要將此一勢力放置於行政權的管轄範疇之內，所以才會有總會應設於上海還是省會的爭執。所以〈各省教育會章程〉的頒佈，亦是想對此一民間勢力給予規範藉以控管。但是，從江蘇士紳的角度來看，教育會章程的頒佈，相對地卻給了士紳們一個合法的活動空間。學會與學務處官員爭論官紳辦學之事時即言：「中國數百年來之所謂紳，非皆所謂不准干預公事者耶？（按定例紳士干預罪至革職）惜乎，干預兩字界限未曾分明」，〔註80〕可見士紳在傳統社會中其所行之事，雖與地方事務有關，但卻不具合法性。士紳干預的界限究竟在何處？一直處於一種模糊的狀態，端看官方的態度和二者之間的力量強弱而定。學部奏定的〈各省教育會章程〉中明白指出教育的普及必須借用士紳的力量：

　　　　竊維教育之道，普及爲先。中國疆域廣遠，人民繁庶，僅恃地方官吏董率督催，以謀教育普及，憂憂乎其難之也。勢必上下相維，官紳相通，借紳之力以輔官之不足，地方學務乃能發達。……自科舉

〔註79〕張謇，《嗇翁自訂年譜》，卷下，頁 111。
〔註80〕〈復甯學務處沈觀察桐論官紳辦學意見書〉，《江蘇學務總會文牘》，初編上，頁 83～84。

> 停止以來，各省地方紳士，熱心教育，開會研究者，不乏其人，章
> 程不一，窒礙實多，有完善周密毫無流弊者，亦有權限義務尚欠分
> 明者。臣部職司所寄，亟須明定章程，整齊而畫一之。權限既明，
> 義務自盡，似於振興教育，不無裨益。〔註81〕

因此，各地已經開辦的學會，應按照部章正名以達畫一之目的，此舉與地方
各級教育行政體系的建立，亦為相同的思維模式。畢竟，為了達到教育普及
的目標，僅靠地方官吏的管理是不夠的，仍須仰賴官紳合作，藉地方士紳的
力量來輔助官方力量的不足之處，是清政府願意讓各省教育會成立的原因，
故其最末也叮嚀了已開辦者，應照章行事以歸畫一。清政府依然沒有清楚劃
定地方士紳介入學務的界限在何處，此類「渾沌模糊」的特質，一直是中國
地方行政的傳統。但中央起碼承認了在地方教育此一領域中，士紳是有權力
干預的，而其底線仍須仰賴雙方之間的衝突和妥協。

　　值得注意的是，江蘇學務總會成立後聲勢甚為浩大，一開始許多府廳州
縣是以地方「學務公所」的身份加入學務總會，根據上一節的統計及分析，
可知響應者高達8成，迫使學部不得不頒佈〈各省教育會章程〉，企圖將這股
勢力納入可控制的範圍之內。除了官方明言的「藉紳之力輔官之不足」外，〈各
省教育會章程〉的頒佈也意味著清政府欲藉此掌控士人藉由學會之名義，所
產生的橫向連橫之力量：

> 當時集會演說方為時忌，禁之不可，聽之不能。於是教育二字為範
> 圍，使有制定之法令，為之闌檢，設一教育會，即以消除各種學會，
> 此又一原因也。〔註82〕

所以，清末的教育會有兩種性質，既是「目的會」，又是「地方會」，〔註83〕
與外國之學會性質相異。加上學務總會，是第一個以「省」為團結力量號召
成立的學會，加上主導人物，皆為江蘇一地足以呼風喚雨的上層士紳，〔註84〕

〔註81〕 學部，〈奏定各省教育會章程摺〉，朱有瓛等編，《教育行政機構及教育團體》，
　　　　頁247。
〔註82〕 〈論教育會之性質〉，《教育雜誌》，第1卷，第9期，1909.9，頁729。
〔註83〕 〈論教育會之性質〉，《教育雜誌》，頁729。
〔註84〕 張仲禮將中國紳士分為上、下兩層，取得舉人功名以上者為上層紳士。以江
　　　　蘇教育總會的會員名錄和相關記載來看，會中的主要參與者皆有舉人以上之
　　　　頭銜。張謇為狀元，黃炎培和袁希濤皆為舉人；其他如雷奮、狄葆賢、蔣維
　　　　喬等人，亦皆有舊式功名在身。

使得清廷不得不對此一力量加以防範。

　　自光緒三十一年十一月到光緒三十二年七月，江蘇學務總會成立將屆一年，官方才正式地界定其活動規範。但江蘇學務總會的活動及企圖，實已超出官方規章所訂定的範疇，除了「編制之法與部章略有出入，斟酌變通」外，對於各州縣分會，則是「闕者疏之，渙者萃之，其或有踰越軌範者，則繩墨而董理之。」〔註85〕教育總會與各地方教育會之間的關係，單就官方的〈各省教育會章程〉而言，並無實際的隸屬關係，但江蘇教育總會在實質處理事務的過程中，很明顯地已經成為江蘇一省的學務中心。舉凡省內各公立、私立學堂的調查、地方學務的紛爭、學務經費的處理等等，皆屬總會的議決事務。地方上對於新學制或是新制度有所疑問、爭議時，皆會來文請問解決之方。

　　　　這是教育性的江蘇中心組織，經過幾年，成為政治性的江蘇中心組
　　　　織，為的是集中這一群有力的人物，有有力的領導，又是江蘇惟一
　　　　的江南北統一的機構。因此在辛亥革命洪潮中，成為江蘇有力的發
　　　　動機構。〔註86〕

這樣的轉變，也只不過是短短六年左右的時間。隨著時間的遷移，總會不只在學務上成為中央與地方之間的對話窗口和溝通平台，於地方自治、立憲運動亦皆有所貢獻。之所以會有這樣的結果，不得不對總會的組織架構和整個運作模式加以探討。

二、組織架構

　　若與其餘清末的省教育總會做一比較，目前可見的也只有河南省教育總會具有完整的章程規範，但其章程內容與學部的教育會章程，幾乎是一模一樣，不像江蘇教育總會般完整且具有企圖心；組織和運行亦不如江蘇教育總會完善。由於江浙兩地常並稱，故先以浙江教育總會的情形言之。浙江省在光緒三十一至三十二年之間似乎沒有「學務總會」或「教育總會」般的組織，唯有紹興曾邀請蔡元培回鄉組織「紹興學務公所」，目的在促進紹屬八縣的教育事業，此事發軔於光緒三十二年正月，直至是年二月初五日，紹興士紳才正式集議，公舉蔡元培為總理、湯壽潛（蟄先，1857～1917）為評議會議長。

〔註85〕張謇，〈致旅外蘇省同鄉論本會籌辦情形書〉，《江蘇教育總會文牘三編》甲，
　　　　頁67。
〔註86〕黃炎培，《八十年來》，頁49。

〔註87〕沒過多久，蔡元培便因籌款設置師範班遭受他人反對，辭去總理一職，紹興學務公所似乎也跟著消沈而無所作為。〔註88〕但蔡元培等人所組織的學務公所，只能算是府州縣級的學務總理機構，而非如江蘇學務總會般，是以全省為主要之範圍。

浙江教育總會的發起，則遲至光緒三十三年（1907年）四月，發起人有湯壽潛、孫詒讓、陶葆廉等人。但其命運多舛，自從會長孫詒讓過世之後，教育會並無確切的實行能力，故於隔年再次招開大會，選出項崧會長以匡復教育總會之功能。不知何故，宣統元年當時浙江省教育總會的主事者吳雷川因與會員發生齟齬而辭職，故會長又得重新選舉，此次以夏震武為會長。到1911年，浙江教育總會竟被夏震武所解散，一直到江蘇教育總會召開全國教育聯合會，才又因應潮流而復興。〔註89〕觀《申報》對此次浙江教育總會復會的記載，浙江教育總會之所以如此不順遂的原因在於，浙江一省的「區域主義」甚為嚴重，總會會員程光甫謂：「總會關係全省教育，不得再生府界、縣界諸謬說，致蹈從前覆轍」。最後投票選出湯壽潛為會長，經亨頤（1877～1938）為副會長。投票選舉後，經亨頤要求兩件事才願意擔任副會長，首先要湯壽潛、張元濟（菊生，1866～1959）二人願意任會長；其次則是要求第二高票的副會長人選沈鈞儒亦擔任副會長，〔註90〕此後浙江教育總會的運行才得以順暢，直到民國初年。

而湖南和安徽教育總會的成立與浙江教育總會相比都算是較早的，但仍晚於江蘇教育總會。安徽教育總會的發起是在光緒三十一年的冬天，與江蘇教育總會幾乎同時。比較有趣的一點是，安徽教育總會一開始名為「江南省安徽學務總會」，且會所設於南京，而於安徽的省會安慶設置省會事務所。一直到1908年才決議將總會會館遷回安慶。〔註91〕可見安徽教育總會，應是受到江蘇教育總會成立的刺激而在南京成立，緣起之因應該也是跟兩江地區行政區域的劃分和歷史糾葛有所關連。但關於安徽教育總會的檔案與記錄記載並不多，故其運作情形亦不清楚。至於，湖南創設學務總會的原因在於「湘省學界，近有會匪誣攀牽涉之事」，故由各學堂集議創設學務總會，以便隨時

〔註87〕〈學務公所又舉部長〉，《申報》，1906年5月14日，第1張第9版。
〔註88〕高叔平，《蔡元培年譜長編》上冊（北京：人民教育，1996年），頁313～314。
〔註89〕〈記浙江教育總會重舉會長事〉，《東方雜誌》，第6卷11期，1910，頁16002。
〔註90〕〈全浙教育總會之復活〉，《申報》，1911年7月28日，第1張後幅第2版。
〔註91〕〈江南省安徽學務總會特別大會廣告〉，《申報》，1906年12月13日，第1張第1版。

整頓，合力維持。暫以貢院做為會場，公舉善化郭宗熙為總會長，茶陵譚延闓（祖安，1879～1930）為副會長。〔註 92〕總會成立後，每次集會到者寥寥無幾，五月初二日，傳各學堂職員部、教員部和學生部，必須各舉一代表人赴南城天心閣開會，總計一百五十人參與。〔註 93〕而廣東教育總會也大概於1908 年左右才成立。因此，綜觀各省的教育會在發起之初，皆由知名之士紳擔任會長一職，但觀其運作、影響力以及維持能力卻沒有一個可與「江蘇學務總會」或是「江蘇教育總會」相比擬的省級民間教育團體。

在學部頒佈〈各省教育會章程〉後，各省教育總會的設立都曾經來函向江蘇教育總會請教其章程與規模。在這裡，我們可以問一個問題，為什麼江蘇教育總會得以成為其他省的楷模？除了完整的章程之外，最重要的，是靠教育總會的組織和運行機制，否則總會的設立也只是紙上談兵。江蘇教育總會設有「總理」（會長）一人、「協理」（副會長）二人，〔註 94〕「評議員」及「會董」數人，此為主要的會議成員。另設「幹事員」，分「經濟部」、「調查部」、「普通部」、「專門部」和「庶務部」為總會的執行機關。光緒三十四年修訂過後的新章程中，組織架構並未有任何的更動，只有更細緻的事務規範。

江蘇教育總會組織圖

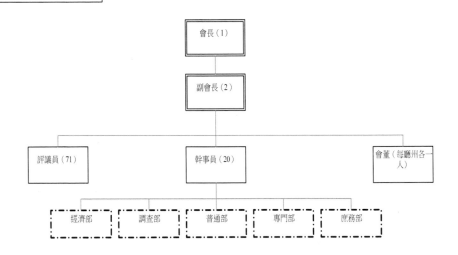

〔註92〕〈創設學務總會〉，《申報》，1906 年 5 月 12 日，第 1 張第 9 版。

〔註93〕〈湘學總會舉定職員〉，《申報》，1906 年 7 月 8 日，第 1 張第 4 版。

〔註94〕學務總會暫定章程中，稱會長及副會長為總理和協理，後因學部教育會章程，而改稱會長及副會長。

　　會長、副會長的職責在於「總理全會事務」，實際上的主要工作是召開會議、擔任主席，並且裁決議案最後的處理方式。會長和副會長之所以重要，在其所擁有的人際網絡與經濟能力是教育總會得以生存與運作的最大資產。張謇之所以能在清末和民初長期擔任會長一職，除了擁有最高的科名頭銜──狀元之外，其廣大的官紳人脈，亦是江蘇教育總會得以作為中央與地方之間溝通平台的最大保證與安全閥。除此之外，張謇所經營的紗廠，是總會初期得以支付各項經費的主要來源：「其經費則謇首先撥通崇海紗捐千餘串，又海上商董歲協撥數千金」，﹝註95﹞而成立之初的事務所，亦是暫借大生紗廠的帳房。﹝註96﹞由於江蘇學會的發起人多為當時上海有名的紳商，除了張謇之外，惲祖祁、許鼎霖、王同愈等人在商業的經營上皆非常出色，學會之經費來源除了會員繳交的會費之外，這群紳商亦捐獻了不少。然而興學事務過於繁雜，辦學堂需要大量的經費，而學會中的調查人員、文牘的出版、會所的興建，以及法政講習所等其他附設組織的辦理都需要不少款項的支出。單憑張謇等紳商的力量不足以維持如此龐大的支出，此時便需運用其人脈關係向各處募捐：

> 同人等支持兩年，心力交瘁，亦從不肯遽向官場呼籲，以貶抑社會自立之分際。今屆歲闌預算，明年所絀甚巨，又擬建築會所，亦須有特別捐助方能興工。吾國舊俗如創設會館，或地方一切善舉則恆乞助於達官長者。達官長者亦樂為贊助，視為道德上之習慣。今教育總會，遵部章設立，視一省一郡之會館，僅僅為敦睦鄉誼，其範圍固已廣視尋常慈善事業，僅發乎一時之惻隱，為不得已之施，與其意義更不同。西人有言教育者萬事之母，總會則又全省教育之機關部也。﹝註97﹞

總會認為，教育為立憲政體之基礎，而江蘇教育總會又實為江蘇一省教育之權輿，故盼望各界江蘇籍的官紳能伸出援手，貼補總會經費的赤字缺口。所

﹝註95﹞　張謇，〈致旅外蘇省同鄉論本會籌辦情形書〉，《江蘇教育總會文牘三編》甲，頁67。

﹝註96﹞　〈江蘇學會廣告〉：「本會事務所，昨經公議，暫設小東門外河泯大生紗廠帳房內，所有信件請寄交該處　惲禹九代收。張謇、惲祖祈、王清穆、許鼎霖、劉樹屏、李鍾珏同白。」《申報》，1905年1月10日，第1張第1版。

﹝註97﹞　張謇，〈致旅外蘇省同鄉論本會籌辦情形書〉，《江蘇教育總會文牘三編》甲，頁67～68。

以會長一職，皆為著名之官紳，因其擁有廣大的人際網絡和社會資本。至於副會長的職責，則是協助會長，或會長因事、因病無法主持會務時，有完全的代理權。至於副會長，為什麼要設置兩人？則是考量到甯、蘇平衡的原則。

表3：歷屆正副會長名單〔註98〕

時　　間	會　　長	副　會　長
1906～1907	張謇	王愈之
1908	張謇	王愈之、許鼎霖
1909～1911	唐文治	張謇、蔣炳章
1912～1913	張謇	王同愈
1914～1921	張謇	黃炎培
1922～1923	袁希濤	黃炎培

　　會中實際處理大大小小事項的是會中的幹事員，幹事員分為五部：「經濟部」、「庶務部」、「調查部」、「普通部」和「專門部」。經濟部和庶務部，主要是管理教育會財政，諸如每年的預算案、活動的開銷等。調查部幹事員，則需至各地調查學務，例如：學堂之設備、教授及管理法和學務經費等等；專門部與普通部的職務，則在編輯調查報告和檢查教科書，其差別只在普通教育和專門教育的區分。

　　五個部門中，最重要的當屬調查部，因為調查部的調查員，是實際處理和調解地方學務糾紛的人員。調查員，在遇到各地新舊衝突時，必須根據理論和事實，做一書面報告，判明曲直，解決紛爭。而民國初年最活躍的兩個江蘇教育會人士——黃炎培和袁希濤兩人，剛好都曾擔任過江蘇教育總會的調查員或專任調查員。黃炎培是江蘇教育總會的首任「專任調查員」，為了調查各地的學務，其足跡幾乎遍及全江蘇省；〔註99〕而袁希濤在擔任教育會專門部的幹事員，負責審理江蘇一省的教科圖書之前，〔註100〕亦曾調查過幾起

〔註98〕參考資料來源：朱有瓛等編，《教育行政機構及教育團體》，頁285～286。
〔註99〕黃炎培，《八十年來》，頁49。
〔註100〕總會的專門部主要在審理普通教育的教科書。根據文牘三編〈開會一欄表〉的記載，蘇松太道曾委查書籍十餘次，而文牘中亦有檢查書籍記錄的記載。1908年舉行的常年大會中，總會亦曾討論過圖書審查辦法（〈開會一欄表〉，《江蘇教育總會文牘四編》，丁，頁43）。民國之後，學校教科書也必須因應政體的改變，所以江蘇都督議將江蘇圖書審查一事委託給江蘇教育總會辦理（《江蘇省教育會二十年概況》，頁4）。可見總會除了掌握學校的經營外，也

學務之糾紛。專任調查員一職成立後，亦自黃炎培之後擔任調查部的專任調查員。由於兩人皆曾親自調查地方糾紛、實際地考察過地方學務，在實際的學務管理經驗上獲益良多，成為民初教育界活躍的人物。黃炎培在民國成立之後（1912～1914 年）是首任的江蘇省教育司司長，民國十年（1921 年）內定為教育總長卻因故而未就職；袁希濤亦於民國六年（1917 年）間擔任過民國教育次長和代理教育總長的職務，且致力於義務教育的推行。兩人於民國之後，於江蘇教育會中亦皆擔任要職：黃炎培在民國三年（1914 年）之後，便長期地擔任江蘇省教育會副會長一職；袁希濤亦擔任了六年（1922～1927年）的會長職務。〔註 101〕

　　江蘇教育總會除了有細緻的幹事員組織外，開會亦是其運作的特點之一，如果說教育總會有自戊戌以來的學會淵源，也只是士人結社的傳統，其運作的過程主要依靠著「常會」、「臨時會」、「幹事員會」和「評議會」，來議決江蘇一省大大小小的學界事務。

　　常會，即會員大會，全體會員皆須出席，一年一次，由會長擇定日期，通常都是在每年的十一月左右，一次五天。會中，會長須報告一年總會處理的事情，以及議定處理之方法，然後選舉各部職員。會董會的組成則是由每府廳州縣各選一人為代表，一年舉行一至兩次。最常召開的是評議員會和幹事員會，評議員會一個月一次；幹事員會則是一星期一次。評議員共有七十五人，依照各府所轄廳州之多寡來決定人數。評議員會最主要的議決項目，是總會每年的預算，以及議決本府廳州之學務與意見書。為什麼要如此密集地開會？張謇在向旅外的江蘇省同鄉募款的文中有言：

> 海上同志以為欲謀公益先立法團，所謂法團者，人須公舉，事須公決，任事有常期，開會有定式。此蓋與吾國古者鄉校之遊，及謀及庶人之意皆暗合。不然安有無規則無秩序一闤之市，而可以游焉謀焉者乎？社會團體規定之以法，名詞則新，而意義則古。江蘇教育總會亦法團之一也，……〔註 102〕

由常會、會董會、評議員會再到幹事員會，江蘇教育總會的開會是非常規律而

　　　　掌握了當時江蘇省教科書的流通與使用。

〔註 101〕 〈江蘇省教育會〉，吳馨等修：姚文枏等纂，《江蘇省・上海縣志》，卷七（台北：成文，1975 年），頁 542～543。

〔註 102〕 〈致旅外蘇省同鄉論本會籌辦情形書〉，《江蘇教育總會文牘三編》，頁 66～67。

且有組織的。「任事有常期，開會有定式」、「人須公舉、事須公決」，對於身處民主社會中的現代人來說，是再也熟悉不過的觀念。其目的除了統合、解決和研究一省之學務之外，更重要的當在於「藉是以養成士紳會議之慣習」。〔註103〕因此，單從教育、學務來界定江蘇教育總會是遠遠不足的，亦與其對自己的定位相去甚遠。沈恩孚（信卿，1866～）於《江蘇教育總會文牘》六編〈敍〉中，將總會自成立以來，劃分為兩個時期：理論時期和實行時期。最初的一兩年為理論期，之後便進入了實行時期，實行期又分為「教育主動時期」和「各省交通時期」，交通時期始於庚戌（1910年）。此時於政治界有諮議局聯合會，於實業界有南洋勸業會：「何一非吾教育界交通之媒介，要可由是以推測吾國社會之思想，固漸由消極而趨於積極矣」。〔註104〕由此可知，江蘇教育總會的觸角非常之廣，最重要的一個發展，即是宣統元年（1909年）的地方自治和各省諮議局的成立，政治風氣的全然開放，使得教育總會所觸及的事務，橫跨了學界、政界、和實業，其影響力也從一省漸漸地擴及至全國。

三、外圍機構

　　總會自光緒三十一年成立以來，為了推展新教育的成果和進程，另外舉辦了許多活動，例如：附設法政講習所、開全省學堂成績展覽會、附設單級教授練習所、組織教育法令研究會、組織江蘇各屬勸學所教育會聯合會、開各省教育總會聯合會、設圖書審查會和籌備附設圖書館等。藉由這些活動，使得江蘇教育總會的影響力得以在全國教育界產生影響，其中最重要的當屬法政講習所、單級教授練習所以及各省教育總會聯合會。

　　由於總會章程中明揭此會成立之目的，除了學務之外，尚有培育立憲國民資格和養成議員及各地議事會、董事會之人才的目的。而上述之組織及架構，處理的事務只限於地方學務的調查與處理，為了達到處理一省學務之外的目標，總會亦設置和組織了許多外圍的單位以圖達到立憲和教育普及的目標。江蘇教育總會在其漫長的22年光陰中，成立了不少外圍單位和組織，若將總會由政治史的角度將其分割為兩大時期，1906年到1911年民國成立之前，總會的外圍組織呈現出除了教育之外的企圖。民國之後，總會的派生組織則多為各種

〔註103〕〈江蘇教育總會文牘四編敍〉，《江蘇教育總會文牘四編》，頁1。
〔註104〕〈江蘇教育總會文牘六編敍〉，收於朱有瓛等編，《教育行政機構與教育團體》，頁266～267。

教育型態的研究會。其中純粹與教育相關的研究會表列如下：〔註105〕

研 究 會 名 稱	成立時間	附　　　註
法政研究會	1906	
教育法令研究會	1909	
英文教授研究會	1914.3	
小學校教育研究會	1914.9	
理科教授研究會	1914.11	後更名為理科研究會
師範教育研究會	1915.1	
體育研究會	1915.7	
幼稚教育研究會	1916.5	
職業教育研究會	1916.9	
中學教育研究會	1918.8	
縣視學研究會	1918.8	後更名為地方教育行政研究會
國語研究會	1920.1	後更名為推行國語委員會
通俗教育研究會	1921.1	

　　除了法政與教育法令研究會之外，多數的研究會大多於民國之後才設置。倘若再與社會教育、職業教育、童軍教育等等有關之活動相互對照，即可發現民國之後的江蘇省教育會可以說是對於各式各樣的教育型態皆有探討。但本研究只論及清末的江蘇教育總會，故以下僅針對總會在清末所附設的機關和會議作探討。

　　為了達到議會人才培養的目的，總會於光緒三十二年開設法政講習所。由於新的政治制度，牽涉到新的法律和權利義務觀念。除了普及小學教育，教育一般人民外，士、紳的再教育才是最迫切的。自從科舉制度廢除以來，各省紛紛設立所謂的「存古學堂」，其目的在保證過去業儒的士子能有所出路。此法在總會人士的眼中，認為只是在求疏通之路，並沒有對於人才的造就未雨綢繆。因為當時擔任裁判、課稅的人，不具基本的法律常識。而且自從各省改辦學堂以來，教育行政的管理是很重要的，但新政以來雖然有許多的章程和機構，卻沒有一完整的系統。教育為內務行政的一部份，倘若不從「政治教育」著手，無法平息層迭不窮的學界亂象。〔註106〕而學界風潮之所

〔註105〕資料來源：《江蘇省教育會二十年概況》，頁 29～30。
〔註106〕《江蘇教育會十年概況》，頁 3。

以無法平息，在於肇事之人的知識程度不高：

> 出之下等社會者十之五六，出之上等社會者亦十之三四也。詰以中
> 國之舊道德，既棄之如土飯塵羹；語以西國之新法律，又聞之而瞠
> 目結舌。〔註107〕

足見當時的中國社會不論上層社會還是下層社會，離所謂的「文明國民」還有很長的一段距離。所以，法政講習所是爲了提高士、紳對於新政治制度的水準和認識而設計的。

總會於四月設立附設法政研究會，公推日本早稻田大學法政科畢業的雷奮（繼興）爲講員。預期先講一月，下半年再擴充爲法政講習所。〔註108〕七月二十日法政講習所開講，講習的科目有政治、法律、財經和史學。每日三小時、定額六十名，無論本省外省，只要具有與會員相當的資格便可聽講；學費十二元，會員減半；另收雜費二元，旁聽者也要繳交。〔註109〕根據現有之資料顯示，總會的法政講習所主要是由雷奮所主持，課程講授者有宋育仁、鄭孝胥、馬良等立憲派的知名人士。〔註110〕而聽講之人，因爲是比照學會的入會資格，可想而知必定是以士紳爲主要的社群。而官方批准了總會設立法政講習所的舉動的原因在於：

> 法政爲外交內治之方針，非特官吏所當研究，即紳民亦應通曉。況
> 訴訟法行將試辦，尤宜預儲裁判之材。〔註111〕

江蘇一省雖然已有法政學堂，但經費支絀，學額不多。而法政講習所的設立，有助於「廣教育」以及「輔官立學堂之不逮」，符合「官紳合作」的標準原則，故准其成立。

總會的法政講習所總共舉辦了三屆，光緒三十三年一屆，光緒三十四年二屆，畢業人數總計有 231 人。畢業之後，總會也替他們找尋出路，成績優異者送至日本考察及留學；無法赴日的，則是回歸地方，從事實際的教育工

〔註107〕〈江蘇學務總會上學部及督撫公呈（爲附設法政講習所立案事）〉，《申報》，1906 年 9 月 3 日，第 1 張第 4 版。

〔註108〕〈江蘇學會附設法政研究會〉，《申報》，1906 年 4 月 11 日，第 1 張第 4 版。

〔註109〕〈江蘇學務總會附設法政講習所廣告〉，《申報》，1906 年 7 月 25 日，第 1 張第 1 版。

〔註110〕〈江蘇學務總會上學部及督撫公呈（爲附設法政講習所立案事）〉，第 1 張第 4 版；〈江蘇學會法政講習所開會紀事〉，《申報》，1906 年 9 月 7 日，第 1 張第 3 版。

〔註111〕〈批准總學會附設法政講習所〉，《申報》，1906 年 9 月 2 日，第 1 張第 3 版。

作。法政講習所之所以停辦，主要是因為總會要設置單級教授練習所，在經濟以及優先順序的考量下，停辦了法政講習所。〔註112〕

江蘇教育總會之所以停辦法政講習所，而優先設置單級教授練習所，是為了要達到普及教育的目標：

> 本省教育，既日漸進行。而普及之效，尚遙遙莫覩。本會宗旨，每以彌缺憾為先提，於是知小學之要，重在編制。鄉僻之地，單級尤宜。〔註113〕

總會單級教授練習所簡章的宗旨，即明言：「傳習單級教授法，俾廳州縣各鎮鄉，得多設單級小學，以期教育普及」。〔註114〕〈奏定學堂章程〉中明訂小學堂有多級和單級兩種，但當時的小學堂設立卻以多級為主，而鄉僻之區，因為興學及籌款非常艱困，為了要達到教育普及的目標，總會認為應該設立「編製全校兒童於一學級，而以一教員同時分班授課」的單級小學。〔註115〕單級小學的性質略近於傳統的家塾，教員集教授、管理之責任於一身。由於一個單級小學約可教授 80 至 100 人，所以訓練出一個單級小學的教員之後，便等於播植了 80 到 100 個種子。與其將少數學生硬湊成多級小學，且耗費過多經費的缺失相比，單級小學的成效與花費的確是比較快速。加上，其性質與私塾相近，教學之人又是經過專門訓練的，且「以一人掌全校之權」又可避免遭人掣肘的流弊。在立憲與教育普及的雙重奏催促之下，單級小學成了總會加速普及人民知識程度的法寶。

為了要設置單級小學堂，總會在設置之前便先派楊保恆、俞子夷和周維城三人遠赴日本，考察其單級學校的設置以及課程等相關事宜。宣統元年（1909 年）二月赴東，五月回國，七月開辦練習所。而來練習所的學習的學員，則規定必須是年齡在 20 至 30 之間，且已有初級師範學堂或是師範傳習所文憑者的經驗人士，才能由各屬勸學所和教育會保送入學，非保送者則需

〔註112〕關於江蘇教育會法政講習所的研究，可參考高田幸男，〈清末江蘇における地方自治の構築と教育會──江蘇教育總會による地域エリートの「改造」──〉，《駿台史學》第 111 號，2001 年 2 月，頁 37～62。

〔註113〕《江蘇教育會十年概況》，頁 7～8。

〔註114〕〈江蘇教育總會單級教授練習所章程〉，《教育雜誌》第 1 卷，第 5 期，1909，頁 406。

〔註115〕〈江蘇教育總會咨呈江督籌設單級教授練習所文〉，《教育雜誌》第 1 卷，第 5 期，1909，頁 405。

自費加入。總計舉辦兩屆，共畢業 105 人。在單級練習所修業完畢者，章程中明白規定其畢業後，必須回到本籍所在處籌備單級練習所，推廣單級小學的教授方法。沈恩孚在第一屆練習所的畢業贈言中即期望，在地方自治章程頒佈後，隨著城鎮鄉自治公所的漸次成立，每一自治區域內的每一學區，至少都要有一所公立的單級小學，好讓學齡兒童能夠就近入學，達到教育普及的目標。所以勉勵各畢業生回鄉之後，組織練習所，在地方上培養更多的單級教員。〔註 116〕在某種意義上，單級教員的培訓和單級小學的理想，與改良傳統私塾並沒有多大的差異，《教育雜誌》的記者才會在〈單級練習所學員答詞〉之後提醒，千萬別讓一些舊有的私塾以單級小學的名義魚目混珠。〔註 117〕

而整個單級教授練習所的唯一目的便在於造就「立憲之國民」：

> 以為欲為國家固立憲之基，不得不為地方謀教育之普；欲為地方謀
>
> 教育之普，不得不為地方節經費之靡。此所以或捐其財產，或殫其
>
> 心力，經之營之，不遺餘力，而設此單級教授練習所也。〔註 118〕

而學員們也深知其回鄉之目的，在使地方已屆學齡兒童者，都能接受義務教育，成為立憲國完全之國民。所以不論是法政講習所還是單級教授練習所，都是為了「立憲」這個遠大的目標而設置的，因此，清末最後五、六年之內整個教育體制的建置都是朝著這個大方向在進行的。

為了推廣單級教授法及其概念，總會將楊保恆等人自日本返國後，所編之《單級教授法》一書，分寄給浙江、湖北和陝西教育總會，並附上文牘四冊，以示各省之間的交流。而從直隸學務公所的來書中，足可證明單級教授為當時教育推廣之重點，以直隸一省而言，各屬初等小學，雖然日漸增多，但在推廣的過程中卻有如下之困境：「班次參差，教授困難，成效既寡，地方之信用或轉減於從前。自非速謀改良，研求單級教授法，不足以資維持」，〔註 119〕故希望借取江蘇教育總會辦理單級教授練習所的經驗。因此在單級教授練習所舉辦一屆後，總會便將單級教授法一書和簡章一份，寄送給各省的諮議局和總會，並請各省派員前來聽講與實習。〔註 120〕而從各省書信的回覆中，足見江蘇教育總

〔註 116〕沈恩孚，〈江蘇教育總會附設單級教授練習所畢業贈言〉，《教育雜誌》，第 1卷，第 13 期，1909，頁 1207。

〔註 117〕〈單級教授練習所學員答詞〉《教育雜誌》，第 1 卷，第 13 期，1909，頁 1208。

〔註 118〕沈恩孚，〈江蘇教育總會附設單級教授練習所畢業贈言〉，頁 1207。

〔註 119〕〈直隸學務公所來書〉，《江蘇教育總會文牘五編》甲，頁 78。

〔註 120〕〈致各省諮議局及教育總會請派員聽講單級教授法書〉，《江蘇教育總會文牘

會在推廣教育普及上的用心，而其行事與組織更堪為各省教育總會之楷模。

至於組織教育法令研究會和各屬勸學所教育會聯合會的原因，主要仍是在解決清末教育行政和法令之間的許多矛盾與衝突之處。教育法令研究會的組成，在諮議局開議之後，有感於行政和法令之間的矛盾和衝突，責成教育會將平時對於教育行政的討論和意見彙集統合以備研究。故總會便於是年常會之後，組織教育法令研究會，以陸爾奎、吳馨、黃炎培、沈恩孚、孟昭常、陶保晉、楊保恆、濮祁、王立廷九人為主任。每個月集會一到兩次，出版報告三冊：〈研究勸學所教育會之權限〉、〈研究各學堂獎勵章程〉、〈研究簡易識字學塾章程〉。加上學部頒訂的小學章程不夠完善，亦研究〈擬訂小學堂章程〉及〈小學堂章程施行細則〉以及〈初級師範學堂課程〉。由於教育法令研究會，所研究的各項課題，皆非以一省為限，而是以全國為對象而設計。例如，〈擬訂小學堂章程〉及〈小學堂章程施行細則〉，最後都為學部所接受且頒佈施行。除此之外，教育會與勸學所之間的權責問題，一直也都是清末相當困擾的問題，加上各屬的勸學所總董和教育會會長，雖然都是教育會的當然會員，但歷屆大會，赴會者甚少。為了加速全省教育的統合及推行，不得不想辦法集合各屬總董和會長共同討論，以謀統一的方法。宣統二年總會決定通告江蘇各屬，在南洋勸業會公廳開成立會議，共同議決推廣教育之辦法。至於各省教育總會聯合會，因與清末的學界盛宴——中央教育會有所關連之後再一起討論。

小　結

張謇、惲祖祈等人之所以於光緒三十一年底成立江蘇學會，除了第一章所論及的整體時代環境之影響外，直接的刺激因素，即學額與省界的爭議。由於傳統社會中本有濃厚的地域觀念，加上科舉廢除，學堂成為士人唯一的終南捷徑，江南地區的行政劃分又不似其他省分單純，學額問題引起極大之爭議，也激起江蘇一省士紳的危機意識。所以總會的成立，在一開始就隱含著地方自治的企圖，由其章程與組織的運作中，更能明顯地感覺到在改名為江蘇學務總會之後的江蘇學會，不僅僅只是一單純的學會組織，其組織架構的完整和會議的運作，都跟自戊戌以來的學會，空有理想卻無嚴謹的組織和綿密的行事策略有所不同。

五編》甲，頁 79～80。

在教育救國的狂潮之下，非廣開民智無法挽救頹危的國勢：

> 方今時事恐棘，非廣興教育，使人人有普通之知識，則一切立法行政阻礙實多。東西各國無一事非學，即無一人不學。中國上流社會以不免知識參差，又當科舉甫停，墨守之途羣疑環起 朝廷迭沛興學之諭，責成官紳協力籌辦，不啻三令五申，而成效未彰者。蓋官則紛紜更調，無由久道以化成；紳則家學人師妄思閉門，而合轍學務之不振，大率由此。〔註121〕

有鑑於當時各省商會林立，國群、商群、學群的理想已經實現其一，張謇等人故欲成立一足以與商會相比擬的民間教育團體。〔註122〕故其成立之後，極力號召各屬設立地方分會，名義上雖是不相統屬，實際上各地方分會皆以總會馬首是瞻。而其完整的會議制度，儼然具有地方議會的規模，實為日後江蘇諮議局的前身。在學務方面，為了讓新教育能順利地推行更是苦心調查，

〔註121〕〈致蘇省學務處設立學會存案書〉，《江蘇學務總會文牘》初編上，頁9。

〔註122〕江蘇學務總會成立之初，即於〈上學部設立江蘇學務總會呈（江都蘇撫同）〉中言：「紳等集議以為奏定學章及歷屆興學 諭旨亦既責成地方官長與在籍紳士實心任事矣。然數年以來成效鮮覩，一郡縣之地，彼此辦法紛歧：一學校之間，前後之教科互異，官非久於其任，報告視為具文。紳或任焉，不專辦事，率多觀望。是非各省設立學會逐事研究無以收綱舉目張之效，為集思廣益之資。查商界一途曾奉 部飭在上海設立商會，而分會之林立於各府廳州縣者比比皆是，商民稱便，耳目一新。況學界為造就人格之權輿，學會為地方自治之基礎，全國人民無一人可以不學，即全國事業無一事可以無學。古今得失之林，危急存亡所繫。紳等同受 國恩，亟思補救。爰於上海設立江蘇學務總會，援照商會辦法，分別總理、協理以次各職員。擬參用投票選舉之法，一俟公同舉定，另行造冊，呈請立案，至此總會設立上海。原因滬瀆一隅學堂林立，利用交通，與商會命意大致相同」。後來又在〈致蘇省學務處設立學會存案書〉中言：「紳等籌思至再謂商界一途，上奉部飭徧設商會，何獨於學界而遺之？」；在〈復甯垣十七省學會發起人書〉中亦言：「同人創立江蘇學會，其宗旨本為交通學界，並無對待外省之成見，而他省率惴惴焉。視本會為抵拒外省之具。然商會林立，為交通耶，抑為抵拒耶。我不欲加諸人，人亦無加諸我，時事孔棘，外人方協以謀我，而我故自狹其範圍，何所見之」。《江蘇學務總會文牘》初編，頁 1～2，9，92。足見張謇等人之所以發起江蘇學會，是受到了商會成為政府法定團體的刺激，故希望在學界能夠組織起一個與商會類似的團體。而且總會成員中有許多人兼具紳商的角色，所以上海總商會的成立，對於想要團結有心於教育的江蘇士紳可以說是有相當的啓發。依照高田幸男的說法，江蘇教育總會和上海總商會可以說是清末兩個最大的民間法定團體，且對於政局也都具有相當的影響力。〈江蘇教育總會の誕生──教育界に見る清末中國の地方政治と地域エリート──〉，頁 1。

為了讓江蘇經驗能做為他省借鏡，更將其調查報告與官方往來的文牘匯集成冊，除了上報學部之外，亦分送於他省教育總會或諮議局。自學部成立以來，中央以及地方上各級的教育行政系統雖以漸次成立，但其成效不彰，對於實際的學務並不太瞭解，更遑論教育方法、政策的研究。有感於此，總會為了士、紳的「再教育」而設立法政講習所；為了普及教育的目的，赴日取經，設置單級教授練習所；為了釐清曖昧不清的勸學所和教育會關係，組織教育法令研究會和各屬勸學所教育會聯合會。除了教育方面的活動外，總會自 1910 年後，更廣泛地積極涉略其他事務，與外界交通。舉凡南洋勸業會、國會請願運動等大型政治、商業活動皆可見其影子。

士人之間的關係與聯繫，在傳統社會應是一張綿密的網絡，經由張謇這等知名的省級士紳登高一呼，自然有其號召力。岌岌可危的國家情勢，以及自甲午以來，維新思想透過各種新文化媒介的傳播已達十年之久，自然能夠吸引許多有志於革新的人士。江蘇學務總會具有新穎的學會形式和理念，加上文化教育事業在傳統社會中即為「士」之責任，更能引起共鳴，並獲得官方之許可。官方的態度，亦是張謇等學會中人極為注重的一件事。用現代的話語來說，張謇和總會中的士紳們亟欲讓江蘇學務總會成為一具有合法性的地方團體，好方便其事務的推行和地方社會的運作。因為具有中央官方力量的加持，不論是地方官還是舊派的地方紳董都必須畏懼三分。「學會」此組織和人物，對原本的地方社會是一股新興的勢力，尤其是在其獲得中央的許可之後，更成為地方官和紳董的背上芒刺。不論是官借學會以攻官，還是紳借學會以攻紳，當各地教育會在總會的號召下，陸續成立以後，帶來的不只是新舊思想的衝突，更是激烈的地方權力競爭和衝突。

第三章　新舊不融：權力競爭的動態圖像

　　傳統社會裡，士紳負擔了許多原本應由地方官員所承擔的公共事務，諸如水利建設、造橋鋪路等公共建設；社會福利事業；教育事務和保甲管理、地方團練等。士紳是實際參與地方建設與管理的階級，是一種非正式的權力，藉由對地方社會的服務，可從中攫取的酬勞與利益。依照張仲禮的說法，士紳從事地方服務所獲得的收入分為兩類：經理費和聘用費，其中以經理地方事務所得之經理費為主要的收入之一。〔註1〕由於士紳所涉足的地方事務繁多，在此只以與本論文相關的教育和文化機構來稍做說明。

　　士紳在中國社會是一個很複雜的角色，在政治上、經濟上、文化上皆有其一定的影響力。由於所論者為清末教育，著重點便放在士紳的文化角色上。士紳的文化角色，主要表現在幾個方面：地方書院、義塾、貢院的建立與修繕以及鄉約的講習活動等等。最重要的一點，即士紳身份的取得是憑藉著四書五經等儒家文化而來，其存在本身就是傳統儒家文化的象徵。因此，地方上的文化事務，非得具有生員以上的士紳資格才有能力參與。根據張仲禮《中國紳士的收入》一書中表18：〈參與各類紳士活動的人數統計〉的百分比所示：〔註2〕

時　　期	公共工程	防衛和安全	教育和文化機構	救濟和福利	其他社會服務
嘉慶 （1796～1820）	11%	10%	19%	9%	10%
道光 （1821～1850）	15%	8%	18%	10%	13%

〔註1〕　張仲禮，《中國紳士的收入》，第二章。

〔註2〕　此為節錄後的表格，詳細統計資料請見張仲禮，《中國紳士的收入》，頁70。

咸豐和同治 （1851～1874）	5%	58%	8%	3%	10%
光緒 （1875～1908）	10%	9%	20%	21%	17%
總　計	9%	33%	13%	7%	11%

　　除了咸豐同治年間由於太平天國之亂的影響，使得在「防衛和安全」一欄中的百分比高達 58%外，從嘉慶到光緒年間，士紳在「教育和文化機構」此一地方事務的參與比例皆有 20%左右。以傳統的語言來說，「教化」一直是士紳們相當重視的事務。因此，在新學制推行的過程中，士紳們對於興學的熱心除了有「救亡圖存」的脈絡外，傳統的習慣仍是不可忽略的一部份。如此一來，我們便可以理解清政府在推動學務的過程中，豎立起「官紳合作」這面大旗的原則，即淵源於士紳的傳統社會責任。也就是說，不論是教育會還是勸學所，在清廷眼裡都仍屬傳統的範疇之中，尚未逾越出傳統士紳所具有的非正式權力。

　　「正式」一詞，具有合法性與象徵性的社會概念；「非正式權力」則是缺乏授權與合法性。因此「士紳」雖實際參與政府施政，卻不被視為政府的組成部份，故成為所謂的「非正式權力」。過去，士紳們在社會中所行之事，以今日的行政觀點來看，很大一部份都是屬於國家所應負擔的責任，諸如：基礎公共建設、教育、社會救濟、社會福利、民間訴訟等等。在清末的新政中，由於改革者是以打造一個西方式近代國家為理想目標的時候，原本過去這些由士紳默默承擔的社會責任，屬於「非正式權力」型態的政治參與已經無法滿足士紳。又或者，我們可以說，士紳們藉由這些原本即屬於他們的「非正式權力」，一步一步地想要達到與西方或是日本相同的國家型態。在這麼一個模糊及曖昧不明的狀態中，清政府也感覺到了士紳們的企圖心，故欲藉由典章來加以規範這麼一股如脫韁野馬般的勢力。

　　如果過去的地方士紳與地方官，形成的是一種既協調合作又相互矛盾的平衡關係，那麼清末最後的十幾、二十年之間，恐怖平衡的關係已經上達至士紳與國家之間的格局了。士紳權力在太平天國之後，不斷在擴大已經是一個定論。過去的研究，多從軍事面、政治面或者是經濟商業面去研究紳權的擴張，[註3] 卻忽略了士紳權力的擴張，還有文化此一層面。文化層次上的權

────────────

〔註3〕 孔復禮，《中華帝國晚期的叛亂及其敵人：1796～1864 的軍事化與社會結構》。

力擴張，是比較飄渺，且難以捕捉的圖像，但是藉著近來學界對於文化史的注重，我們可以試著從士紳辦教育的這個角度來觀看清末改革派士紳在地方學界的權力擴張與競爭。

第一節　地方士紳權力的結構變化

　　江蘇人士潘常浩言：「州縣辦學之實行在紳不在官，此其故，人人心喻之。故就表面言病在官紳之互諉，就實地論病在新舊之不融」，〔註4〕一語道破了清末學界亂象的主因。清末新政是一新舊制度的過渡期，政府力量的不足，使得原本屬於傳統社會中的非正式力量——士紳，在此一時期取得活動的正當性。黃炎培在描述江蘇教育會成立的背景時亦言：

> 清朝末年，各地興學的風氣大開，新舊思想複雜，學校和學校鬥爭、
> 學校和官廳鬥爭，和士紳鬥爭，這派士紳和那派士紳爭，還有學生
> 和學校鬥爭，釀成種種糾紛。〔註5〕

值此「新舊交雜」的過渡時代，江蘇各屬支會成立之初，如：高郵、泰州、東臺、桃源、宿遷、海州、常熟、昭文、金山、武進、陽湖、金壇、溧陽、崇明等地皆有衝突事件發生。衝突的對象則又可細分為地方官、士紳和學生，三者之間各自因為理念，或利益關係的不同而發生爭執。清末學界的紛擾之多，是全國普遍的現象。因此，江蘇學務總會成立後，花費了很大的心力在處理地方上的學務糾紛，並作成詳盡的調查報告，以資有志於興學的人士和團體借鑑。

　　從宿遷當地士紳陸文椿、臧增慶寫給會長張謇討論宿遷一地學務的信件中，可知其發起地方學會後，在推展學務的過程中，受到當地原本管理學務人士的阻撓：

> 議裁監堂之束脩，而教官之阻力生；議改教習之食費，而張樹同之
> 阻力生；議扣公費留學之贍家費，而沈新藻之阻力生；更如陸承崌
> 之阻力，乃袁教官移文到縣，訂為教員，而未得者也。〔註6〕

張仲禮，《中國士紳》一書亦認為太平天國之後，地方疆吏藉由團練以及釐金掌握了地方權力，例如李鴻章、曾國藩等人就是這樣擴充實力，形成新型態的地方政權。頁74。而 Mary Rankin、William T. Rowe 等人亦對清末之後士紳權力在政治和經濟面的擴張進行研究與分析。

〔註4〕　〈潘庶常浩論學務書〉，《江蘇學務總會文牘》初編上，頁109。
〔註5〕　黃炎培，《八十自述》，頁48。
〔註6〕　〈陸文椿臧增慶致張殿撰論宿遷學務書〉，《江蘇學務總會文牘》初編下，頁

幾乎每議一事，每欲更動一事，即遭原本勢力之反對。光緒三十二年三月二十七日，陸、臧等學會人士欲開臨時會討論學務公所成立辦法，以及當地私塾改良問題時，張樹同、沈新藻、陸承嶼三人於會中反對以「公議」的方式，討論學堂事務，且與參觀的學生言語不合發生衝突，遂率無賴暴動，大鬧學堂。總會爲此事致書宿遷縣令，希望他能站在體諒學會辦事之苦心，盡力維持保護。當此過渡時期，任何新的舉措在實行初期，一定會遇到種種反對、衝突和破壞的無意識舉動，有志革新之人必須將此視爲無意識之行爲，才有辦法堅固繼續辦事之心。若是放任此種無意識的行爲的擴大與破壞，將使得局勢發展至不可收拾的地步。〔註7〕

　　宿遷士紳的陳情是一個基本的衝突模型，接下來在桃源、東臺等地的衝突事件大多不出此一模式，而泰州和金壇則因爲有官方力量的介入而稍嫌複雜。本段之案例，主要集中於學務總會成立的第一年，〔註8〕從各屬與總會往來的文牘中，發現各地支會成立時，有爭議與衝突的不在少數。衝突的對象與背景，多屬於地方新、舊派士紳之間的爭執；衝突的導火線起於學會之成立，影響到原本地方社會權力結構的變化。第一個案例是桃源縣，因爲桃源一地的學務糾紛，可以作爲地方上新、舊兩派士紳衝突的標準模式，且其所牽涉的層面也比較簡單，只與地方士紳相關。

　　桃源舊紳葛龍田、田健瓴兩人，在學制未改之前，擔任當地書院的董事，在清廷下令改書院爲新式學堂的政策下，將其所管理之書院改爲學堂。光緒三十二年二月初，張相文回桃源調查公私立各學堂興辦的狀況，並勸導鄉人組織地方分會的舉動，引起葛、田兩人的敵視，除因學費之事煽動學生外，更趁機向府署控告學會「斂錢肥己」。根據張相文的調查報告，學生滋事的起因爲「增廣學額經費不充，乃收膳金每月千文也」，由於伙食費太貴，學生負擔不起，故鬧上縣衙。相文認爲，「出費讀書爲古今通例，納費者留，不納費者去」實屬天經地義之事，桃源縣令亦欣然同意，隨即懸牌示令學生繳交學費。不料葛龍田回到學堂之後，對學生表示縣令本來同意緩交學費一事，全

67～68。

〔註7〕　〈再致宿遷縣萬大令書〉，《江蘇學務總會文牘》初編下，頁 69～70。

〔註8〕　江蘇教育總會文牘的出版是一年一冊，除了第一年因學部尚未頒佈《各省教育會章程》，以《江蘇學務總會文牘》爲名外，二編之後皆改爲《江蘇教育總會文牘》，一年一編。一、二、三編的編輯者爲沈同芳，四編之後則由沈恩孚和黃炎培接手。

因相文之勸阻，緩交一事免議，導致學生在學會會場上聚集喧鬧，要脅緩交學費一事。相文因而怒斥學生，認為聚眾鬧事非其所應有之行為。兩相對質之下，張始知學生緩繳學費之因，在於葛董辦理的學堂，已經數日不供膳食，加上天候不佳，雨雪連綿，街上飯店亦將斷炊，實有緩繳學費之苦衷，於是相文便告訴學生，緩繳學費斷不可行，但可由他與人商量代墊，立下條據之後，學生欣然散去。葛董見煽動學生失敗，遂又因為想要徵收雜費，激怒學生並引起衝突。葛董心生不甘，遂於「晚間忽率十餘人入室搶帳，又為學生瞥見互相毆擊，卒將帳目亂紙搶護而去」。〔註9〕之後又唆使無賴毆打張相文，幸好得學會中人之庇護而脫逃。除此之外，葛田二人所謂的「斂錢肥己」，也只是學會會員捐資及繳交會費之事，並無向非會員者別立名目徵集錢財的行為。〔註10〕

　　除了與學會中人的衝突外，葛、田二人雖貴為學堂董事，但在新式教育的理想下，其所管理之學堂卻甚為邑人所詬病。主要罪狀有四：一、「盲於管理之罪」：講堂及宿舍的環境及衛生條件不佳，圖書之管理亦零零落落為人竊去大半。二、「昧於教科之罪」：學堂課程專以讀經讀史為主要功課，於西學全然無授，其所延請之教習品質不佳，於朝廷所奏定之章程出入甚大。三、「毒害學生之罪」：非其親族者，則另立師範班，限其一年畢業。其所授與之課程，與一般學堂相同，並無師範學堂所應教習之科目，且隱匿招考之公文函件，使學生無法參加蘇甯各學堂的考試。四、「位置私人之罪」：學堂的員工皆為其佃戶或親信。除此之外，兩人在地方上侵佔公款、包攬訴訟等等地方劣紳應有之行徑，兩人亦行之有年。故其不欲小學堂創立，實肇因於私心之用，且害怕長期在地方上所建立起來之勢力，為學會中的新興士紳所奪。

　　除了桃源之外，江蘇學務總會崇明地區的會員王樹聲，在報告其興辦學務艱阻情形時，陳列的三件報告中，也皆是地方學會士紳在興學時遇到地方舊紳施詒孫之子施補經阻撓的情形。崇明縣的縣立小學堂，開辦四年裡皆借民房居住，教授管理一切從簡，學務處設立後，稟呈學務處規劃修建，欲改當地書院為校舍，以為地方新式學堂之楷模。所需經費乃酌借賓興、公車款項九千六百串，並變賣學田「五十萬步」約等於現今二千畝左右的田地〔註11〕

〔註9〕　〈桃源評議員張訓導相文報告書〉，《江蘇學務總會文牘》，初編下，頁59。
〔註10〕　〈桃源評議員張訓導相文報告書〉，《江蘇學務總會文牘》，初編下，頁60。
〔註11〕　根據張政烺先生的考證，古書中所謂的田十萬、田百萬應該是以「步」為單

以彌補不足之額度。此事卻遭賓興董事施詒孫的阻擾，因賓興公款向來都操於其手，故令其子施補經另創城東小學，且煽動其黨羽捏名朦控，百般阻撓，並且倡言以野蠻之舉動加諸各學董，阻擾小學堂之建立，達到其侵吞公款的目的。除此之外，師範傳習所設立之時，施補經等人亦從中阻擾，誣陷師範傳習所的設立有「不以爲開化，反以爲植黨」之嫌疑，且「簧鼓羣盲布滿揭貼，捏造憲批，以誤報名來學之耳目（有同人郵稟大憲奉批不准開辦永遠停止等語）」。〔註12〕而崇明一地蒙學的設立亦是問題多多。主要是因爲科舉廢除之後，私塾教員無收入之來源，故蒙學堂設置過多問題叢生。學生年齡不一、人數不等，教員和職員中懂得「科學」二字者更是寥寥無幾。設學之後，更有藉口興學實際上卻是變相的斂財以中飽私囊的行徑：

> 羣向學董要索經費，動以六七百千爲辭，不應則攻擊之，無已。而
> 公款拮据毫不知，顧就中以施補經爲最甚，校中教習徐欽安係著名
> 訟棍，吳毓林係下第老童，腐敗情形言之可嘆。名爲興學，實則貿
> 利，此統一小學辦法艱阻之情形也。〔註13〕

辦學堂、興學會對清末社會來說，仍然屬於新潮的事物，與傳統社會多所扞格。桃源和崇明引發的衝突，就情節上，雖只是單純舊派士紳的操作手法，卻是清末全國各地學務衝突的基本要件。首先，地方上原本管理書院的紳董，在清廷下令將書院改爲學堂時，便順勢將書院的匾額改爲新式學堂。但地方紳董所主持的學堂，往往都是換湯不換藥，跟新式教育相距甚遠。其中最常爲學會所指控的便是不知「科學」爲何物，課堂的教授內容與西學無關，仍是科舉時代的教學內容與方法。第二項衝突點便在經費。有的舊派紳董是自己掌握財源，例如崇明的施詒孫因爲掌管當地的賓興公款，故另立一新式小

位。這樣的情況到了戰國時代，因爲田畝制度的破壞，到了秦孝公時期是以二百四十步爲一畝，成爲官方的丈量單位。但唐代陸龜蒙的《甫里先生傳》中對於吳田的換算則是「一畝當二百五十步」。張政烺，〈『士田十萬』新解〉，原刊載於《文史》，第二十九輯（北京：中華書局，1988年1月），現收錄於張政烺，《張政烺文史論集》（北京：中華書局，2004年），頁745～749。雖然年代不盡相同，但若依此考證推算，不論是一畝二百四十步或是二百五十步，「學田五十萬步」皆約當二千畝上下。在此特別感謝王汎森老師對此一註腳的提點。

〔註12〕 〈崇明會員王樹聲等報告學務情形書〉，《江蘇學務總會文牘》初編下，頁208。

〔註13〕 〈崇明會員王樹聲等報告學務情形書〉，《江蘇學務總會文牘》，初編下，頁208。

學堂，好名正言順地侵佔公款；或者是有人藉辦學堂之名義，以收取學費，藉此收羅地方公款行斂財之情事。而民間最無法理解的便是學費的收取，因爲它與過去書院供給膏火的慣例相違。

　　相較於揚州東臺縣，因爲地方士紳利益的喪失，進而造成學堂和主事士紳住宅被燒毀一事，桃源與崇明兩地所發生的衝突，只是地方權力上的鬥爭並無損失。東臺高等小學，是東臺學會（即江蘇學務總會分會）會長夏寅官一手創辦。夏紳在光緒三十二年春，學會成立之前，是一位對地方事務並不過問的地方士紳。東臺學會之所以公舉其主持學務，在於其「熟諳新政，素抱熱心」，自他接辦學務以來，稟著實事求是的精神，使地方學務日漸起色。辦初級師範學堂時，卻因爲經費問題，引起了舊有地方士紳的不滿，埋下夏紳被毀家毀學的近因：

> 又將從前學務各公款改辦初級師範學堂，已經開工半月，方且調查公產實在，出息涓滴歸公，而地方不逞之徒既無由分公款餘潤，則不得不以學堂爲叢怨之府，又未便以私意相干，則不得不以清流爲集矢之的，祇祉以學務重大無計阻擾，辦事認眞無題可借。蓄私怨於中，而時時欲得其間以乘之，此學堂被焚，紳家被毀之原因也。
> 〔註14〕

由於夏紳辦事過於秉公處置，原本可以撈的油水，如今變得無法均霑，使得學會成了地方不肖劣紳欲除之而後快的箭靶。而米價的上漲，使得地方不肖人士找到了藉口，興事之徒在鄉里間流傳米價騰貴，實因夏紳入署擬請加價，藉此騷動愚民毀壞夏紳之宅第及高等小學堂。事發之後，之前與學務有關係者皆閉不出門，而一向爲學界所不齒的劣生敗類則於零磚斷瓦之間放肆大笑。此後，安豐場初等小學聚集了許多地痞流氓干擾學堂上課，甚至舉高等小學被毀一事恫嚇學員及教員。調查報告認爲此一事件，並非單純的鄉民毀學事件，與泰興、石莊的毀學的原因相比：

> 泰興因籌款而加捐，肇釁者爲納稅之鄉民；石莊因學而改廟起事者，爲迷信之愚民，自表面觀之，容有與學堂反對之理。〔註15〕

而東臺縣亂事之人，既非竈丁亦非鄉農，而是一城之無賴。況且米價高漲與高等小學堂和夏紳有何關係？對於此一事件，總會認爲並非單純的是鄉民不

〔註14〕　〈東台縣高等小學及夏紳宅第被毀詳告〉，《江蘇學務總會文牘》初編下，頁47。
〔註15〕　〈東台縣高等小學及夏紳宅第被毀詳告〉，《江蘇學務總會文牘》，初編下，頁50。

滿學堂而興事毀學，應是原有之地方士紳因其權利受損而煽動成事。而學部
對於此次毀學的處理，則是認爲：「學界風潮迭見，大抵皆由學務處及地方官
辦理不善之故」〔註16〕便不了了之。東臺毀學的另一項原因，在於此年揚州
一地，米價高漲，時有亂民搶米等事，甚至危及學堂，故江蘇學界於《申報》
報導揚郡亂民搶米情形後發表聲明，言米價之高漲與學堂無涉：

> 揚城米價騰貴，由於來源不暢，存貨無多，與學堂絕無干涉。他處
> 學堂或尚有藉資民力者。獨我揚州學堂，均係官紳籌歂設立，並未
> 捐及小民分文，是學堂與米業毫無關涉，萬勿誤會暴動。〔註17〕

除了東臺鄉外，同年四月在丹徒的順江和寶應縣還有因爲「毀廟興學」而引
起的毀學事件，足見新學制與傳統社會的許多風俗習慣頗有衝突之處。毀學
一事，在宣統二年間釀成非常大的風波，江蘇一省幾乎無地不與，由於兩者
之間的背景條件有所不同，故留待下節再作專門討論。

中國士紳的社會地位來自於科舉功名，一旦獲得科名，除了擁有社會聲
望之外，隨之而來的自然是經濟的收入。低階士紳的收入來源，即是來自於
對地方事務的參與，譬如社倉、學堂的經營等等，從中多少都有可撈的油水。
然而隨著新學制的興起，原本盤據於地方上的士紳勢力勢必面臨著維新份子
的威脅，地方權力因爲對於新式學堂的掌控，處於重新洗牌的局面。權力洗
牌，也意味著地方財經來源重新分配，自然爲原本掌握權、錢的舊派士紳深
爲不滿，擔心其權益受損，因此地方上的新舊衝突，很大的一部份來自於地
方士紳之間的權力鬥爭。

第二節　地方學會與地方官府間的互動

一、官府對地方學會成立的態度

地方學會的設立，不只衝擊到地方士紳原本的權力結構而已。在晚清，
更大的衝擊是在官紳之間。不論是學務處，還是各府廳州縣的學務公所和學
會，自籌設以來，便遭到地方官和紳董的仇視。地方紳董仇視學會和學務公
所的原因，由上一節的描述中，即知其爭執的原因在於「地方公費」：

〔註16〕〈學部電詢東臺縣焚燬學堂事〉，《申報》，1906 年 7 月 8 日，第 1 張第 4 版。
〔註17〕〈紀揚郡亂民搶米後情形〉，《申報》，1906 年 7 月 22 日，第 1 張第 3 版。

既謀興學，不得不急爲籌款。而地方公費，非屬於科舉，即屬於善
堂。彼管理此項經費者，久已獨握利權，視爲應得之款。一旦忽有
人欲提而歸之學務，不啻奪其相傳之產，而畀之他人，然又迫於公
論，難於力阻，於是忿恨之心深，而詆毀之事起。〔註18〕

然而，紳董有時亦藉助地方官的力量來壓制此一股新興的勢力。地方紳董感
於自身的利益爲學會或是學務公所的新興勢力所奪，地方官則憂心士紳的結
黨聚會，和力倡自治之義，而懼其侵佔官權。然而，學會已爲中央欽定之合
法團體，故地方紳董與地方官，皆無法抗拒學務公所和學會的成立。

　　高郵會員董增祿，爲了回鄉號召當地士人加入學會，以期設立地方支會，
好整頓地方學務的過程中，即被當地學務公所的董事：宋豫立、王希堯、馬
維高等人刁難阻抑，認爲學會是結黨營私的行爲，上稟縣令，又慫惥學生誣
控學會，以期達到解散學會的目的。〔註19〕由於掌理學務公所的學務董事，
多爲舊派士紳，與地方官往往有所交情；而學會的成員，則是具有維新意識
的士紳，除了與舊派士紳在想法、觀念上常常有所衝突之外，地方官員若不
甚開明，亦會捲入紛爭之中。

　　金壇縣發生的糾紛，爲地方官與舊派地方紳董聯合抵制學會士紳的最佳案
例，此事的起因在於學會和縣令互控。根據江蘇學務總會的調查，事端起於學
會之人不滿長期在地方上掌握學務的學務公所總董——湯繼瑞，認爲他不諳學
務，使得金壇官立高等小學和蒙學的成效不彰，不符合新學制的理想。而湯董
與金壇縣的胡縣令交情甚好，且長期爲地方官所倚賴，金壇縣令便欲解散學會，
另立一「崇正學會」附屬於學務公所。縣令認爲地方上既有學務公所，就不必
再另外設置學會，假使要有學會，則必須歸縣令管轄。故其屬意由學務公所總
董湯繼瑞遴選公正之士紳，另外再設一學會，否決由王貫等人所設立的學會。
經過總會調查員袁希濤的查訪，學務總董湯繼瑞平日並無劣跡，但其身任學務
公所總董，對於學堂的管理、教學的科目和授課方法等有關新式教育的知識皆
極爲隔膜，實不堪擔此重任。最後，縣令因只聽湯董的一面之詞，誣陷王貫等
人爲青幫、紅幫和哥老會的匪徒，而被江督記大過一次。

〔註18〕　〈論官紳仇視學務公所學會之原因〉，《申報》，1906年5月11日，第1張第
　　　　　2版。
〔註19〕　〈董增祿等報告權董誣控書〉、〈致兩江學務處書〉，《江蘇學務總會文牘》初
　　　　　編下，頁23～25。

對金壇縣令指責學會之設在於「斂錢植黨」、「糾眾聯盟」，總會則認為其不懂「社會」之分界與權限：

> 同為振興學務起見，多一社會即多一競爭學問之思想，即多一顧全名譽之思想，較之深閉固拒，收效故已不同。且考察政治使節方新，立憲萌芽，惟社會是賴，賢有司退食之暇，於憲法各編取閱一二，必有恨聞吾說之已晚者。〔註20〕

至於「黨」、「眾」、「盟」等結社行為，其目的若是為鞏固國家，應如日本對其町村學校組合，以社團法人之名義立法規保護之，而非以「官」之力量與其為難：

> 思學會之設，本所以輔官不逮，並非與官為難。以法理上分際言之，公所處者行政之地位，學會乃立法之一部。凡所擬議皆當受成於官，非對待與抵抗之說也。……至欲學務公所代學會，則併立法行政於一權，萬無此種辦法，〔註21〕

除了「國家」與「社會」兩個範疇的劃分之外，「行政」與「立法」的觀念和關係，亦是反覆出現在總會文牘中的字眼。

泰州學會成立之初也跟當地縣令產生衝突，泰州牧指控學會的發起人旅甯學生——凌文淵自稱總理，使得地方劣生得以附會，以便把持地方勢力和斂收經費。加上凌文淵認為縣令辦理學堂並未盡責，應請省學務處派請剛正不阿，實曉科學之員來徹底清查學堂的教習是否不堪勝任，對學生毫無進益，以及經費是否有侵吞的情形，引起泰州張州牧的不滿，認為凌文淵組織學會的目的是為了要「干涉行政教育」。泰州牧認為即使是「共和國」也無此情事、無此會章，故其自言：「澮略有知識，不敢阻遏新機，亦不容莠言亂政，已電稟學務處撤銷凌文淵字樣，另舉高爾庚為會長」。〔註22〕由於，凌文淵的資格，並不符合泰州學會會長一職，學務總會也認為旅甯之人，沒有被選舉權，且學會章程不及公布，又未將辦理情形上稟州牧，有程序上的瑕疵。但其於泰州所立之學會，不論是正副會長或職員，皆為泰州的在籍人士，旅甯之人並無擔任學會之要職，只是在辦事層面上有欠周詳，而引起張姓地方官的誤會。既然，泰州學會已經成立，職員的資格亦無問題，應照舊設立，不需解散再

〔註20〕 〈復蘇省學務處書〉，《江蘇學務總會文牘》初編下，頁 193。
〔註21〕 〈致金壇縣胡大令調查書〉，《江蘇學務總會文牘》初編下，頁 190～191。
〔註22〕 〈泰州牧張報告撤銷總理字樣電〉，《江蘇學務總會文牘》初編下，頁 31。

另行組織。然而，泰州張姓地方官主張「行政人有解散社會之權」的態度，卻令總會頗有微詞：

> 興學之 詔責成官紳協力實心，無分畛域，行政人之對於社會，鄙意則謂有補救而無解散，亦非謂社會之自恃已足也。尤當體行政人辦事之苦心，否則社會預存一非禮壓制之見以對行政人，行政人又預存一聚眾要挾之心以對社會，終之行政人尚有去官之一日，社會恐無團結之一日，鷸蚌相爭，須知漁翁之睨其後也。因見於近日學界官紳衝突之疊出。〔註23〕

「行政人」，即所謂的官方或政府。在傳統中國人的觀念裡，「社會」一詞的概念是很模糊的，是否有「官」、「政府」與「社會」兩個範疇的區分，是很值得深究的問題。在清末，尤其是在最後的十年當中，「社會」這個範疇受到當時士人與新式知識份子非常的重視。而「社會的團結」，更是新派士、紳與新式知識份子，自甲午以來最重視的問題。由嚴復倡導的「群」開始，這時的人們已經瞭解到「社會」是比「群」更深刻的組織，而過去的中國是一個沒有「社會」的國家。〔註24〕在這樣的時代氛圍底下，「行政人有解散社會之權」一語，並不符合有志於改革派士紳們之理念。

金山縣士紳沈家樹亦是因發起學會，而遭受有過節的士紳挾怨報復，上稟縣令，指控其「開壇設會，唆訟通匪」，導致金山縣的善臺小學因此停課，學會無以成立。當地士紳黃繼曾、吳治恭致函總會，盼請處理。總會認為，開會集議在風氣閉塞、民智未開的小鎮裡，因不知「社會」為何物，遂將其冠上「開壇」、「干涉」的罪名，以達其挾怨復仇之私心。學會的設立，是為了教育普及而設置，其目的在輔助官方不足之處。更何況集會結社，在文明各國本來就是人民的自由和權利，無奈國內氣候甚稚，民智未開，不理解箇中緣由。為了不使此一剛萌芽的自治之風，遭受到些許挾憤營私份子的破壞。總會希望金山縣令能確實徹查，切勿「借手胥役，以一紙官符為查究之地」，

〔註23〕〈致兩江學務處沈觀察桐書〉，《江蘇學務總會文牘》初編下，頁32～33。
〔註24〕社會一詞最早出現於黃遵憲的《日本國志》，但當時並未引起注意。而「群學」的概念則是因嚴復的翻譯介紹而流行，之後因大量引進本翻譯導致「社會」一詞的流行。大體而言，甲午之後到義和團運動期間是「群」的流行時期；兩個名詞經常交互使用，一直要到辛亥革命前四、五年，「社會」一詞才逐漸流行。1905年，新民叢報曾於「新釋名」欄中解釋「社會」一詞，自此人們才瞭解「社會」乃是比「群」更深刻的東西。詳細論述請參見王汎森，〈清末民初的社會觀與傳斯年〉，《清華學報》，新25卷，第4期，1995.12，頁325～332。

不只難平學界中人之不滿，亦落人「中國親民之官，以不能親民之故，往往而擾民」的口實。〔註25〕

學務之興，有賴官紳之合作，光靠少數具有維新思想的士紳推動，難成氣候，若有官方力量的加持，在推行的過程中，阻力必定減少許多。只是從上述的幾個案例中，可以清楚地感覺到，學務總會對於官方的力量，並未給予過多的期待，反而是對於「社會」的力量比較重視。第一章論及學務總會性質時，曾以南學會為比較對象，表示兩者皆有使「學會」發展成為地方議會的理想。譚嗣同亦曾明白地表示，地方官只是過客，再賢明也不應「盡操其主人之權」，〔註26〕權力應與士紳分享，達到梁啟超所言之「欲興民權，宜先興紳權；欲興紳權，宜以學會為之起點」的理念。戊戌變法的結果是失敗了，連帶著使得南學會的理想也成幻影，但其理念卻為江蘇學務總會所承繼。相較於俞子夷所言，學務總會承接的果實，是比較接近甲午以來維新派的理念，而非中國教育會的秕穀，兩者之間有很大的落差。

由於本節所討論者集中於學務總會時期，地方教育行政體系尚未獲得中央的統一，不論是勸學所還是教育會章程皆未頒定。隨著清廷立憲方向的日漸明朗，〈地方自治章程〉也提上討論的日程，學務總會和地方學會在面對官方力量時的態度，有著日趨堅硬的傾向。張謇認為教育總會要能長久生存的方法在於：

> 所謂自衛之法，其主要在劃定教育會界綫，非教育事勿牽入勿軼出，
> 共相濯磨，強立根據。雖似狹義亦類消極，然全會之人苟大多數有
> 高尚人格，高尚知識，何患不能教育普及？何患不能對待他團體？
> 〔註27〕

除了有高尚的品格和知識外，總會行事必須小心翼翼地以教育事務為界線。誠如引文中所言，這方法太過消極且狹義，以總會所關心之事務來看，遠遠超出教育事務的範圍之外。因此，在中央明定官方章程之後，總會又將如何處理與看待各種疑難雜症以及因應時局之變化？

〔註25〕〈致蘇松太道瑞辨明沈嘉樹等被誣書〉，《江蘇學務總會文牘》初編下，頁114。

〔註26〕譚嗣同：「然官即至賢明，久於其任，而謂勝於生其地者之詳悉曲折：忠於自為謀者之避就其利害，吾亦敢斷曰：『無是理也。』明明一渺不相涉之過客，乃盡操其主人之權」。〈壯飛樓治事十篇・治事篇第五：平權〉，《譚嗣同全集》，頁95。

〔註27〕張謇，〈張會長在會場發布之意見書〉，《江蘇教育總會文牘三編》，甲，頁62。

二、勸學所與教育會

　　誠如之前第一章所言，勸學所雖為清政府明確的第一線教育行政機關，但處理的事務太過繁雜，設置人員又太少，且請以地方士紳為主體，權責曖昧不明。更何況勸學所原為直隸一地府廳聽州縣的教育管理單位，其組織與人員原本就以地方士紳為主力，故其與地方教育會之間的職能差異不大，容易引起民眾的誤解和處理上的困擾與紛爭。〈地方自治章程〉頒布之後，對於勸學所與教育會之間的職責，在《教育雜誌》上有一連串的討論。勸學所和教育會在制度的定位上，一屬官，一屬民：「教育會為同志集合之公益團體，勸學所為國家經制之佐治官廳」，〔註28〕勸學所的總董經由提學使札派之後，給予「正七品」的虛銜。兩者性質照理說，應該是判然二分，但在清末此一制度的過渡時期，若只有勸學所這麼一個官治的制度機構，對於學務的推動，顯然是不足的。但教育會，在當時人的認知裡，應該是一自由發起、結合的學會：

> 省府廳州縣為政治之區劃，惟議會為政治中立法之機關，不待同志
> 發起，直由國家法律制定，故可定為省諮議局，廳州縣及城鎮鄉兩
> 議會。教育會為同志集合之會，故部定章程第二條，即責令某等人
> 為發起人，夫事必聽人發起，則非國法所能強迫，又何能以國家之
> 政治區劃為設會之區劃乎？〔註29〕

就當時人的認知裡，更何況東西文明各國的，民間同志的集會，並不一定都抱有具體的宗旨和目的，只要不違背法律、無害治安，都可以自由的集會。因此，不論是集會的次數，或是研究事情的多寡，只要對國民知識有所提升的集會，政府都應當獎勵，不應受政府之限制和行政區域的劃分。所以根本不應該有〈各省教育會章程〉這樣的東西出現。之所以會有這樣的結果，主要是因為人員及財力的不足，故必須有教育會作為輔助單位，地方教育行政組織才得以完備。另外一個原因，則是集會、演說為當時之禁忌，學部遂以教育為範圍，制定相關法令，且以教育會為名。主要之目的，在於消除其他各種學會。故清末的教育會，在實質上為「目的會」，由民間社會所發起，卻因時空環境的條件限制，使其兼有「地方會」之性質。但宣統年間的〈地方自治章程〉卻又明載教育會為城鎮鄉的自治事項之一。清末的〈地方自治章程〉是模倣日本的區町村自治

〔註28〕〈地方自治與教育（續）〉，《教育雜誌》，第 1 卷，第 4 期，1909，頁 279。
〔註29〕〈地方自治與教育（續）〉，《教育雜誌》，頁 278。

而來，其中有「學區會」的設置，故〈城鎮鄉自治章程〉中，才會將教育會列入，其意與日本的「學區會」意思相同，其目的為：

> 正惟城鎮鄉之學務當計戶、計口、計學齡兒童，負一定舉辦之責，則其料量各事，專恃董事及議員，尚恐難於週遍，能於董事議員之外，別結一辦學同志之會，輔助期間，實於普及之效大有裨益，此教育會之所以載於城鎮鄉自治章程也。〔註30〕

由此看來，教育會的規章，或是這麼一個團體，在理論上是充滿矛盾的。然而，如果單單只依靠政治的力量來推動新式教育，卻又不足為士紳所信賴。勸學所的本職在「勸人入學」，到了 1909 年，在改革派士人的眼中，勸學所大多只是「地方官之學務文牘收發所耳」；稍微稱職者，雖按時監察其負責區域之各學堂，填具表單向上呈報，卻也僅以此事為己任，並未盡到「勸學」之業，充其量也只能稱之為「查學所」。〔註31〕在教育普及的理想，以及立憲熱潮的壓迫下，新教育制度的推動在改革派士紳的眼裡有其緊迫性。而新學務之繁雜，諸如統計學區內之戶口、學齡兒童的數目，和宣傳新式學堂、新式教育的重要性，依靠勸學所的總董及地方議會的議員，皆恐不夠周全。故於董事議員之外，應另結一「辦學同志之會」作為輔助，期望對於教育的普及和推行有所助益。

〈地方自治章程〉於光緒三十四年頒佈後，教育成為地方自治的首要之事，勸學所及教育會亦皆劃歸為地方自治的項目之一，這樣的劃分標準何在？當時的人亦是充滿疑問：

> 勸學所與教育會性質大異，教育會為同志集合之公益團體，勸學所為國家經制之佐治官廳。查光緒三十二年四月二十日，學部奏定各省學務官制，載明各廳州縣勸學所設縣視學一人，兼充學務總董，由提學使札派充任，給以正七品虛銜，是勸學總董之為提學使屬官，既無疑義。即勸學所之各以廳州縣為區域，乃國家官制所定，亦不待言。惟勸學所既為廳州縣之佐治官廳，何以城鎮鄉學務事宜中，乃亦列入，此不可以不證明之。〔註32〕

在當時人的定位裡，勸學所屬官是很明確的，勸學員由地方總董中選擇、地

〔註30〕〈地方自治與教育（續）〉，《教育雜誌》，頁 278～279。
〔註31〕〈敬告勸學所〉，《教育雜誌》第 1 卷，第 13 期，1909，頁 1088。
〔註32〕〈地方自治與教育（續）〉，《教育雜誌》，頁 279。

方官箚派、提學使獎勵，屬於中央教育行政體系，是官方之屬員，而非地方之團體。誠如之前一再提及的，勸學所的定位雖為「官方」的行政單位，但其人員卻深具地方性質，不論是勸學所的總董還是勸學員，皆是當地的「土著紳衿」，且地方自治團體，如學會，亦有推舉之責任，故其組成實際上帶有濃厚的地方味。以今日的觀點視之，勸學所與教育會的職責重疊性太多，雖然一為官，一為民，但在清末士人的眼裡，這卻是必要的。甚至有人認為，除了勸學所跟教育會，還需要再增設「地方教育會議」：

> 況學部奏定勸學所教育會章程，權限事業含混不明。各地方有因此以起爭執者，爭執不已，遂生意見，意見愈多，遂釀風潮。不惟無益，而又為害。否則有名無實，仰州縣之鼻息，為士紳之傀儡，既不能謂為立法機關，並不足謂為行政機關。欲地方教育之發達，是猶俟河之清難矣！……曰宜速設地方教育會議。〔註33〕

為了解決勸學所與地方教育會的爭執，《教育雜誌》的編者認為應該要再設置教育會議，才能釐清兩者之間權限關係，也才符合行政、立法相互監督的學理。其立意與目的雖是出自於解決地方上的教育爭議，但此項提議卻難免給人畫蛇添足、疊床架屋的疑慮。可見清末教育行政體系雖於光緒三十三年建立，卻無法有效地整合各地的教育行政工作，甚至是徒增許多地方糾紛。而勸學所的設立，相對於地方教育會而言，更是一個權責相近的曖昧物。

由於勸學所引起許多的爭議，故〈地方學務章程〉頒佈後，學部才又重新修改定章，縮減勸學員之職務。而江蘇教育總會亦於宣統二年，藉由「教育法令研究會」檢討勸學所和教育會的權限，集結成三冊的報告，並於《教育雜誌》上公布〈江蘇教育總會通告各屬勸學所教育會研究文〉，對勸學所和教育會的職務作詳盡的研究和分別。其研究的方向有五：一、教育會補助教育行政的界限何在？二、教育會與勸學所如何聯絡一氣？三、勸學所設立的教育講習科及每星期研究會，和教育會的教育研究會及師範講習所，該如何區別？是否要歸併？四、兩者皆有宣講所，當如何區別？五、兩者的調查報告有何不同？之所以會有這樣的疑慮產生，仍可歸咎於學部為了設置府廳州縣的教育行政機構，全盤採用直隸的〈勸學所章程〉。之後又礙於江蘇學務總會之聲勢，而另設〈各省教育會章程〉，兩者雖皆獲得中央權力的許可，卻造

〔註33〕莊俞，〈論各地宜設教育會議〉，《教育雜誌》，第 1 卷，第 11 期，1909，頁 899～900。

成職權劃分不清以及定位不明的窘境。

　　由於官方章程中規定教育會爲補助教育行政之機構，但之間的界限何在？當時主要有三種說法，一種是採取廣義的解釋，只要是教育事業，不管是家庭教育、學校教育還是社會教育，教育會都應有所輔助。第二種則將教育會單純地視爲官方機構的輔助：

> 學務公所統轄全省，難有周全之處；勸學所規劃大綱，精神未易兼顧。而教育會羣策羣力，遇事匡策，共謀進步，行政機關始能靈活。
> 〔註34〕

江蘇教育總會採納第三種說法：

> 凡教育事業行政有直接關係者，可爲直接之補助。如條陳興學之法，應地方官的諮詢等。與行政沒有直接關係者，也可以間接補助，例如：籌設圖書館、看行有關教育之書報等。〔註35〕

總會之所以採此說，是因其兼前述兩種說法之大成。但細細觀察文中之義，雖言其兼兩者之大成，事實上則是綜合前面兩者之言論，認爲教育會既是官方行政單位的輔助機構，但於官方行政沒有關係的事務，教育會也能作間接的補助。相對於前兩種說法，總會所採取之態度，其實給予教育會所應行之職務相當自由心證的空間，雖不如第一種說法般廣泛，亦無第二種說法的狹隘，事事皆須受官方的限制。也因此，總會認爲教育會和勸學所，應是「各自獨立，各盡其職，而後遇事商榷，相與有成，庶合乎聯絡一氣之本義」，〔註36〕沒有強弱的問題，兩者的關係應該是各司其職，相輔相成，而非互相牽掣。

　　由於教育會和勸學所之間的權責重疊性太高，故江蘇教育總會便針對兩者皆有之單位及工作做出說明。在學部的〈奏定勸學所章程〉中，規定勸學所必須設立「教育講習科」，每星期需開「研究會」，以達到推廣新教育的目標。但教育會亦有「教育研究會」和「師範講習所」，性質與上述二者重複，引起辦學者的困擾。故總會認爲，教育講習科和師範講習所，雖皆爲「講習」，但教育講習科的設置對象是各區的勸學員，重點在讓勸學員瞭解新的教育制度，故其講習的內容應爲管理法、教育學、學部的〈奏定小學章程〉和管理通則等等與教

〔註34〕　〈江蘇教育總會通告各屬勸學所教育會研究文〉，《教育雜誌》，第2卷，第2期，1910，頁1523。
〔註35〕　〈江蘇教育總會通告各屬勸學所教育會研究文〉，《教育雜誌》，頁1523。
〔註36〕　〈江蘇教育總會通告各屬勸學所教育會研究文〉，《教育雜誌》，頁1523。

育行政相關的知識。而師範講習所的對象是年長的地方舉貢和生員，講習內容則在教學方法的研究，以培養師資，補師範教育的不足，跟教育講習科重在宣導學制和管理的功用不同。而勸學所的研究會，等於是勸學員的常會；而教育會的教育研究會，則是爲了研究學術和風土問題而設，兩者的功用和性質完全不同。至於兩者皆有的宣講所，教育總會的教育法令研究會認爲，勸學所的宣講所，是改良舊有之鄉約而成，不離勸學的宗旨。而教育會的宣講所，相當於日本的風俗講談會、幻燈會、音樂會等，是爲了通俗教育而設。至於兩者的職務中皆有「調查報告」一項，也容易令人混淆。在總會的界定中，教育會是會員們自行結合的民間團體，不像勸學所爲官方組織，各區皆有熟悉地方情形的勸學員。所以普通調查爲勸學所之職務，教育會的調查報告是臨時，而非常規的。所以按照常理而言，勸學所和教育會應該是兩種截然不同的組織，所行之事或有重疊，但應是各司其職，各有區別。

　　然而，在〈地方自治章程〉中勸學所和教育會又都被劃歸爲地方學務中的自治事項，兩者之間的關係再度混淆，其中最容易滋生誤會的，當推〈勸學所章程〉中規定「縣視學兼總董」一項。總會認爲以法理言，縣視學和勸學所的總董應分任兩人：

> 縣視學明明爲官，總董爲紳，以一人兼之，權限不明，自應分任兩人。以縣視學爲地方佐治官，專任視學；以總董爲執行部長，聯絡勸學員勸學。〔註37〕

但在地方自治尚未實行之前，總董之所以得兼縣視學一職，考量之處在於「權重專責」。因爲人民自治能力不足，必須委託少數人治理，不宜授權於多數人，故以總董兼縣視學之職。加上地方社會猶狃於官治，「非官不足以統率各區」〔註38〕所以以總董兼縣視學一職的目的在加重權力，即公信力。但總會認爲地方自治實行之後，官治與自治的界限應該斷然二分，縣視學這種「半官半紳」的型態，應取消或改稱。

　　除了縣視學的問題外，亦有人會將教育會當作勸學所的「立法部」，總會認爲教育會並非勸學所的立法機關，按照〈城鎮鄉地方自治章程〉的規定，府廳州縣議事會等自治職才是勸學所的立法機關。最後一點，則是界定兩者對於「地方自治團體」的權限。何謂地方自治團體？其所辦之事，爲地方行

〔註37〕〈江蘇教育總會通告各屬勸學所教育會研究文〉，《教育雜誌》，頁1525。
〔註38〕〈江蘇教育總會通告各屬勸學所教育會研究文〉，《教育雜誌》，頁1525。

政的一部份，目的在「輔官治之不足」，而其選民及董事，皆取「住民主義」，意即縣視學、總董、勸學員皆爲「土著」。但總會認爲：「勸學所實爲自治範圍內教育行政上之代用品，將來爲地方團體執行機官之一部」。〔註39〕而教育會，是自然結合的團體，沒有「土著」的限制更無地方會之性質。教育會應以研究教育爲本務：「惟研究所一層，是爲教育會之眞相」，〔註40〕而非地方議會。關於總會的這項認定，只能說是從法理上著手，於事實並不相符。最明顯的一點，即「土著」。從法理層面言，民間自由組織的團體的確不應具有地方會的性質，這一點在〈論教育會之性質〉一文中也是相同的說法，但從各地教育會的章程和組織看來，不論是各省的總會還是各府廳州縣的教育會，都還是具有濃厚的「土著」色彩，加上主事者又都是士紳，這種半官半紳的組織型態一直持續到北伐之後才因國家強力的介入而改變。

第三節　下層民衆的反應：毀學風潮

一、由地方經費看地方學務的衝突

　　如前面兩節所述江蘇學務總會文牘中大部分的資料與案例，主要是記載新式教育在推行過程中遇到來自官方和地方士紳之間的阻力。然而隨著士紳們對於國家建設藍圖的推進，以及學務的推展獲得官方力量的加持之後，推行學務的阻力，除了地方士紳、地方官外，還增加了一項新的因素——民衆。由《江蘇教育總會文牘五編》中的開會記錄來看，面對層出不窮的毀學現象，總會人士採取的態度是傾向由官方介入及弭平，而自己所擔任的則是宣傳的角色。一般民衆對於學務的阻撓，就是辛亥革命前兩、三年，層出不窮的毀學風潮。而清末的毀學風潮之所以重要，在於它融合了前兩節所論之重點，充分地反映出清末在推行新政過程中所遭遇到的種種問題，且於地方學務影響甚鉅，因此有必要對於此一現象做一綜合性的討論。

　　由於文牘中此類的資料較少，而在柴德賡等人所編的《辛亥革命》卷三中，曾對當時期刊雜誌上所刊登的毀學案件及清末各省各地的人民叛變和動亂加以蒐羅，其編者對於此類的叛亂資料下了如下按語：

〔註39〕　〈江蘇教育總會通告各屬勸學所教育會研究文〉，《教育雜誌》，頁 1526。
〔註40〕　〈江蘇教育總會通告各屬勸學所教育會研究文〉，《教育雜誌》，頁 1526。

> 清末人民的反清鬥爭很普遍，也很劇烈。這種史料散見各書，談辛
> 亥革命史的尚未充分利用。這裡收入的只是兩個方面：一是早期東
> 方雜誌上中國大事記部份所收的材料，一是故宮檔案所存關於民變
> 的材料。這些材料，我們經過一番整理，把它分省按年編排起來。
> 故宮檔案室清朝政府的公文，對於人民反清鬥爭，當然是要誣衊的。
> 東方雜誌大多根據當時報紙摘記，立場也是站在統治集團一面
> 的。……從這裡我們可以看出同盟會對發動群眾、組織群眾不加注
> 意，顯然是錯誤的。〔註41〕

筆者以為這類的民變不能統稱為「人民反清鬥爭」，這樣的用語帶有濃厚的教條主義。而其最後認為辛亥革命對於群眾的動員和組織並不注意的定論，也是值得商榷的。群眾的叛變，有許多的因素，「反清」只是其中的一個環節。以毀學事件來看，可以明顯地可以看出清末各地之所以會有如此多的騷動，主要的原因在於新政的推行，必須對人民加稅，而導致眾多的衝突。

　　劉大鵬於日記中即有：「百姓窮困，年甚一年，乃維新之家辦理新政，莫不加徵厚斂，民心離散，其在斯乎？」〔註42〕的感嘆。足見清末人民反清鬥爭的原因，有一部份是受到新政推行過程中必須「加徵厚斂」的影響。若從清末最後二、三年間的毀學風潮來看，經濟因素實為最重要的因素。由於本文的目的不在廣泛地討論民變之起因，故單以「毀學」一項作為觀察點。上一節討論江蘇學務總會處理地方學務的案例中，多偏向於士紳之間和官紳之間的衝突，學務總會文牘的年限是在 1905 年底到 1906 年上半年，此時清廷的整個地方教育行政體系尚未頒佈，各府廳州縣的勸學所亦尚未設立，而毀學成風的期限，則是在 1909 年到 1911 年之間，其中以宣統二年（1909 年）最為激烈。其間的差異何在？即是〈地方自治章程〉的頒佈，〈地方自治章程〉牽動整個地方制度的變革和權力劃分。〈地方自治章程〉中，明訂地方學務為自治事項，且將其劃歸為地方官紳的主導範圍，而新政的推行日急，如劉大鵬所言：

> 吾邑文宰所行新政十分緊急，需款多而且巨，民有訟者及罰款以充
> 學堂，現在設立勸學所，聞又設立候質所（在東街賃租房，錢六十

〔註41〕柴德賡等編 ，中國史學會主編，《辛亥革命》，第 3 卷（上海：上海人民出版社，1957 年），頁 367。

〔註42〕劉大鵬，《退想齋日記》（太原：山西人民，1990 年），頁 174。

吊），其經費必自民間起派，新政愈繁則起派愈多，雖欲不擾小民，

而勢亦有不能。〔註43〕

由於，興學需要大量的經費，自 1905 年起，即有些許因爲加徵「學捐」而引起的毀學的紛爭，例如上一章所提及的泰興毀學事件。

　　科舉廢除後，爲了興辦大量的新式學堂，便將原本由科舉所留下的公車、賓興、書院膏獎和考試卷冊等費用，提撥作爲興建新式學堂的主要款項。松江府學務公所成立後，當地士紳爲了解決興學經費的問題，於融齋師範學堂會議，認爲科舉既廢，日後趨勢必定以學堂爲重。但興辦學堂的首要之事在於經費，於是便囑意將過去補助士人科舉應考的款項充作興學經費。不只松江一地，由《申報》在 1905 年至 1906 年間，關於興學經費的消息裡，可以明顯地看到各地士人，在科舉廢除之後，都希望將過去作爲科舉用途的各項地方公款和經費拿來作爲興學經費。賓興公款等原本科舉所用之款項，雖然本來就歸地方人士所管理，但在此新舊交替的時代，款項的移轉極易滋生問題。溧陽縣學務公所的士紳在照章將賓興公款提撥應用時，便遭到了原本管理的舊董所反對，蘇州太守便札飭詳查溧陽縣的地方學務公款，並且作了以下的指示：

　　查地方公款如公車、賓興等項以及卷冊費、府縣考試費、書院膏獎

　　費等，或係置田收租或系存款生息，凡屬關涉科舉者，均應撥做學

　　費。業經本處詳定□集公款章程，通飭各州縣奉文兩月內澈底清理

　　詳報。一面督飭舊管經董移交學務公所士紳一手經理。〔註44〕

松郡學務公所的成立在光緒三十一年九月，而溧陽學務公所發生的事件在光緒三十二年，其中間隔了約有半年的光陰。在這期間，以過去與科舉相關的款項作爲興辦新式學堂的經費一事，應該已經成了當時官方與興學士人之間的共識，否則不會有「凡屬關涉科舉者，均應撥做學費」一語出現，而傳統的科舉公款也是學務公所辦理新學務時所需的主要經費來源。

　　除了提撥過去作爲科舉用途的經費之外，傳統社會中的各項地方公款，也遭受到了清理。常州府爲了興學，便對當地的地方公款作一整理，以撥充學費：

　　略謂常郡善舉繁多，向以育嬰堂爲總匯之處，賓興等項皆歸經理，

〔註43〕劉大鵬，《退想齋日記》，頁 172。

〔註44〕〈飭速查詳學務公款〉，《申報》，1906 年 5 月 26 日，第 1 張第 3 版。

> 擬將該堂素所經管之產業及存款核對冊簿，逐項清查其中佃戶之積
> 欠，司事之侵挪，分別追欸辦繳。俟查有頭緒，即會同堂紳另訂劃
> 一章程，交紳執管。所有清出之款，辦理各項善舉，並撥充興學要
> 需，交由學務公所司其出納，不涉官吏之手。查有惲紳祖祁鄉論交
> 推，堪以照會會同辦理。〔註45〕

常州府企圖將長期以來的地方各項善舉之費用作一總清理，而地方善舉的剩
餘款項，則拿來撥充興學經費，並且交由學務公所管理。此舉與上述溧陽縣
學務公所的例子相差無幾。由於興辦新式學堂需要大量的經費，在籌集學款
的過程中，不可避免地會跟傳統掌握地方經濟權力的紳董產生衝突與摩擦。
使得舊派士紳因為新政的實行，在地方社會中感受到無比的威脅，時代風潮
的轉向，造成了地方權力結構的改變。

　　科舉尚未廢除之前，有心興學之士都因為經費沒有著落的問題而煩惱。
但科舉廢除之後，過去挾地方經費與新辦新式學堂為敵者，都因政府的命令
而必須將經費劃歸學務所用。除了上述的公車、賓興等款項之外，傳統教育
中的書院也因應此一風潮改為學堂。而過去書院中供給學生膏火、獎賞用的
田產和房產，也都因學制的改變而取消：

> 吾國風俗，類多與他國相反。即以試驗言之，他國學生之試驗也，
> 需出試驗費若干。吾國學生之試驗也，則反給以試驗費若干，如賓
> 興費是也。〔註46〕

公車、賓興原是為了讓士子遠赴省城、京城等地參加各級科舉考試所準備的
費用，〔註47〕故文中將它與現代考試必須繳付的報名費相對等，認為傳統
的科舉制度，過於優厚士人，與西方各國的制度相反。除此之外，學費的繳
交也與傳統的書院教育相違背。學生入書院肄業，都享有膏火等獎賞，以維
持士人的基本生活經濟條件，但新式學堂卻要學生繳交學費，是全然相異的
兩種觀念。觀念的差異，加上因為經費的爭議問題，都是清末興學中所會遭
遇到的難題。

　　羅振玉曾對當時各省十年間的教育經費作一推算，結果為十年中每省和

〔註45〕　〈詳請照會士紳清查公款〉，《申報》，1906 年 3 月 17 日，第 1 張第 9 版。
〔註46〕　〈論停科舉後宜專辦小學〉，《東方雜誌》，第 2 卷，第 12 期，1905，頁 5544。
〔註47〕　相關研究可參考李才棟、鄧愛紅，〈古代地方助學助考機關──賓興會〉，《江
　　　　　西教育學院學報》，第 5 期，2005 年。

各府廳州縣總計共需三千九百十五萬八千二百元。而如此龐大的數目經費來源，羅振玉認爲可由以下四處籌得款項：「一、各省科歲及文武童場考費。二、各處積穀，可按年提用（所提之數，以每年徵收之數爲率，仍每年帶徵以彌其缺）。三、各處賓興經費及書院經費與田產。四、各處學田」。〔註 48〕羅氏所指，可以說是當時人普遍認爲的主要興學經費來源。但林萬里卻認爲此四項仍不敷使用，只能算是地方政府津貼地方教育的費用而已，地方教育的主要費用仍應由地方人民負擔之。〔註 49〕也就是說，羅振玉對於興學經費的來源，仍只侷限於傳統的思維框架，林萬里則已將地方教育經費的來源和日本的「市町村」制掛勾，也就是已經進入到地方自治的階段。近代中國在向西方轉化的過程中，所必須面臨到的一個最大問題便在於經費的不足，不只是地方，連中央也是。士紳們總認爲共和體制是一個不專制的制度，卻忽略了共和，或者是西方式的近代國家，是一個「大政府」，國家或政府所掌握的社會資源遠比傳統的君主專制來的更多，其中最重要的一點便是對於國家稅收的掌握。以教育方面來看，傳統的教育系統中，不論是書院、私塾、社塾還是官學，所需的費用遠遠不及興辦一個新式學堂所需的花費。因此，傳統的經費來源並不足以應付新式教育的需求，所以爲了達到新政的實行，必須加徵稅收。一旦加徵稅收，所起之衝突就不只限於地方士紳和地方官之間，更觸及到了一般的民眾，加上普及教育的理想，新式教育的推行進入了第二個階段，即對於一般民眾的啓蒙；新舊衝突也隨之深入下層社會之中，清末最後兩年間的毀學、民變，皆是因此而生。

　　莊俞在〈論地方學務公款〉一文中，對於學務經費的爭執作了一全盤的描寫。在〈勸學所章程〉尚未頒佈之前，地方學務的興辦，若不是熱心者爲之，就是好名者爲之，或者是想要借興學羅擢款項的新舊士紳所掌握。而學務經費，除了以書院公款改充外，亦將原本存在於社會中的其他傳統的地方款項，例如：善款、捐款或是公款都來充作興學經費。由於尚未有明確的章程規定，往往是先下手者獲取最多的利益，繼起者心有未甘，因名利而生羨慕嫉妒之心，使得爭款之端屢起。〈勸學所章程〉頒佈之後，雖明訂勸學所有籌款之責，卻因不得其人，和紳董的鄉愿，學務及經費的糾紛還是層出不窮，無法可解。對當時的

〔註 48〕 羅振玉，〈各省十年間教育之計畫〉，《東方雜誌》，第 3 卷，第 9 期，1906，頁 7500。

〔註 49〕 林萬里，〈羅氏教育計畫駁議〉，《東方雜誌》，第 4 卷，第 9 期，1907，頁 10318。

士紳而言，解決地方學務公款公平性的問題，最好的方法就是：

> 遵照〈城鎮鄉地方自治章程〉，劃定城鎮鄉區域。以城之公款，辦理
> 城之學務；以鎮之公款，辦理鎮之學務；以鄉之公款，辦理鄉之學
> 務；其爲城鎮鄉渾合之公款，則以辦理城鎮鄉共同之學務。如此則
> 爭無可爭，無可爭則不均自均。〔註50〕

文中亦將廳州縣與城鎮鄉的公款來源和所應辦之事務作一清楚的說明，如下表：

表4：地方辦學經費來源對照表

	經　費　來　源	應　辦　學　務
廳州縣	舊日書院產業、賓興、公車、忙銀、串捐、積穀帶徵、冬漕捐、商業間接捐（例如：米捐、糖捐等）、公共營業的餘利、新籌之各項收入。	初級師範；中學堂；初等實業學堂；實業、補習、普通學堂；女子師範學堂；女子職業學堂；法政講習所；高等小學堂；兩等小學堂；孤兒院；勸學所；宣講所。
城鎮鄉	舊日義塾產業、商業捐、雜捐、無主荒地、各種無益公款（例如：打醮、禮斗、迎神賽會等）、新籌之各項收入。	教育會；圖書館；初等小學堂；藝徒學堂；簡易識字學塾；貧民小學堂；半日學堂、星期學堂、夜學堂、各種補習科；各種運動場及公共遊戲場。

　　梁啓超在光緒二十八年（1902年）〈教育政策私議〉一文中，即提出地方
學務應仿照日本的〈地方學事通則〉由地方自籌經費：

> 凡一區或數區相合所設之小學校，其設立費及維持費，由居寓本區
> 之人有實業（有土地家宅者）及營業（無舖店之行商不在內）者，
> 共負擔之：若其區原有公產，則先以公產之所入充之。〔註51〕

徵收地方稅辦學，是西方各國通用的辦法，有公產者以公產收入支付，不足或
是無公產者，則徵收學校稅、房屋稅、營業稅、丁口稅等以補助之。除此之外，
梁啓超亦言，每一學區應設一教育會議所，公舉當地居民爲教育議員，財政、
庶務、學校行政等皆由此會管理，官方不宜干預。〔註52〕在梁啓超等立憲派的
士紳理想中，國家的財政制度應區分爲地方稅和國稅兩塊。財政制度的重建與
規劃，亦是當時政治制度重建的主要目標之一。〔註53〕〈地方自治章程〉的頒

〔註50〕莊俞，〈論地方學務公款〉，《教育雜誌》，第1卷，第7期，1909.7，頁552。

〔註51〕梁啓超，〈教育政策私議〉，璩鑫圭，童富勇編，《中國近代教育史資料匯編‧教育思想》（上海：上海教育出版社，1997年），頁248。

〔註52〕梁啓超，〈教育政策私議〉，璩鑫圭等編，《教育思想》頁249。

〔註53〕有關清末財政的清理，可參考張朋園，〈預備立憲的現代性〉中對於「財政清

佈，使得地方士紳在徵收地方稅時有了法源，爲了促使學務和地方自治的順利
推展，達到立憲進程的目標，人口普查成爲首要工作。這樣的情況在 1908 年之
前，都只是零星地，在此之後則成爲廣泛的風潮。根據邱秀香，《清末新式教育
的理想與現實——以新式小學堂興辦爲中心的探討》一書中的統計，〔註54〕可
見宣統二年（1909）的毀學事件最多，高達 61 件，江蘇一省亦有 20 件。

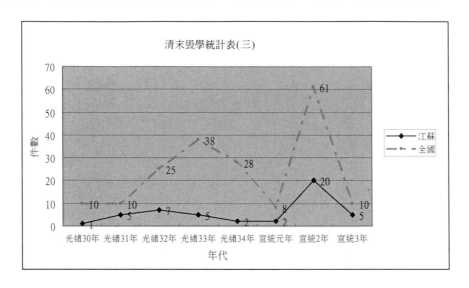

另外，再根據阿部洋《中國近代學校史研究——清末における近代學校
制度の成立過程》一書所做的歸類和邱秀香所做之統計，引起毀學的原因主
要有以下幾項：

表4：清末毀學事見發生原因分類表〔註55〕

發　生　原　因	件數	百分比（％）
加徵學務捐或地方官紳的從中搾取學款	63	31.5
利用寺產而引起的民眾及僧人毀學、阻學	44	22
因反對戶口調查而毀學	21	10.5
米價高昂	15	7.5

理」一節的敘述，收於《中國近代的維新運動——變法與立憲研討會》論文
集（台北：中央研究院近代史研究所，1982 年），頁 112～114。
〔註54〕表格資料來源：邱秀香，《清末新式教育的理想與現實》（台北：國立政治大
學，2000 年），頁 108
〔註55〕邱秀香，《清末新式教育的理想與現實》，頁 105。

反洋教	10	5
迎神賽會被禁或被阻	5	2.5
其他	22	11
爭學款	5	2.5
禁煙	2	
教民毀學	2	
民眾對於學生的不滿	3	1.5
學堂興設破壞風水	2	1
因鹽斤加價	2	1
禁止行商	1	
漁業公司的漁利壟斷	1	
對新學的不滿	2	1
營兵衝突	1	
因仇辦學之人而仇學	1	
不明	20	10
合計	200	

　　細察此表，毀學的原因雖有十餘種，但其中的加徵學務捐或地方官紳的從中搾取學款、利用寺產而引起的民眾及僧人毀學、阻學、爭學款、因鹽斤加價等項，都跟「加稅」脫離不了關係，約占 57%，超過一半的比例，可見毀學最大的起因在於「稅收」。而其餘的諸如：因反對戶口調查而毀學、迎神賽會被禁或被阻、民眾對於學生的不滿、學堂興設破壞風水、對新學的不滿或是因仇辦學之人而仇學等，則可視為因「新舊不融」所引起的衝突。這些因子，在上一節討論學務總會處理的地方學務中，便可稍見端倪，只是這樣的情形到了宣統二年（1910）年，因為地方自治和立憲等政治制度的改變而更行加劇。

二、宣統二年的毀學風潮

　　宣統二年，是毀學風潮最盛的時候，也是一般民眾對地方自治局等新政事業最為反感的時候。江蘇教育總會在此年開會中對於此類問題也有所關注，其中以江蘇枺茶場寵民越境毀學一事最受教育總會的關注，曾上書兩江總督張人駿儘速弭平此一毀學案件，事後亦對層出不窮的毀學風潮上書總督請求保護學堂，可見毀學事態的嚴重。

　　蔣維喬在〈論宣統二年之教育〉一文中言：「猶有一至慘酷之事，爲吾民之自相殘害者，則各省之毀學是也。毀學之禍，自正月內，江蘇宜興縣鄉民誤會調查戶口始，以調查員皆學界中人也，於是群起搗毀學堂。由是無月無之」。〔註56〕可見江蘇的宜興鄉是此年毀學風潮不斷的肇始者。根據《東方雜誌》的記載，江蘇省宜興縣的鄉民之所以焚燬學堂的遠因在於近年災荒，收穫欠佳，而縣令又徵收忙漕，鄉民積忿日久。加上地方自治的推行必須普查戶口，調查戶口時，由於盤查的過於仔細，並且索費二十文。鄉間的有心人士便藉機造謠煽惑，散播調查戶口是爲了取得生辰八字以便修築鐵路時，拿來鎮壓黃河橋工。而調查戶口者，又多爲學界人士，遂觸發愚民仇視學堂的情緒，將各學堂焚毀，並且搗毀辦理學務諸人的房屋。和橋的鵝山小學、漕橋的公立高等小學堂被焚燬，而高勝的渦南學堂以及楊巷、官村、丁山、蜀山、徐舍、張渚等處學堂，亦先後被毀。除此之外，辦學的紳董住家遭焚燬者也有數十家。毀學過後，地方士紳立即將學堂的匾額卸下，改掛書院匾額，除此之外，調查之戶口冊，也都盡行交出，並立保單，以保鄉人人口年年平安。二月初，毘連的武進縣懷南旄孝等鄉，亦有愚民煽動滋事。〔註57〕

　　此次暴動的原因，主要在於加稅，如之前史料所言的，調查戶口時，每人加收二十文，加以米價騰貴，漕縣又加徵「櫃印示」，每石加收自治經費四十文，種種原因，導致誤會產生，遂生暴動。自從宜興滋事以來，江蘇一省各州縣皆有鄉民因不服調查，而聚眾毀學之情事。《東方雜誌》的記者認爲：「民智之閉塞，桀黠者之有意煽惑，誠足爲地方自治之阻礙，有以見進化之不易」。〔註58〕探究禍亂興起之因，民眾的愚昧和窮困各佔一半之比例。新政不可能不辦，認爲新政不可辦者，是與時勢相違背的說法。然而一味地興辦新政，卻「置民窮於不問，不籌所以安集之方法」，導致巨禍，將會成爲阻撓者所持之藉口。所以，調查戶口的人員對鄉民並須「以端嚴之辭色相向」，〔註59〕才能破除有心人士的從中作梗。

　　是年三月，毀學之風蔓延至江寧縣鐵山鄉，同樣都是誤聽謠言，認爲戶口調查，不利於民。於是將調查員鍾國政以及董事仇炳南毆傷，並且拆毀董

〔註56〕蔣維喬，〈論宣統二年之教育〉，《教育雜誌》，第 3 卷，第 1 期，1911，頁 3。
〔註57〕〈江蘇宜興縣鄉民焚燬學堂〉，柴德賡等編，《辛亥革命》，第 3 卷，頁 389～390。
〔註58〕〈江蘇宜興縣鄉民焚燬學堂〉，柴德賡等編，《辛亥革命》，第 3 卷，頁 391。
〔註59〕〈江蘇宜興縣鄉民焚燬學堂〉，柴德賡等編，《辛亥革命》，第 3 卷，頁 391。

事司文成的住家。同日（三月十二日），板橋地方亦有搗毀鄉董居宅、店鋪，累及學堂，毆傷調查員之事。是月內，江蘇省各州縣，因為調查戶口，訛言迭興，聚眾毀學，拆屋傷人之事，幾乎無地、無日不有。蘇州的吳縣、震澤縣震澤湖樓等鎮以及太廟港、平望、黎里、盧墟等地方，皆有聚眾搗毀自治局，毆傷調查員的情事。梅堰一地，也是因為該鎮的地方自治局，在調查戶口的過程中，讓鄉民誤會是要抽收人丁捐，導致鄉民率眾與調查的士紳為難，沿途亂毆，並且毀壞電線和學堂。〔註60〕常州武進、鎮江丹徒、金壇也都是如此。最嚴重的是泰州，根據《東方雜誌》的描述：

> 東至海安鎮，約八十餘里；南抵泰興交界之高單莊塘子岸一帶，約
> 六七十里；西至石羊莊，約三四十里；俱同時響應，糾合六七千人，
> 搗毀調查員房屋一百六十餘家，受傷者無數。〔註61〕

除了對於地方自治局的不滿外，地方上的紳董也陸續遭殃，例如：王家樓的鄉董王錫光，房屋被毀，損失高達八萬餘金；而姜堰鎮的董事，房屋也被拆毀；城內的巨紳儲某，則是在離城十餘里的暴家壩，被鄉民吊打，且又用火烙之，暈死數次。把總率兵搶救，連帶將把總住家燒毀。泰州的暴動之所以如此慘烈，又與米價騰貴相關，所以有貧民數百人，向富家索食滋鬧，不肯離去。而東臺縣栟茶場、安豐場和，梁垛場則是搗毀學堂以及辦學紳董的房屋。此外，江都縣嘶馬鎮亦焚毀初等小學堂一所，堂長及庶務員均被毆辱。楊家橋地方，則是因為抽取學捐，鄉民積忿，進而搗毀蒙學一所，毆傷教員兩人。梁垛場西堤，因改佛寺為學堂，導致鄉民不悅，拆毀當地的高等小學堂，又因遭逢毀學風潮最激烈的時刻乘機暴動。〔註62〕

四月，江蘇栟茶場東北部的竈民，因為在如皋縣李堡鎮購買平糶米，滋生事端，遂將廣益學堂打毀，並毀董事五家，糶米分處兩所。而因調查戶口，所衍生的事端，仍是方興未艾。蘇州吳江縣、常熟縣屬羊尖地方，同里鎮、鎮洋縣瀏河鎮、揚州揚子縣、淮安府鹽城縣、通州新興場等地，也都陸續的發生了與毀學、搗毀紳董住家或是地方自治局的慘劇。〔註63〕此風蔓延至是

〔註60〕　〈毀學彙誌〉，《教育雜誌》，第2卷，第4期，1910，頁1610。
〔註61〕　〈江蘇江寧縣鄉民毆傷調查員〉，柴德賡等編，《辛亥革命》，第3卷，頁394。
〔註62〕　〈江蘇江寧縣鄉民毆傷調查員〉，柴德賡等編，《辛亥革命》，第3卷，頁393
　　　　　～395。
〔註63〕　〈江蘇栟茶場竈民拆毀如皋學堂〉，柴德賡等編，《辛亥革命》，第3卷，頁397
　　　　　～399。

年七月才稍微減緩，最後以江蘇如皋縣的事件作爲總結。

宣統二年七月，如皋縣境南鄉的夏家園鄉民，聚集數千人，索取調查戶口的名冊，並將花園頭莊孫開泰、曹徵祥等家的房屋打毀。毗連之范家、郭家、印家等莊，亦鳴鑼聚眾一二千人，想要打毀紳董的住宅及學堂。如皋縣知縣郭某馳請定字蔡管前往彈壓。蔡管帶率隊前往，查勘被毀房屋，拿獲滋事徐姓，交郭知縣收押。再往該處勸導，如不立即散去，將照土匪懲辦。而如皋的顧家埭也因調查戶口而生事。學董顧西安兼任調查事務員，不知因何緣故，詳細詢問各家丁口的年、月、時、日。鄉民見官方的告示言，調查戶口祇查年歲，不問詳細的出生年月日，故生疑慮。碰巧某戶人家，因病死了三人，一時之間謠諑蠭起，認爲是學堂將死者的八字賣給洋人，羣謀毀學。顧董聽聞信息之後，急往縣城報告，顧董的兄長素爲鄉里所敬，出面調解，本已無事。詎料典使和縣令親臨彈壓，先提地保笞責四百，又令交出造謠之人。鄉民迫於情勢，聚眾數千人，將官轎打爲虀粉。縣丞微服脫逃，典史則是雙頰被摑甚重，丁役二十餘人，被打各散。更有人的臀部被撕裂，流血滿地。〔註64〕

由於調查戶口一事，引起滿城風雨，加上南洋勸業會開辦在即，軍機處於宣統二年四月十一日電兩江總督張人駿，請他切實防範，以免節外生枝，保護外國人的安全：

> 查謠諑之興，始由調查戶口，詢取居民姓名年籍，小民無知，因疑滋禍，各屬傳訛，屢次生事，日前漸及省中。居民間有用紅布妄書符籙俚語，縫惴兒童臂袖，以資壓勝。外人不無疑忌。〔註65〕

面對如此層出不窮的毀學事件，總會亦爲此深感憂心及寒心。因爲興學款項的籌備本已是「羅掘俱窮」，唯恐數年的辛苦經營，毀於「此無意識愚民之手」。更何況調查戶口，在時人的認知裡是「立憲政體入手之一端」，若是任由無知大眾摧殘，教育如何普及？立憲如何可能？〔註66〕

江蘇調查戶口之所引起的風潮，層出不窮江蘇一省「計八府三直隸州，以滋事聞者幾居其半」。〔註67〕江蘇臨海，風氣一向開通，爲何會有如此多因

〔註64〕 〈江蘇如皋縣鄉民滋事〉，柴德賡等編，《辛亥革命》，第 3 卷，頁 401～402。

〔註65〕 〈宣統二年四月十一日軍機處寄兩江總督張人駿電旨〉，柴德賡等編，《辛亥革命》，第 3 卷，頁 411。

〔註66〕 〈咨呈江督張請通飭保護學堂文〉，《江蘇教育總會文牘五編》，甲，頁 22。

〔註67〕 〈江蘇江寧縣鄉民毆傷調查員（附記）〉，柴德賡等編，《辛亥革命》，第 3 卷，頁 395。

調查戶口而產生的紛爭。其中的原因，根據《東方雜誌》記者所言，在於知識教育的開通，止於士大夫，一般民眾對於新政實行的意義不甚明瞭：「若夫野老鄉豎，於一切新政，既為平素所未見未聞，一旦接觸於耳目間，自不免傳為異事，演成不經之說」。〔註68〕加上，從事戶口調查的人員，在從事調查或是宣傳的過程中，不免給民眾盛氣凌人的壓迫感，如果又未說明進行調查的原委與目的，很容易造成鄉民的誤會。一但有事之徒，乘機造謠煽動，便釀成非常巨禍。調查戶口之所以能引起眾多事端，除了民智未開，以及辦理不善外，還有兩項因素：其一，傳統的保甲制度形同具文，一旦實行人口普查，與傳統習慣相背，便容易產生誤會和糾紛。其二，則是因為偏僻之區，往往將學堂視為教堂，一經有心人士之穿鑿附會便隨聲附和，搗毀規模初具的學堂，連帶使得熱心辦學的士紳也遭受其禍。〔註69〕由上述之個案藉著調查戶口而加稅，也是引起人民不滿的原因之一。從報紙和案例中來看，當年的收成並不好，加上災荒頻仍，米價騰貴，在民生經濟條件不佳的狀態下，新政的種種措施又都要再增加稅收，自然無法獲得一般民眾的諒解，進而引起民怨。除此之外，對於新事物，例如鐵路、電線、學堂的恐懼，也是促使民眾鬧事毀學的原因。所以在江蘇教育總會人士的看法裡解決的最佳之方案方，並不是去不在斥責「蚩蚩之氓」或是派兵保護學堂，而是應挑選公正士紳加以宣導。〔註70〕以鎮江府令為例，其在毀學事件發生過後，即對鄉民懇切地曉以大義，苦心勸導，讓鄉民清楚明瞭調查戶口的目的與意義，鄉民聽後便相偕安心散去。可見事端的起因在於人民對於新政的不了解。學部對於各地毀學事件頻傳，於宣統元年便已重申興學擾民之禁令，不得藉興學籌款之名而擾亂民生，之後又特地定了五條宣導辦法，要戶口調查員隨身攜帶，確切遵行好弭禍於無形。

　　首先，調查員必須隨身攜帶簡明的白話告示，說明調查戶口是為了百戶百姓，且言名「不抽捐、不拉丁」，好讓民眾安心；而跟隨之人，亦須嚴加防範，一但查出有索需情事必定嚴辦。除此之外，調查員調查之前必須於七日

〔註68〕　〈江蘇江寧縣鄉民毆傷調查員（附記）〉，柴德賡等編，《辛亥革命》，第 3 卷，頁 395。

〔註69〕　〈咨呈江督張請通飭保護學堂文〉，《江蘇教育總會文牘五編》，甲，頁 22～23。

〔註70〕　〈咨呈江督張請通飭保護學堂文〉，《江蘇教育總會文牘五編》，甲，頁 22～23。

之前張貼告示，張貼告示之處則需選於茶肆、廟集等人潮較多的地方，然後
邀請當地鄉董或是一鄉中具眾望的人士演說宣導。任何關於納稅當兵、緝奸
查匪的話語，皆不准談論，以杜絕人民的疑懼。最重要的一點是，調查員應
選擇素性和平，舉止謹慎之人，遇到鄉民的疑惑及詢問，必須和顏悅色地開
導與勸說，不能態度傲慢，認為鄉民愚昧無知而大聲呵斥，導致衝突。所以，
調查之人最好是平時有在地方活動的本地人，而非鄉民生疏的陌生人。最後
地方官必須勤於視察，對於「造謠之頑民」，「辦事之隨從」，若有不法，皆須
有所懲處以示警惕，讓大事化小，小事化無，弭釁於無形。〔註71〕〈地方自
治章程〉頒佈之後，立憲的腳步也日益加快，對基層社會的整頓也更加深刻，
故易生紛爭。可見毀學一事，主要是跟調查戶口有關，而調查戶口是新政推
行中最重要的第一步。也是因為如此，劉大鵬才會有這樣的感嘆。以劉大鵬
如此一個飽讀詩書的士人，面對清末新政亦有如此不適應的情況，更何況是
以為生計所苦，不知新政為何物的普羅大眾呢？

　　為了開通社會、啓蒙大眾，江蘇教育總會於其文牘五編中收錄上海勸學所
的宣講材料表，藉由此表，我們可以看到士紳對新社會的想像，何者又為當時
最迫切需要的啓蒙知識。宣講材料表，總共分為四大部分：聖訓、預備立憲、
地方自治和改良風俗，其中以地方自治所列之事項最多。地方自治與調查戶口
之關係，為宣講的講題之一，其中對於派捐和抽丁兩項，為宣講中的注意要項：

　　　　二、調查戶口問及所納稅捐若干者，所以定期有無選民之資格，不
　　　必疑及派捐而不敢直告。三、調查戶口問及學齡兒童若干者，所以
　　　為添設學堂之預備，不必疑及抽丁而不敢直告。〔註72〕

此兩項很明顯便是針對清末毀學風潮而定之演題。除了〈聖諭廣訓十六條〉
為學部部章所定之外，另外三大部份的內容則由勸學所依照〈地方自治章程〉
和預備立憲上諭，選擇相關之內容向人民用白話的方式解說，詳細之內容請
參見附錄。

　　雖然有志於改的士紳對於地方的宣導頗用心，但實際的成效如何，仍是
有待考證，若以宣統三年所爆發之川沙自治風潮而言，並不成功。由於地方
自治是立憲的基礎，也是人民參政的起點和地方發展的關鍵，但底層民眾卻

〔註71〕　〈江蘇江寧縣鄉民毆傷調查員（附記）〉，柴德賡等編，《辛亥革命》，第 3 卷，
　　　　　頁 395～396。
〔註72〕　〈宣講材料簡表（上海勸學所初稿）〉，《江蘇學務總會文牘五編》，丁，頁 30。

對新政的種種措施一直抱持著質疑的態度。除了加稅與對新事物的恐懼之外，地方自治的實行與傳統社會的習性實有衝突之處。以川沙自治風潮為例，形成的原因主要在於嚴禁煙賭、廟宇和陋規。〔註73〕從宣講材料簡表中的條目看，宣講所似乎背負著「文明開化」的工作，舉凡衛生習慣、破除迷信等等，都是宣講的內容。所以清末新政，除了政治改革的層面外，對底層社會實際上也進行著一種「理性化」或是「除魅」的過程。川沙自治公所因其地點設於當地的信仰中心俞公廟，埋下鄉民積怨的種子：「觀川沙自治風潮，禍作於長人鄉俞公廟，而波累及於各學校。其起因雖伏於嚴禁煙賭，而發之如爆烈者，實為崇信佛教之鄉愚」。〔註74〕在新派士紳的眼中，廟宇屬於地方公產，所以可以拿來作自治公所，也可以拿來蓋小學，即「毀廟興學」，清末許多小學堂便是搭建在廟宇之內，故有「毀廟興學」一語。此舉卻使得底層社會的民眾感覺到利益被侵犯了，因為廟宇為其生活的重心之一。在浙江，有因為迎神賽會的基金被挪用或是取消而造成毀學暴動的，因為士紳認為興學是當前最重要的事，而廟宇是迷信的象徵：

> 地方上公地公產，固各處皆有者，而以不列祀典之淫廟荒寺，以及僧道觀院為最多。此等無益地方，有害人民之屋宇，為辦理自治計，似宜設法佔領，或作辦理公事之所，或供開設學堂之用，或以之變價出售，俾裕經濟，不勞而獲，計故無善於此者。但民智不進，崇鬼祀神之迷信，一時殊難破除，愚民之迷信最甚者，往往視神佛之寺廟，有過於己之身家，而其保護之心亦最切。〔註75〕

兩者之間的價值觀差異頗大，而一般小民平日因震攝於地方紳董的權威，對於寺廟另有他用一事，往往只能敢怒不敢言，積怨於心。一旦被有心滋事者乘機煽動，為了宣洩不滿的情緒，便將怒氣皆發洩於學堂、地方自治局和辦事的紳董上。民眾對於新政政策的抵制和不滿，除了反應現代與傳統之間的差異外，也呈現出中西文化與政治上的衝突和無法融合。因此，才需要對民眾進行教育與開化，使其符合現代「國民」的條件。

〔註73〕 關於川沙地方自治風潮的研究，請參閱黃東蘭，〈國家、地方社會與地方自治——清末川沙自治個案研究〉，收於唐力行主編，《國家、地方、民眾的互動與社會變遷》（北京：商務，2004年）。
〔註74〕 〈自治風潮概言〉，《申報》，1911年3月8日，第1張第2版。
〔註75〕 〈論辦理地方自治亟宜改變方針（續）〉，《申報》，1911年3月14日，第1張第2版。

小　結

　　從學務總會的文牘中，可以感覺到江蘇教育總會自成立以來，即以地方的「立法」者自居，與地方督撫或者是各府廳州縣的地方官處於「相對」之地位。而其運作的形式，又隱然具有地方議會的規模，按期舉行幹事員會、常會、評議員會，雖無省議會之名，確有議會之實。〈各省教育總會章程〉的頒佈，給予組織的合法性；〈地方自治章程〉雖與教育總會沒有直接的關係，但清廷卻正式地將地方學務劃入地方自治的範疇，等於給予士紳干涉教育的合法權力。由於清代地方行政體系只限於府廳州縣，城鎮鄉並無正式的官府組織，處理地方事務者雖多仰賴士紳，但並沒有明文的章程規範，而是社會之間的約定成俗。但〈城鎮鄉自治章程〉，則是明確地建立了次於府廳州縣的地方政府，有董事會和議事會，兩者的組成份子基本上都是士紳。而府廳州縣，除了傳統的地方政府外，也多了立法單位──議事會。在某種程度上，地方士紳可以說已經完全地掌握了府廳州縣以下層級的地方社會。值得注意的是，士紳並不是一同質性甚高的階層，而是一經歷了歷史與社會演進的複雜物，加上彼此之間利益的不同，原本就有其內部的衝突。新政的實行、科舉的廢除，伴隨各種新組織與意識型態的形成，使得原本的利益衝突更加的白熱化。不是上結地方官，便是煽動普羅大眾，企圖與新興的勢力做一頑強的抵抗，與具有維新思想的士紳進行地方權力競爭的遊戲。

　　士紳的權力快速地在地方社會擴張，一般小民的感受又是如何？在地方自治尚未實施之前的情形是：「對於人民所施之命令，不過地方官之命令而已」，但地方自治實行之後卻轉為：「今以本地紳董之命令，或由地方官間接飭令人民遵守，或由自治公所直接飭令人民遵守」。〔註76〕市井小民對於政令出自多處，感到無所適從，加上一般民眾對於官府的命令向因其權威而有畏懼之感，但對自治公所此等由士紳所主持的新興自治機構，就不一定如此信服：

　　　　至若對於本地紳董則惟存富貴貧賤之觀念，實無上下尊卑之階級，
　　　　故常視為兩相平等，而不受其管轄者。今舉辦自治，而忽由本地紳
　　　　董管理人民，故羣萌反抗之志。〔註77〕

〔註76〕〈論辦理地方自治亟宜改變方針（續）〉，《申報》，1911 年 3 月 14 日，第 1
　　　　張第 3 版。
〔註77〕〈論辦理地方自治亟宜改變方針（續）〉，《申報》，1911 年 3 月 14 日，第 1
　　　　張第 3 版。

所以，不論是教育會還是地方自治局的士紳，都希望能夠得到國家權力的許可，如此行事才具有公權力。但是，官府在面對士紳權力日漸擴張的同時，即使不掣肘，卻也未成為士紳的後盾，除了傳統所負責的稅收、漕訊和訴訟之外，因新政而生的地方政事竟然幾乎全部卸責於地方自治公所：「凡有事件發生，即交自治公所會議；遇自治公所有所呈報，即日據自治紳董呈報實行云云」，一任地方勸學所、商會、教育會管理地方上的學務和商務。由此可見，官方並未積極地介入地方自治事務，熱心者多半為改革派的士紳。

　　士紳的力量在傳統社會裡，即佔有很重要的地位，到了戊戌變法之後，隨著興紳權觀念的興起，士紳在此一新舊交接的時代裡，被賦予重大的責任。一般而言，傳統社會中的各種善舉和公共事業，向來就掌握在地方紳董的手中，而其「上為官之輔助，下為民之代表」的形象，完全符合地方自治的性質。然而誠如之前所言，維新派的士人對於道德的要求標準是很高的，所以對於舊有的地方紳董，新派人士多所批評：「今之董事何如乎？其作事之乖張謬戾，其秉性之庸惡陋劣」，〔註78〕而且沾染了太多的官場習氣。自新政舉行以來：「教育之機關則士紳握之，實業之大權責士紳攬之」，〔註79〕因此，不論是勸學所、教育會還是地方自治局，都給予士紳合法處理地方事務的活動空間。清末的地方自治，究竟有沒有企圖將地方菁英的力量吸收至國家機構，從而將國家的行政控制更進一步地推向社會底層？從十年新政的結果看來，似乎只是讓士紳的權力更加的合法化，並沒有為傳統的社會運作模式帶來改變。透過總會文牘的學務調查報告，和清末一連串因地方自治而產生的毀學風潮，足見「官——紳——民」的社會架構依然存在，士紳仍處於國家與社會之間的中介地位，不同之處在於地方士紳的權力被合法化，比從前獲得更多的合法空間和地位，儼然成為地方政府的代表。由於官府並未正式介入地方自治事宜，熱心於此道者多為地方士紳，於是地方士紳成了新權力秩序的中心，並且替清末民初的政局保持了一定的自律性。

　　地方諮議局成立後，不論是議長、議員還是之後地方行政首長的位置都需自士紳來挑選，可見地方士紳在清末最後十到二十年的時間中，被賦予相當重大的政治責任。然而有志於改革的士紳仍然認為：

　　默察吾國人民理想薄弱，尚不知中國紳董具有東西洋議員、市長之

〔註78〕　〈論董事〉，《申報》，1906 年 8 月 10 日，第 1 張第 2 版。
〔註79〕　〈論紳權〉，《申報》，1908 年 2 月 22 日，第 1 張第 3 版。

　　資格。其上者，人格高尚，視紳董為極可厭之名詞，而避之唯恐若
　　浼。其下者，鑽營奔競，視紳董為可居之奇貨，而爭之唯恐之不及。
　〔註80〕
因此為了要讓新的政治體制能完整地運行，必須從士紳的開化與啟蒙著手，
然後擴及一般下層民眾，去其舊日之思想和不文明的生活習慣，補最新之智
識，唯有健全的社會體質，才能打造一個富強的國家。

───────────

〔註80〕　〈論紳董對於地方自治之責任〉，《申報》，1905 年 9 月 30 日，第 1 張第 2 版。

第四章　清末士紳的政治和文化網路

　　本章之重點爲江蘇教育總會在教育之外的活動。沈恩孚所言之交通時期
始於 1910 年（庚戌），不論是政界的諮議局聯合會，還是實業界的南洋勸業
會都是教育界交通的媒介，其目的在促進當時中國社會的積極思想。也就是
說，透過這些民間士紳自行結合的團體，積極運動社會，達到中國富強的目
標，以及爭取士紳參與政治的權力。沈恩孚在說明此一積極思想時有言：

　　無政治，則教育與實業猶網無綱而裘無領也；無實業，則政治與教
　　育猶魚無水而牛羊無芻也；無教育，則政治與實業猶夜行無燈，涉
　　大海渡沙漠而無指針也。三者循環，廢其一而無以爲國。〔註1〕

可見在當時改革派士人的心中，政治、教育和實業三者是不可分的。〔註2〕而

〔註1〕　沈恩孚，〈江蘇教育總會文牘六編敍〉，收於朱有瓛主編，《教育行政機構及教
　　　　育團體》，頁 267。
〔註2〕　關於實業部份，可以南洋勸業會爲代表。總會的成員中，亦有許多紳商加入。
　　　　單就目前筆者所掌握的資料顯示，只有席子佩既是教育會會員也是商會成
　　　　員，除此之外，兩者之間的重疊性，似乎不大。但清末士紳從商比例不低。
　　　　不論是張謇、惲祖祈、許鼎霖等人，都有從事商業。所以本章雖未論及清末
　　　　士紳在實業、商業上的網絡和影響力，但這一部份卻是極爲重要的。因爲它
　　　　亦是近代中國社會結構轉型的一大重點。筆者更以爲江蘇教育總會之所以會
　　　　在民初開始大力提倡職業教育，實與總會成員中有許多所謂的「資產階級」
　　　　有關係。黃炎培本人亦曾對中國海關的進出口物做過詳細的調查，而其著作
　　　　中更言明，科舉雖已廢除，但中國人的傳統觀念卻未曾改變，因爲大部分的
　　　　學生都喜歡念法政相關科系，因爲可以當官。但當時的社會，實在不需要這
　　　　麼多的做官人才，而是需要專業的工業或是商業人才，所以他才極力地提倡
　　　　職業教育，其目的便是希望能夠改正社會風氣。因爲隨著西方資本主義的入
　　　　侵，中國社會也必須要跟著轉爲一個以工商社會爲主的國家。宣統年間的南

正如之前所提的，教育總會究竟是應該要抱持積極還是消極的心態，在會中亦曾有過爭論。但隨著清廷立憲預備進程的宣佈，教育總會採取了比較積極的態度，不再只以教育爲本務。各省諮議局的開設，給了教育總會的會員一新的舞台，其勢力亦逐漸擴張。張朋園認爲：

> 以張謇爲首的立憲派人，他們的有形團體是江蘇教育總會、預備立憲公會、江蘇諮議局，雖然在名義上看去是三個不同的組織，實際上是三位一體。〔註3〕

因爲以張謇爲首的立憲派在這三個機構中都有一席之地，而張謇自己既是教育總會的會長，也是預備立憲公會的副會長和江蘇諮議局的議長。包天笑回憶錄中提及的息樓人物也多半與這三個組織有直接或間接的關係。以狄葆賢爲例，他是教育會的總幹事，在預備立憲公會中是會員，在諮議局則爲議員。故本章第一節，即以江蘇諮議局爲觀察點，探討教育總會人物與其他立憲團體之間的合縱連橫，並藉此積極地擴張其政治之參與活動。另外，藉由包天笑《釧影樓回憶錄》中對於《時報》和息樓人物的描述，以及其自身參與的經驗和總會與《申報》之間的關係，來探討清末士紳在新式文化傳播媒介上的運用及網絡。最後一節則將重點轉向清末教育界的兩大盛宴：由江蘇教育總會舉辦的全國教育總會聯合會和學部主辦的中央教育會。藉由上述三節，本章主要之重點在觀察學界士紳於全國性的活動，說明士紳與清廷之間，在政治、文化和教育上的矛盾與衝突。

第一節　江蘇教育總會與江蘇諮議局

　　光緒三十二年七月，清廷正式頒佈預備立憲詔，認爲東西各國之所以富強

洋勸業會，正好體現了此等想法。但士、商之間，其實仍有一定的界限，至於其準則何在，尚須仔細的考究，已非本文與筆者所能勾勒。有關清末紳商的研究可參考：馮筱才，《在商言商：政治變局中的江浙商人》（上海：上海社會科學院，2004年）；張桓忠，《上海總商會研究》（台北：知書房出版，1996年）；李達嘉，《商人與政治——以上海爲中心的探討（1895～1914）》（台北：國立臺灣大學歷史學研究所博士論文，1994年）、〈上海商人的政治意識和政治參與〉《中央研究院近代史研究所集刊》22期上，（1993年6月），頁173～219；黃克武，〈清季重商思想與商紳階層的興起〉，《思與言》，21：5（台北：思與言雜誌社，1984年），頁22～36。

〔註3〕張朋園，〈時報——維新派宣傳機關之一〉，《中央研究院近代史研究所集刊》，第4期（臺北：中央研究院近代史研究所，1973年5月），頁171。

皆因其實行憲法，故中國亦應仿行憲政。此詔一下，鼓舞了各方有志於立憲改革的士紳，藉由《申報》上各界歡慶立憲的廣告，顯示各界人士爲了迎接立憲政體，無不紛紛做出預備工作。根據《鄭孝胥日記》所載，預備立憲詔頒佈後，岑春煊寫信給張謇欲成立一法政研究會，並且資助一萬元的開辦費，並籌常年經費一年一千。鄭孝胥得知消息的當晚，恰與劉厚生、白振民、沈友卿等人聚會，鄭提議立一國民會，但此議的立意過高，最後與上海士紳：張謇、王丹揆、王勝之、李平書、陸偉士等人議立「憲政研究公會」，九月初四日，眾人集會改會名爲「預備立憲公會」。

預備立憲公會成立後，鄭孝胥當選會長，爲了擴大會員，會中決定各發起人以私函邀請各省有名望者入會。〔註4〕從事後觀之，此會的成員僅限於江、浙及福建三地。從鄭孝胥的記載中，可以發現預備立憲公會最初的發起成員中，多爲上海地區的士紳，且大多爲教育總會的會員。鄭孝胥寓居上海期間，與張謇等人過從甚密，且曾受邀至江蘇學會大會旁聽。〔註5〕加以過往有關立憲運動之研究，皆明白地表示立憲派以張謇等江南士紳爲首，只是著重點皆在於預備立憲公會、政聞社等政界社團，對於江蘇教育總會較少提及。〔註6〕然而，藉由《申報》及《江蘇教育總會文牘》中的記載及報導，筆者以爲江蘇教育總會在清末的立憲運動中實佔據重要之環節。不論是國會請願運動或各省諮議局的成立等政治活動，教育總會皆發揮其一定之影響力。

江蘇教育總會，自1905年底成立以來，除了是地方學務上的龍頭之外，實際上已經成爲江蘇省官紳之間很重要的一個溝通平台。因爲它幾乎聚集了

〔註4〕 鄭孝胥，勞祖德整理，《鄭孝胥日記》，卷3（北京：中華書局，1993年），頁1056〜1062。

〔註5〕 鄭孝胥，《鄭孝胥日記》，卷3，頁1063。

〔註6〕 有關立憲運動的研究可參考：張朋園《立憲派與辛亥革命》（台北：中研院近史所，2005年）、《梁啓超與清季革命》（台北：中央研究院近代史研究所，1964年）兩本專書，以及〈預備立憲的現代性〉，收於《中國近代的維新運動——變法與立憲研討會》（台北：中央研究院近代史研究所，1982年），頁108〜115；〈時報——維新派宣傳機關之一〉，《中央研究院近代史研究所集刊》第4期，頁151〜175，等論文。張玉法，《清末的立憲團體》（台北：中央研究院近代史研究所，1971年）；古偉瀛，《清廷的立憲運動：晚清變局的最後抉擇》（台北：知音出版社，1989年）；沙培德，〈「利於君，利於民」：晚清官員對立憲之議論〉，《中央研究院近代史研究所集刊》第42期，（2003年12月）頁47〜69。張朋園與張玉法的研究多從士紳的角度去看立憲運動的發展，而古偉瀛與沙培德則試著從清廷的角度去解釋立憲運動的發展。

江蘇一省的中上層士紳，且為官方所認可的「士民」結社團體。由總會的文牘往來中，可以深切地感受到督撫等省級官員與總會之間互動的頻繁，包天笑於其回憶錄中即言：

> 那時這個江蘇教育總會，在江蘇教育界中，頗有勢力，以張謇為會長，可以直接與江蘇最高長官相交接。〔註7〕

教育總會因為具有半官方的性質，且在行事上非常的謹慎小心，可以說是各式各樣士人集會結社中最成功的一個範例。然而，誠如本文不斷提及的，教育總會不只是一個單純的教育總會，如黃炎培所言，江蘇教育總會還兼政治的發動中心，所以總會可以說提供了士紳一個聯絡的網絡。最明顯的就是教育總會與預備立憲公會、國會請願同志會的會員，具有大量的重疊性，其中最明顯的便是成立於上海的預備立憲公會。

　　預備立憲公會成立後，孟昭常於《申報》上發表〈致江蘇教育總會論教育普及與預備立憲之關係幷極陳時弊書〉一文中，提出：「深憾此會與彼會權能各有限，容不相呼應，有所沮格」。〔註8〕由於教育是立憲重要的一環，所以孟昭常認為江蘇教育總會跟預備立憲公會，雖然成立的宗旨不同，但兩者應該要相互呼應，首要之原因在於「欲達預備立憲之目的，必定要教育普及」，所以兩會看起來雖有性質上的不同，但終程目標卻是一致的——培養國民。所以孟昭常認為：「會與會之目的雖不相同」，但「會與會有聯合之責任」，因為兩者皆是社會組成的一部份。而總會與預備立憲公會之間的關係，藉由人員之間的重疊與聯繫來看，可以說是關係密切，例如：馬良、雷奮、張謇、沈恩孚、狄葆賢、孟昭常等都兼具兩會成員的身份。由於總會的地方性質濃厚，而立憲此一目標必須要結合眾多的士紳力量。預備立憲公會，不似教育總會具有半官方的性質，而是全然由有志於立憲運動的全國士紳所組合，故其力量與行動，除了不受限於政府法令章程的規定外，亦不具地方性質。然而，相對於預備立憲詔剛頒佈時的熱情，鄭孝胥於其隔年的日記中言：

> 今日立憲之焰已熄，而吾黨亦將渙散；然則回思去歲開會之舉，殆為揣摩風氣，非欲轉移風氣也。〔註9〕

〔註7〕　包天笑，《釧影樓回憶錄》（台北：龍文，1990 年），頁 420。
〔註8〕　孟昭常，〈致江蘇教育總會論教育普及與預備立憲之關係幷極陳時弊書〉，《申報》，1907 年 8 月 18 日，第 1 張第 2 版。
〔註9〕　鄭孝胥，《鄭孝胥日記》，卷 3，頁 1078。

有感於清政府並無後續之動作，有志於立憲改革的士紳遂開始發起第一次的
國會請願運動。

　　光緒三十三年九月十三日，清廷正式下旨，敦請各省設立諮議局，憲政
編察館並於光緒三十四年六月二十四日擬定〈各省諮議局並議員選舉章程〉，
限定一年之內各省皆須開設諮議局。然而就當時的情況觀之，士紳們所要求
的其實是國會的開設，籌設諮議局只是清廷的緩兵之計。宣統元年初，國會
請願蔚為風潮，但自從籌備九年開設議院諭旨頒佈之後，國會請願的風潮遂
銷聲匿跡。其主要之原因在於清廷的多方阻撓，例如運動都察院擱置各省士
紳開國會的陳情書，和禁絕政聞社以達殺雞儆猴之效。加上諮議局開辦在即，
遂使投入國會請願運動的士紳將注意力轉向諮議局的創辦。第一次的國會請
願運動在立憲進程頒佈之前，即有國會開設時間的爭議。對士紳而言，四年
到五年之間的預備期才是符合期望的，但清廷所頒佈的進程表中卻明定九年
為限。江蘇省的國會請願代表──雷奮在得知此項消息後，即言：「俟諮議局
確鑿成立，則國會之應開，自易解決」。〔註10〕因此，國會請願的熱潮遂因諮
議局的開設而暫時得以平息。

　　在清廷的規劃裡，京師設立資政院，各省有諮議局，但不論何者其目的
都只在奠定議會的基礎，而非實質的議會。以諮議局為例，章程中明定諮議
局為「各省採取輿論之地」，且「僅為一省言論之匯歸」並非西方的議會。
〔註11〕但在士紳的眼裡可並不作如是解，張謇和鄭孝胥等人於上海組織的預
備立憲公會，為了因應江蘇教育總會附設法政講習所的需要，於宣統元年出
版的《諮議局章程講義》一書作為課程用的講義。立憲派的士紳們明知清廷
的諮議局不等於省議會，卻於講義中言：「諮議局應即為省議會」。〔註12〕
因為清政府頒佈此諭旨的時間在光緒三十三年九月，當時雖無設置議會之
意，但講義中卻認為：

　　　數月之後，我國家之程度大進，下有必開國會之志，上有允開國會
　　　之言。於是諮議局章程出乎其間，純然呈議會之性質，此吾國之進

〔註10〕　〈江蘇國會請願代表報告在京情形及蘇紳籌議辦法〉，《申報》，1908 年 8 月
　　　　　29 日，第 2 張第 2 版。
〔註11〕　〈憲政編察館等奏擬訂各省諮議局並議員選舉章程摺・附清單〉，《清末籌備
　　　　　立憲檔案史料》，頁 669～670。
〔註12〕　《諮議局章程講義》，宣統元年，預備立憲公會出版，收於清憲政編查館編，
　　　　　《清末民初憲政史料輯刊》（北京：北京圖書館出版社，2006 年），頁 12。

步也。〔註13〕

可見在當時改革派的士紳眼中，諮議局就是省議會，即使清廷不願意承認也不給予此等的議政權力，但在士紳的心裡卻著實地將諮議局當作地方議會在經營，而且更將諮議局當作是國會的一部份。

《諮議局章程講義》中認為，省議會在國外之所以只是一地方議會，主要是因為其稅收、司法、交通、教育、軍隊和農工商業等權力皆直接隸屬於中央政府，除了聯邦制外，皆不受地方統轄。但中國的情況與外國不同。不論是稅收、司法、交通、教育、軍隊還是農工商等權力皆統屬於地方督撫，太平天國亂後，此等情況更為嚴重：「督撫稍稍移舊物冠以新名，即盡攬新政而歸其統轄」；〔註14〕改制之後，度支部的各省財政又皆須仰賴各省督撫：「綜觀今日督撫之權限，政府雖日言中央集權，其實日趨於各省分權之勢」。〔註15〕因此，省議會（諮議局）雖名為地方議會，但中央設專部所行之政務，無一不分寄其權於省。如此一來，吾國之省實為「各部行政之一區，就一省之中，盡分各部之寄，蓋儼然為全國之一部分，而非國家一政事中之一部分矣！以故，諮議局之性質純然可具國會之性質」。〔註16〕《諮議局章程講義》對於諮議局等同於國會的推論，饒富興味，除了點出清末地方督撫權力的擴張外，亦藉此彰顯各省諮議局的重要性。

而《諮議局章程講義》的第二章〈諮議局之場所及名額〉，一開始就將諮議局定位為「立法機關」，此點與清廷將諮議局定義為「各省採取輿論之地」明顯有別。文章中認為，各省督撫向來總攬行政、司法與立法三權。諮議局成立後，督撫只應擁有行政權；至於司法權，由於司法體系尚未建立，故先將其劃入行政權中。因此，諮議局與各省督撫在法律上居於平等之地位，不能視之為人民的集會或結社，因為諮議局是國家的法定機關，與自由結社不同，不應將兩者混為一談。如此一來，即能解釋為何原本專注於國會請願的士紳，會將注意力轉移至諮議局，且對其寄予厚望。諮議局的成立，對江蘇士紳來說等於是在擴大政治上的打擊面。在新制度、新國家的理想藍圖之下，教育總會的成立與〈各省教育會章程〉的頒佈等於取得了處理學務的合法性；

〔註13〕　《諮議局章程講義》，《清末民初憲政史料輯刊》，頁12。
〔註14〕　《諮議局章程講義》，《清末民初憲政史料輯刊》，頁15。
〔註15〕　《諮議局章程講義》，《清末民初憲政史料輯刊》，頁15。
〔註16〕　《諮議局章程講義》，《清末民初憲政史料輯刊》，頁15～16。

而諮議局的成立，則是更進一步地取得了立法、參與地方政治和議政的合法
性和保障。

光緒三十三年九月清廷飭各省籌設諮議局後，江蘇巡撫即行文教育總會
研議江蘇省諮議局的章程。十一月三十日總會在幹事員臨時會中即決議：

> 此事已由本會及上海各團體，推員起草並由江蘇紳士公呈督撫帥在
> 案，應抄錄呈稿並諮議局、選舉局各章程及理由書，一幷咨復蘇藩
> 司，詳督撫核示。〔註17〕

所以江蘇教育總會所擬定的諮議局章程中，便認定諮議局具有議會之性質：

> 今諭旨既不曰省議會而曰諮議局，則無宵推而廣之，以諮議局爲議
> 會及參事會之總稱，而分其內容爲議會與參事會二部。稱議會爲諮
> 議局議會；稱參事會爲諮議局參事會。此即 諭旨之本意故相符合，
> 而與地方自治之原理及各國地方行政之實例，亦不牴觸，且於諮者
> 與議者並稱之義，亦見周匝。〔註18〕

由此可見，士紳們的著重點皆在「議」而非「諮」，與清政府的想法相反。除
此之外，由於諮議局議會與府廳州縣的議會關係密切，總會亦參照各國地方
制度以及天津自治局的章程，擬定了廳州縣的議會章程。此份章程，主要是
由士紳共同議定，起草七人中即有六人：雷奮、沈同芳、孟昭常、沈恩孚、
夏清貽、吳馨列名爲教育總會的會員，章程經過紳士魏家驊等呈請督撫鑒核
及施行，且已經有部份的州縣議會，援據此項章程，稟准立案。

與直隸諮議局的籌備過程情形相比，江蘇省諮議局的成立和規章多爲地
方士紳主動：

> 敝會同人以爲諮議局章程既明奉諭旨爲採取輿論之所，且申言之
> 曰，庶與庶政公諸輿論之實相符，是審訂章程，斷應得地方紳民多
> 數之同意。〔註19〕

可見江蘇諮議局章程主要由江蘇士紳所共同擬定，再報由江蘇一省之督撫審
核頒佈。但此次擬定的諮議局章程時間較早爲 1908 年初，即光緒三十三年底。
光緒三十四年八月，清廷才頒行《逐年籌辦事宜清單》，將諮議局的成立列爲

〔註17〕 〈開會一欄表〉，《江蘇教育總會文牘三編》，頁 38。
〔註18〕 〈江蘇教育總會爲諮議局事咨覆蘇藩文〉，《申報》，1908.1 月 21 日，第 1 張
第 2 版。
〔註19〕 〈江蘇教育總會爲諮議局事咨覆蘇藩文〉，《申報》，第 1 張第 2 版。

首要之事：第一年籌辦諮議局，第二年舉行諮議局選舉。對照之前的第一次
國會請願運動中雷奮之言，足見清廷之用心。但逐年籌辦事宜清單公布後，
江蘇士紳卻認為督撫的行動不夠積極，無所作為，與直隸官方相比進度甚為
緩慢：

> 自頒佈以來，迄今已屆二十餘日。中默察各省督撫舉動，其足以差
> 強人意者，則惟有直隸，而江蘇則無聞焉。〔註20〕

憲政編察館於當年六月二十四日，頒佈各省諮議局並選舉章程後，觀察各省
的進度除了直隸之外，其他省分並無動靜。江蘇之所以動作較慢，尚有一項
原因，即清廷諮議局章程中規定寧、蘇二屬的議員額數不同，故衍生江蘇諮
議局是該合還是該分的爭議。但除此之外，最大的問題還是在於現任的江蘇
督撫並未積極籌辦，故江蘇士紳對此極為不滿認為：

> 籌辦諮議局，明明註曰是督撫之事，又憲政館資政院議請通飭各省，
> 如屆第二年諮議局實行選舉法之期，而未能舉辦者，將該督撫從嚴
> 參處。〔註21〕

所以督撫應有不可推卸的責任。加上諮議局在法律的規定上只是一「意思機
關」，行政官員不能見有意思機關之後，就斂縮其能力，退處於執行的地位。
也就是說督撫等行政官，除了開會之外，一切的調查、選舉和會議的召集也
都必須要他們依據法律來執行。然而，觀察各省諮議局的籌備情形：

> 今各省有諮議局之動機者，直隸、山西、福建、江蘇而已。直隸最
> 諦當，山西最繁密，而似乎研究之事多，實行之事少；福建、江蘇
> 則純由紳民露盼望之意，官長漠然無所表見。〔註22〕

所以江蘇諮議局成立的過程，充分展現了江蘇士紳的自主性，此點與直隸的
情形恰成對比。

眼見官方動作遲緩，光緒三十四年（1908）八月二十四日（此時離諮議局
開會期限不到一年），江蘇全省士紳在上海江蘇教育總會籌議諮議局事宜，到會
者約二百餘人，以寧屬居多。會中的討論之重點在於：「寧蘇各設籌辦處會，已
不相統屬，故在上海交通適中之地設一研究會為精神上之聯合」，定名為江蘇諮
議局研究會，並且「以聯合江蘇全省紳民，研究關於諮議局之法理事實，以期

〔註20〕 〈江蘇諮議局籌辦如何〉，《申報》，1908 年 9 月，第 1 張第 3 版。
〔註21〕 〈江蘇諮議局籌辦如何〉，《申報》，第 1 張第 3 版。
〔註22〕 〈江蘇諮議局籌辦如何〉，《申報》，第 1 張第 3 版。

增進議員智識爲宗旨」。〔註23〕觀其宗旨與江蘇教育總會設於上海的立意相同，而諮議局研究會的責任在於：「解釋諮議局章程、調查本省利弊、調查各省關於諮議局之行政規章、講求各國議會規則及地方自治制度」。〔註24〕不論如何江蘇諮議局的成立，自始至終仰賴士紳的力量較多，且大部分皆爲教育總會會員所出之力，而之後總會的許多成員亦成爲江蘇諮議局的要角。江蘇督撫向來皆爲開明之人，其中尤以端方（午橋，1861～1911）爲最，但其後接任兩江總督的張人駿，並不如前幾任總督開明，反對立憲尤力。以時間推算，諮議局開始進入緊鑼密鼓的籌辦階段時，應爲張人駿擔任總督一職之時，故引起江蘇士紳不滿的情緒。而諮議局成立後，亦與其因爲預算事件發生衝突，甚至引發諮議局全體議員退席與解散的風波。

王樹槐對江蘇省政治現代化的研究中指出：「諮議局未成立前，江蘇諮議局研究會開議員招待會，多主張縮短立憲期限，速開國會，以維繫人心，推舉方還、孟昭常、楊廷棟等三人分赴各省遊說，遂約各舉代表於宣統元年十一月上旬齊集上海，商議進行之法」。〔註25〕文中所提之江蘇諮議局研究會，由《申報》的記載看來，與江蘇教育總會其實脫離不了太大的關係，而其中的人物：孟昭常、楊廷棟和凌文淵又都是教育總會的人。而教育總會在諮議局開議之後，對於國會請願運動亦是積極的投入。宣統二年 2 月 1 日的幹事員常會中，即有人提議：

> 教育進行之遲速，以教育費爲最大之關係，國稅、地方稅未確定，
> 即教育費亦無標準，而其根本在國會之成立，國會不速開，關係於
> 教育之進步亦甚大。現各省諮議局代表請願未遂。本會爲籌畫教育
> 之發達起見，應否通告各省教育總會爲繼續之請願。〔註26〕

可見學界的國會請願運動，江蘇教育總會實爲發動器之一。宣統元年於上海所組成的「請願速開國會同志會」，即在江蘇教育總會會館中集會，目的在「鼓吹輿論，遊說各種社會繼續請願，以促國會之成立」，〔註27〕但第二次的國會請願仍舊以失敗告終。所以，總會才會有上述之提議，號召各界團體一起加入。

〔註23〕　〈江蘇紳士集議諮議局紀事〉，《申報》，1908.9，第 1 張第 5 版。

〔註24〕　〈江蘇紳士集議諮議局紀事〉，《申報》，1908.9，第 1 張第 5 版。

〔註25〕　王樹槐，《中國現代化的區域研究：江蘇省，1860～1916》（台北：中央研究院近代史研究所，1984 年），頁 147。

〔註26〕　〈開會一欄表〉，《江蘇教育總會文牘五編》，頁 58。

〔註27〕　〈各省國會請願代表組織同志會〉，《申報》，1910 年 1 月 1 日，第 1 張第 9 版。

在此，有必要先澄清的一點是，在國會請願運動中，教育總會當然不是唯一的發動團體，其重要性也並非是絕對的。只是，透過總會的運作，可以看到清末士紳們對於國會理想的努力，以及其對於中國未來的想像和規畫。在這裡，教育總會呈現出的是一種清末民初社會的共象。當然我們也不能忽略，有許多文化保守主義者和激進派的革命份子之存在，並且也擁有很大的一塊勢力和聲音。只是，筆者認為改革在清末最後的十年中已成主流，只有激進與溫和之分，而張謇、鄭孝胥等立憲派士紳對當時的政治情勢的確頗具影響力。也是因為如此，國會請願運動才會在清末最後的兩、三年，成為一股政治熱潮。雷奮、孟昭常、楊廷棟、沈恩孚等人，其參與國會請願運動的名義，或許不一定是憑藉著教育總會的旗號，但透過他們，足以證明沈恩孚所謂的「交通時期」有何意義，即士紳爭取議政權力的面向不斷地在擴大。而從文牘五編中的〈開會一欄表〉中，奉天教育總會、湖南教育總會和預備立憲公會等等各式各樣的團體，對於國會請願運動皆有所響應。兩次的失敗，雖未達目的，但各省的踴躍支持和後援，使江蘇士紳得以繼續派員前往浙江、安徽、江西、湖北、湖南，與諸省的各界士民團體聯絡。第三次的請願運動，雖然未達成速開國會之目的，但已讓清廷再度做出了讓步，縮短了三年的時間。這樣的結果，對江蘇教育總會而言，是興奮而開心的，宣統二年十月初十日的幹事員常會中便提議：「通告學界，開提燈會慶祝」，和王樹槐於書中言張謇等江蘇立憲派的態度是一樣的。〔註 28〕由此，即可證明江蘇教育總會不只是一個以教育為本位的士紳團體，打著教育的名號，實際上所進行的卻是整個立憲派的理想。由於，清政府的〈各省教育會章程〉中，明白規定教育會不得干涉學務以外之事，所以我們可以看到總會的許多會員加入了其他的立憲團體。但，不論是預備立憲公會還是國會請願同志會等士民自由結社的團體，都只具有短暫的目標性，不似江蘇教育總會如此的可長可久且有合法性。

舉凡從一開始的諮議局章程和後來的國會請願運動，其實都彰顯出了教育總會有以地方議會自居的傾向，而非僅是一個以調查地方教育事務為本的輔助

〔註28〕 王樹槐認為第三次請願運動之後，許多立憲派對清廷的縮短開國會期限的諭令並不滿意，心理上已經開始傾向革命，唯獨江蘇的立憲派無此種心理。最主要的原因在於，江蘇巡撫程德全態度開明，且參與十七省督撫聯銜電請速開國會之舉，使得江蘇士人堅信立憲可成。王樹槐，《中國現代化的區域研究：江蘇省，1860～1916》，頁 149～151。

機關。清末諮議局的開辦，實爲中國第一次大規模的選舉，但此次的選舉，卻
被許多國外的觀察家認爲具有官方指導投票的嫌疑，賄選以及武力恐嚇的行爲
也普遍地發生於各省。但江蘇諮議局的辦理和成效則是獲得大多數的好評。例
如《申報》即認爲江蘇諮議局具有議院的規模，是由於得風氣之先以及領導有
人之故，〔註29〕日本井一三郎參觀各省諮議局之後的評等，亦認爲江蘇諮議局
第一。〔註30〕江蘇諮議局議長的後人對於江蘇諮議局的開辦，更是讚譽有加：

> 當時議員從各地當選，差不多完全是人民的意志自動的認爲優秀可
> 靠，就選他出來。……勢力和金錢的作用的運動，在那時竟沒有人
> 利用，也沒有利用的人，那當選的議員，也人人自命不凡，爲代表
> 民意力爭立憲而來。〔註31〕

除此之外，議員們對於交議和提議的案件也都詳盡的討論與審查，遵守議會
秩序。張孝若對於江蘇諮議局的記載，雖有太過阿諛之嫌，但也反映了部分
的事實。江蘇諮議局之所以會如此的井然有序，實因歸功於江蘇教育總會平
素對於會員的訓練，規律的常會、幹事員會等會議流程的召開，讓士紳習於
會議程序和議員的責任。加上江蘇諮議局的議員名錄和會員名錄，有二分之
一以上的重疊性。因此，江蘇諮議局之所以能獲得如此之讚譽，教育總會平
日的議會訓練和有組織的運作功不可沒。

　　總會與諮議局之間的關係，尚可由總會在文牘五編中對於江蘇省教育經費
的規畫略見一二。在〈致諮議局請議定本省教育費書〉中提及：「敝會自組織成
立以來，倏經數載。凡關係全省教育事務，對於行政長官時有建議。徒以經費
支絀，有應行提倡或設施之事，尙多缺焉」。〔註32〕所以總會編列了〈通省教育
費〉和〈各地教育費〉兩份建議書，期望諮議局能念在「教育爲立憲國之根本」
的基礎上推行建議之事項。觀此二份建議書，對於江蘇全省之教育經費來源皆
有詳細的統計與規畫，以避免過度的浪費而又無法達到使百萬學童得以入學的
窘境。〔註33〕再觀〈甯垣事務所送江蘇諮議局請議甯屬教育改良意見書〉和〈江
蘇諮議局呈報督撫議決規劃全省教育案〉兩份文件，〔註34〕後者爲前者與〈致

〔註29〕張朋園，《立憲派與辛亥革命》，頁 18。
〔註30〕張朋園，《立憲派與辛亥革命》，頁 22。
〔註31〕張孝若，《南通張季直先生傳記》（台北縣：文海，1981 年），頁 141～142。
〔註32〕〈致諮議局請議定本省教育費書〉，《江蘇教育總會文牘五編》甲，頁 26。
〔註33〕不論是經費或是學校，皆僅只限於官立部份，私立學堂不在此論。
〔註34〕〈甯垣事務所送江蘇諮議局請議甯屬教育改良意見書〉、〈江蘇諮議局呈報督

諮議局請議定本省教育費書〉的綜合體，不論是經費的規畫與整理還是江甯的學務皆可見總會之運籌帷幄。所以諮議局的成立，可以說是光明正大的提供了江蘇教育總會在政治上與官方平起平坐的場域；也就是說，諮議局成爲總會在政界發聲的機器。

第二節　江蘇教育會總會與新式文化傳播媒介

除了政治之外，士紳的聯結在政界之外的影響力更大，教育（學）界和出版事業可以說根本就是清末士紳的天下。所以除了預備立憲公會之外，從總會的文牘中，也可以發現其他與教育有關係的士民團體，皆與總會有所聯繫。早教育總會成立兩年的私塾改良總會，因爲跟江蘇教育總會都是以教育爲主要事務所成立的團體，是最早與教育總會互通聲氣的民間團體，《江蘇學務總會文牘》中即載有〈私塾改良總會書記員報告兩年會事概略〉一文。文中略述發起私塾改良會的原因，以及其擴散和辦理私塾改良的成效。

私塾改良，在清末的普及教育中是重要的一環，因爲科舉時代中私塾遍佈中國，成爲第一線的教育單位，爲了使教育能夠更爲普及，許多士紳皆將原本的私塾改良爲初等小學堂，所以其成立之宗旨便在於：「就向有之私塾而釐正之，明定課程，指示教法，諄諄勸導，切實調查」，以期達到教育普及的目的。私塾改良會首創於川沙，後擴及蘇州和浙江，江西和福建各省也都有仿辦者。故於光緒三十一年五月，在上海草定總會章程，發起人之一即爲姚子讓，其幹事有李平書、席子佩、陳潤夫等人，然實際行事者爲沈戟儀。行至宣統元年，私塾改良會竟有意歸併於教育總會之內，並致函江蘇教育總會。總會慮及私塾改良會已經劃歸爲提學使的教育行政範圍，所以私塾改良會已非單純的民間組織，加上有行政區域劃分的困擾，〔註35〕所以總會認爲兩會還是各行其事較爲妥當。而當時的寰球中國學生會、上海世界語學社等等，也都跟總會有文牘上的往來，〔註36〕當然還有上一節所述之預備立憲公會等

撫議決規劃全省教育案〉，收於《江蘇教育總會文牘五編》甲，頁 41～51。
〔註35〕江蘇教育總會回覆私塾改良會的文件中提及：「且事關皖贛，非本會所能包容，勢難合併」，見〈開會一欄表〉，《江蘇教育總會文牘五編》，頁 50。
〔註36〕上海世界語學社曾致函江蘇教育總會，附上該社社員及夜課職員名單，請總會分送至各勸學所與教育會（《江蘇教育總會文牘五編》，〈開會一覽表〉，頁51）。至於，寰球中國學生會在學會成立之初便與總會有所聯繫。

政治性的結社團體。藉由這些線索，足以呈現出教育總會除了具備地方議會的性質之外，更是清末立憲派改革士紳的一個大本營。

清末學會的力量在之前即已簡略敘述過，除了學會之外，被晚清士人視爲三大傳播利器的還有報紙。梁啓超等維新派人士，對於報館、報紙甚爲推崇，認爲是改變社會的三大主要工具（學會、教育和報紙）之一。維新派的寫手梁啓超認爲二十世紀是報館之世紀，報章媒體爲第四權，是監督國家政府的最佳利器。身爲立憲派國內龍頭的張謇，雖未直接參與報館的設立，但《申報》及《中外日報》的言論，實際上都受其影響。而康有爲和梁啓超於上海所辦之《時報》，在 1909 年之後，也轉與張謇日親，主事者狄葆賢即爲江蘇教育總會的一員。時報館的息樓，其出沒之人物亦皆爲總會的重要幹部和要角。張朋園於〈時報——維新派的宣傳機關〉一文中，已經很詳細的描述了《時報》的轉變，只是其中關於教育總會的部份雖有提及，仍不夠深入。藉由包天笑的回憶，很清楚的可以看到常在息樓中往來的朋友有沈恩孚、黃炎培、袁希濤、龔傑、林祖溍、朱少屏、楊白民、葉養吾、史量才、楊廷棟等十四人倘若再加上雷奮、狄楚青，息樓中出沒的人，教育總會的人幾乎佔了八成以上。而黃炎培於其回憶中亦言，時報館上的息樓是他們這一群「政治意識不完全相同，而一致傾向於推翻清廷，創立民國的戰友」經常聚會的地方。〔註37〕而時報的主要閱讀群眾即爲學界中人，〔註38〕在教育界中頗佔勢力，加上其與總會人士往來如此之緊密，故其言論趨向一致。然而《時報》與總會之間的關係，卻仍不如上海報紙的百年老店——《申報》。

士紳網絡的影響力，除了透過教育總會、與各社會團體的聯繫之外，新式傳播媒體——報紙，更是散播其思想論述的最佳利器，除了《時報》之外，《申報》跟總會之間的關係更是緊密。《申報》的創辦人是英國商人——查理，其辦報的目的很單純就是營利，爲了迎合中國人的胃口，聘請中國人爲主筆，使得銷售量由一開始的 600 份，四個月後增加到 3 千份，1877 年時每天的銷

〔註37〕黃炎培，《八十年來》，頁 56。
〔註38〕鄭逸梅，〈兩位老報人談申報〉：「若《時報》佔學界一部份勢力，《中外日報》佔政界一部分勢力，《新聞報》則佔商界一部份勢力，以與《申報》競爭」。鄭逸梅，《書報話舊》（北京：中華書局，2005 年），頁 202。而包天笑亦言：「《時報》出版，突然似放一異彩，雖然銷數還遠不及申、新兩報，卻大有『新生之犢不畏虎』的意氣，它注意於文藝界、教育界，當時的知識階級，便非看《時報》不可了」。包天笑，《釧影樓回憶錄》，頁 507。

售量已經達到八、九千份。清末民初的幾十年裡，《申報》幾乎等同於報紙的同義語，是中國報業史上第一份深入至民間社會的近代化傳媒。〔註 39〕但其經營權卻一直都掌握在外國人的手裡，直到 1907 年，才由該報館的中國買辦席子佩所取得，而席子佩亦列名爲江蘇教育總會的會員。席子佩接手的前後幾年，《申報》正好經歷了一段轉型期。根據張默（蘊和）〈六十年來之申報〉一文記載，《申報》在甲午戰爭和庚子拳亂期間，並「未敢直揭其責任所在」，於是《申報》漸爲讀者所不喜。當時襄助主筆黃式權者爲金劍花和雷君曜，兩人認爲《申報》必須改變言路，迎合新潮。但報館當局一開始的反應是：「報紙銷路雖略減，然廣告之收入由是也，何亟亟焉」？〔註 40〕《申報》是一營利企業，以廣告收入爲指標，不久之後，廣告的收入一落千丈，報館當局大驚，才開始向金、雷二人尋問改革的辦法。金、雷兩人爲《申報》的轉向切實籌畫，例如報紙評論的轉變、電報通訊的整理、訪員的蒐羅、編輯人才的選聘和報紙形式的刷新等等。此等轉變正值 1905 年，至此社會對《申報》的觀感才爲之一變。報紙言論的改變，應歸功於聘請自日本考察教育回國的張默爲總主筆，於是同年 2 月開始，一反之前黃式權批評康梁的言論。待清廷宣布立憲之後，報紙言論亦隨之轉向鼓吹立憲，並且對民間士人或是政府的立憲走向特別關注。除此之外，報紙的版面亦進行大幅更動，例如將原本的「章」和「頁」改爲「版」；標題以大字號排印、並且將新聞加以分類便利讀者閱讀；「論前廣告」的刊登，皆予人耳目一新的感覺。

至此以後，《申報》在編輯方面，已經逐漸的步上軌道，但報館主權，卻仍操於外人之手。金、雷兩人認爲《申報》的主事者，雖然不太干涉報館的事務和言論方針，只以營收爲目的。但是報紙貴爲一國之輿論機關，若老是爲外人左右，沒有自由獨立的精神，是一件很危險的事情，故力促華人經理席子佩，向西人交涉收回。席子佩當時所擔任的《申報》館的總務，類似買辦，因爲報館的組織猶如洋行。最後，兩者交涉以七萬五千元之代價，將報館的全部產業讓於華人，1908 年由席子佩訂約，《申報》才完全歸華人經營。總會與《申報》的密切關係，始自總會成立之後，即不斷刊載總會之文牘和廣告，故《申報》實可謂總會人士輿論的散播媒介。1906 年初，《申報》編輯部發表〈敬告我江蘇人〉一文，文中認爲報紙的功用很多，其中一項便是養

〔註 39〕陳玉申，《晚清報業史》（濟南：山東畫報，2003 年），頁 40～41。
〔註 40〕鄭逸梅，〈兩位老報人談申報〉，《書報話舊》，頁 203。

成國民愛鄉愛土之心：

> 與夫新聞學開通民智，由近及遠之義，固應如是，而記者於此則更
> 有說焉。中國實行立憲之期，至今日愈加接近，則國民之預備地方
> 自治者亦日益迫切。本省之人尤宜熟悉本省之情形，以爲他日藉手
> 之基礎。〔註41〕

《申報》的主要銷售區域爲江南一地，加上報館記者多爲江蘇人，爲了謀江
蘇省之公益起見，編輯們確立了日後《申報》的走向，以江蘇一省之事爲主。
但這並不意味著《申報》只專門報導江蘇一省的事務，而無其他省分的新聞。
而是秉持著鄉土情懷，對於江蘇的事務報導的遠比其他省分要詳實罷了，最
終目的是在爲日後的地方自治和預備立憲作準備。之後《申報》的走向的確
以江蘇一省之事爲主，除了政治中心：北京的專電外，浙江、安徽、江西因
鄰近江蘇，且於行政區劃上有所重疊，故其新聞也會記載。至於其他省份的
新聞較少，偏重於上述之省份。

　　《申報》此次轉型的重點在於言論開始偏向立憲，時間點上也恰好與總
會成立的時間相去不遠，而且自總會成立之後，《申報》上即不斷報告總會成
立和開會的情況，並且陸續刊載總會的文牘和廣告，故《申報》實可謂總會
人士輿論的散播媒介。所以《申報》的言論，很能代表總會主要活動人物的
看法，而兩者之間的關係，在民國成立之後更爲顯著。《時報》在民國的銷售
量之後遠不如《申報》，最主要的原因在於《申報》經營權由史量才接手後，
挖走了《時報》的主筆──陳景韓。《申報》在史量才的經營之下，挽回頹勢，
且越來越出色，堪稱爲當時的報界鉅子。

　　而史量才與教育總會的關係，更非席子佩或是狄楚青等人所能比擬。史量
才，原名家修，因爲開辦女子蠶業學校得已加入江蘇教育總會。席子佩接手申
報館後，即萌生倦意，史量才知道後，在張謇、趙鳳昌等人的資助下，取得經
營權，爲了《申報》的發展和改革，更自《時報》挖來主筆，原本看似暮氣沈
沈的《申報》，自此以後一新讀者耳目，銷售量蒸蒸日上。由於史量才本人與江
蘇教育總會關係密切，故《申報》與總會的結合在民國之後更爲緊密。《中國青
年》在批評黃炎培這一派人時，即點名沈恩孚、史量才、袁希濤、蔣維喬和郭
秉文，這群人以「老而不死的張謇爲遙上尊號之表面首領。以東南大學、申報、
中南銀行爲擴展地盤，製造嘍囉，搶奪飯碗之武器。以商務印書館，中華教育

〔註41〕〈敬告我江蘇人〉，《申報》，1906 年 1 月 13 日，第 1 張第 1 版。

改進社爲內台喝采，極力標榜之別動隊」。〔註42〕而《申報》在當時共產黨青年的眼中，表面上雖然不著一毫色彩，但實際上黨派色彩卻是最濃厚的，許多事情只要黃炎培跟史量才說一聲，那麼見報不見報即爲定局。

　　不論是《申報》還是《時報》，甚至是後人所提及的商務、中華等書局，皆非直接由江蘇教育總會出資或主辦，但透過這樣一張綿密而細緻的網絡，可以看到自清末以來日漸形成的一張士紳文化網絡。此一文化網絡，象徵著清末最後五年中，士紳的國家建置藍圖，已經很明顯地趨向西化，其理想的國家是以日本、英國這般的君主立憲國家爲本。傳統中國社會的徹底崩潰，可以說是由新政改革奠定下的基礎。自康、梁的維新變法開始發酵，經過十年的新政，變法思想實已深入中國傳統知識份子的口耳之中，不論你是贊成或反對，都不得不討論它，便已經暗示著「西化」已成爲主流。其中最明顯的就是反應在學生此一新群體身上。

　　新舊衝突，除了官紳衝突和地方士紳的權力爭奪之外，新式教育推行的過程中，學生與教員之間的衝突亦是不斷，甚至有受傳統教育的官學學生，因不滿新式學堂而引發的暴力事件。根據總會文牘的記載，常昭一地原本有官立、公立高等小學及初等小學二至三所，自光緒三十一年科舉廢除後，地方學界士紳決議設立學務公所，以期擴充學務，謀教育普及。故於光緒三十二年八月二十二日，決議將遊文校士和賓興租息二千餘千的款項，拿來辦理師範傳習所；而典捐項下的一千四百餘千，則打算用來貼補公立、儒英、思文三學堂的不足。決議之後，「校士舊生」〔註43〕卻成立城南公學會，於明倫堂演說，並且電稟地方官控告學務公所的士紳，希望能改辦原本提議設立的師範學堂。十一月二十一日，學務公所於石梅官學內開辦時，突然有「校士舊生」數十人，撕毀公所參議蔣元慶的衣冠並將其毆打在地。學務公所遂將此事上稟蘇屬學務處，舊生又慫恿龐姓巨紳強力干預，迫使縣衙敷衍了結，撤銷告訴。鬧鬧公所事件之後，舊生氣焰囂張，反抗興建師範傳習所愈烈，並再度慫恿巨紳併佔奪興建師範傳習所的所需經費——校士、賓興以及各學堂的津貼。學務公所之人，爲了讓師範傳習所得以繼續興辦，另外募集二千金的款項，並延請日本師範畢業的學生借官學之地成立開校。而反對之巨紳，

〔註42〕初遇，〈蔣維喬長東大之由來‧蘇社把持江蘇教育運動之中興〉，《中國青年》，第86期，民國14年8月1日，頁534。
〔註43〕指官學學生。

因其佔據公款，恐遭非議，故亦另辦一師範學堂，但學堂中並無任何的圖書器械；教習亦爲原官學之教員；每日課程僅有國文、歷史、地理、圖畫、體操，師範學堂所有應有的教育、博物、理化諸科目皆無，可見其辦理學堂之虛應故事、虛糜公款。〔註44〕此段記錄反映了接受舊學教育的學生，唯恐自己將來的出路被剝奪，起而反抗新式教育所起的糾紛。

　　但接受新學洗禮的學生，卻因爲時局混亂，加以西學的衝擊，促使新一代的學生在知識及價值的評判標準上，皆與傳統的士人有所不同。面對艱難的時局，加上戊戌變法以來的思潮變動，使得新一代的學生飽受新學術的影響。嚴復的《天演論》、梁啓超在《新民叢報》、《時報》等等新媒介上所傳播的言論，都使得西方的自由、權利、義務以及政治制度成爲學生們朗朗上口且心嚮往之的新世界。在這麼一個思想解放、新舊交雜的時代裡，學生們罷課、退學的風潮不斷。學生退學風潮始於南洋公學的退學事件，〔註45〕從此以後，各地時有退學、罷課的事件，且有愈演愈烈之趨勢。新式教育的推行，本在培育新的一代，輸入新的思想教育使其成爲有利於國家的「新國民」。因此，清末不論士紳、官紳等有志於國家興亡的知識份子，皆寄望於興學爲救國的一帖良藥。在總會士紳的眼裡，接受新教育的學生擔負國家的希望：

> 顧學務之得失必歸重於學堂，學界之影響尤屬望於學子，中國存亡
> 危急，所以廢科舉興學校之命意，亦曰此輩學生，庶幾爲舊邦維新
> 之巨子乎？故國家之期望於學生也。〔註46〕

只是中國在新教育制度實行的過程中，尚未品嚐到甜蜜的果實，卻已先遭受其害——罷學風潮：

> 嗟乎！弱中國者科舉也。如今日學堂之現狀其謹守規則者，無論彼
> 驕縱悖戾之子，以退學也爲自由；以全班退學也爲團結；以師長之
> 命令爲專制，以不肯服從爲高尚之人格。其對於學堂也，曰有學生
> 而後有學堂，學生乃主人翁，其餘皆公僕也。其對於校員也，曰學

〔註44〕〈常昭學界去秋迄今春始末報告書〉，《江蘇學務總會文牘》初編下，頁 102
　　　　～104。
〔註45〕南洋公學的集體退學事件起於學生不滿郭姓教習禁止學生閱讀新書新報，後
　　　　因一只墨水瓶而引發學生集體退學事件，是中國學生第一起罷學事件。而由
　　　　南洋公學退學的學生與當時擔任公學教習的蔡元培，一起組織了愛國學社，
　　　　江蘇教育會會員黃炎培當時亦是南洋公學的學生。
〔註46〕〈廣告各分會論校員學生積息書〉，《江蘇學務總會文牘》初編上，頁 112。

　　　　生與校員皆平等也，甚或有意排斥，則曰學生與校員勢不兩立也。
　　〔註47〕

面對如此層出不窮的學潮，士紳們不免感嘆：「今者強迫教育尚未行於國中，
而活潑教育已侈談於眾口，夫活潑非放縱之謂」，〔註48〕崇尚自由、權利、義
務的西方學術思想，與講求禮教、三綱五常的傳統中國，有著極為基本性格
強烈不同的衝突。如何去瘀生新，掃除障礙以扶掖文明，是清末最後十幾、
二十年間，不論是維新派或保守派士人所面臨的最大難題。可見學校之間與
之內的糾紛，並不亞於之前的所提的地方社會。

　　人，不可避免的皆是時代之產物，時代的風氣、精神狀態，影響一個時
代的人物甚深。學生，更為人類成長期中最具生氣且活潑的階段，思維模式
未定，且易為新奇之事物、思潮所吸引，故其不滿現狀之心思甚易理解。加
上，新式師資的培養未臻成熟，教員之素質低落，亦是導致學生不滿，進而
引發學潮的主因：

　　　如某縣公立小學之校員，讀瞋如探也，讀塹如暫也，不知王陽明為
　　　何代人物。以童汪琦為一姓一名，其以告者過乎？設如所云，其不
　　　能稱職無疑矣。而他校尚有讀熊為態，以遼金元為一人姓名者，則
　　　舊時村學究，或尚不至此聞者，必疑此言，為已甚也。然某報載東
　　　京中國留學生與日本某博士筆談，博士詢中國歷史，至史記前後漢
　　　書，留學生瞠目不能答，曰寧有是耶？傳為笑柄。又聞近日留東學
　　　生，東教習以其中文不甚明通，仍先授以普通中文，此輩學生回國，
　　　一旦身為教員，其不至如以上所報告者幾希！大盜不操戈矛，校員
　　　如此，罪尤甚於殺人也，而流毒必先種於小學。蓋小學幼稚讀若某
　　　則若某矣，無所謂衝突也。此其咎在管理學校者，尸之雖不退學，
　　　而亦當慎擇教員者，此一說也。〔註49〕

在新舊制度交替的過渡時期，合格之教員實屬難覓。科舉廢除，過去在舊教
育系統下打滾的書院、私塾、義塾等教員，面對新的知識體系、新的需求，
都是不合格的教師。然而，面對如此龐大的教育需求，又不能即時培育出合
格的教員，故有許多新式學堂只是換了個招牌，由書院、私塾改為學堂，實

〔註47〕　〈廣告各分會論校員學生積息書〉，頁113。
〔註48〕　〈廣告各分會論校員學生積息書〉，頁112～113。
〔註49〕　〈廣告各分會論校員學生積息書〉，《江蘇學務總會文牘》初編上，頁117。

際上所行者仍是舊的一套教育系統及思維。師資若無再教育，自然會因其不合時代之需求而引起紛爭。

　　教員之所以不適任，主要是因為教育革新之政令由上而下，地方官紳為了因應政府之政策，且欲獵取興學之美名，大力興學之餘，在教員之素質上並未仔細審核，且徇私偏任、游揚請託。由於官方、民間尚未有一完整成熟的師資培育程序，故擔任新式學堂教員者，主要為三種人，一種是曾出外洋游而未學者；一種是到日本念三月速成或四月速成者、最後一種則指是略涉譯籍，剿說報章者，三者有一便自命甚高，[註 50] 於真正的教授法、管理法皆無所知，甚至有與學生相結合，以學生之意見為意見的現象出現：

> 教員與學生結合團體者，其原因亦有數端，醉心歐化，以共和政體、平等主義謂之可施之學堂其卒也，事事聽學生之任使，而要求尚日出而不厭。始與學生合者，終因不能忍受而仍與學生離，此一類也。自顧學修及品格曾無足加乎人上，？其來也，或借游揚之力，或出奔走之途，衣食主義患得患失，不得不結合學生，以樹黨援名為合羣實排異己，此又一類也。[註51]

面對教員的不合資格，有心於學務之人皆知師範學校之重要性。師範為新式教育之母，新學制若要能徹底執行，新式學堂要能正常運作，教員之培育，非興師範不能成事。唯有培養出合格的師資，才能徹底解決學堂之亂象、罷學之風潮。

　　學生罷學的風氣猶如傳染病一般，一發而不可收拾，遍及於全國各省，所以〈奏定學堂章程〉之後必須訂定〈學務綱要〉，以確立興學宗旨和所欲培養之國民條件。然而學堂退學風潮之原因，實有數端，並非全然為學生之過錯，許多罷課、退學實肇因於教員的管理、教授不得法：

> 總之學堂退學，其因薄物細故，鼓動風潮者，其人格卑劣可想。倘實因管理教授不如法，而學生要求改良者，應俟一學期畢，公眾集議以定可否。如其可也，則故無不留；如其否也，亦當聽其去。如一學期未畢，橫空生議，要約全班，則是自誤學修，意存挾制，猶且囂囂然曰團體、曰自由。恐環球各校無此不守規則之

〔註50〕〈奉天提學使張來書〉，《江蘇學務總會文牘》初編上，頁 120。

〔註51〕〈復奉天提學使張論校員學生結團體書〉，《江蘇學務總會文牘》初編上，頁122。

團體，無此破壞秩序之自由，各國有共和之政體，無共和之學生，
學生以學律爲服從，猶軍人當以軍律爲服從也。私德不修，公德
何在？〔註52〕

而江蘇學務總會對於此等罷課、退學之風氣，深深不以爲然：「學校爲國民養
成之地，教育有轉移風俗之權，智育體育固須注意，至於德育尤宜薰陶涵養
培成德性」。〔註53〕畢竟教育之目的在培育人才，而非製造國家社會之混亂與
衝突。學堂所授與者，除了西方自由主義的精義外，公共之利益，大我之成
全，才是當時社會與國家的最大共識。否則「學堂林立，學生飇興」，只會讓
社會構成更加複雜，並使得教育之進程多生阻礙。

學會、報紙、新式學堂是清末士紳傳播新學的三大工具，但國內學校體
系的不健全，以及教育行政呈現多頭馬車的現象，使得在 1890 年代出生之後
的學子，屆就學年齡時皆無法如過去按部就班的學習。即使，國家已有確立
之學堂章程規定學習的進階過程和課程內容。但綜觀清末新政改革期間，各
地的教育改革仍是呈現青黃不接、問題叢生的現象。最明顯的一個例子，便
是各地的小學堂中年齡層的混雜。〔註54〕科舉制度雖然取消了，但以考試爲
評判標準的價值觀仍存在於底層。不論是小學、中學、大學還是選擇出國留
學，一切皆以已考試爲準。可見在舊體系逐漸崩潰的過程中，中國尚未建立
一套完整的新標準來取代之。面臨此一典範轉型的時代，知識授與的內容與
體系皆呈現混亂，爲了解決此一問題，士紳們一直希望能透過一場全國性的
教育會議來綜合討論並確立國家未來的教育走向。於是中央教育會，便在各
界的盼望下堂皇登場。但這一場學界的盛宴，卻只讓人感覺清政府政策方向

〔註52〕〈復兩江學務處論校員學生積習書〉，《江蘇學務總會文牘》初編上，頁 87。
〔註53〕〈兩江學務處沈觀察桐來書〉，《江蘇學務總會文牘》初編上，頁 88。
〔註54〕茅盾在回憶其故鄉烏鎮的立志小學時言：「開學那天居然到了五、六十個學
生。學生按年齡分爲甲乙兩班，大的進甲班、小的進乙班，……但上課不到
時天，兩班學生根據實際水平又互有調換，我調到了甲班。……同班同學中，
我的年齡最小，最大的一個有二十歲，已經結婚了」。茅盾，《我走過的道路》，
上冊，頁 73。而馮友蘭在回憶其參加縣立高等小學考試時亦言，同班同學中
有不少人已經年過二十卻也都還算是高等小學的預科。馮友蘭，《三松堂全
集》，卷一，頁 26。同樣的情形錢穆於其《師友雜憶》一書中，其在果育初級
小學求學時，錢穆，《八十憶雙親師友雜憶合刊》（臺北：東大圖書，1983 年），
頁 35～43。因文章寫的好而連升兩級，入中學時，則見當時的中學生年齡約
莫二十歲左右。足見清末的小學教育，因爲採考試入學，且能折合秀才出身，
所以入學者是憑其能力，而非依照特定年齡分級編班。

的不確定和敷衍，而開會的過程直如一場鬧劇。

第三節　中央教育會與全國教育總會聯合會

　　清末學界最重要的兩件大事，是宣統三年的各省教育總會聯合會和中央教育會。此二會，相當於學界的議會，其目的在藉著與會人士凝聚共識，商討學制，以彌補自光緒二十九年〈欽定學堂章程〉的不足之處。

　　召開全國性的教育會議，一直是各界的期望，湖北教育總會便曾在宣統二年前年（1910 年）的十月十日致函江蘇教育總會，表達希望組織帝國教育會之意。而江蘇教育總會早在同年年初（農曆四月十五日）的評議員常會中，便提議要舉辦各省教育總會，且已決定於隔年的春季定期開會。〔註55〕第一次的各省教育總會聯合會於 1911 年 5 月召開，組成之目的在「公議關係全國之教育事宜」，以各省總會公推之代表爲會員，每省二人，沒有教育總會的省份則暫由省諮議局公推。〔註56〕此次聯合會是由江蘇教育總會所發起，總會章程第二條之六，即有「聯絡各省教育總會，以期共同進化，合於國民教育之宗旨」一語。之前的聯絡交通，僅止於函牘之間的往來，爲了更進一步團結各省學界的力量，總會於宣統二年的常會中決議發起各省教育總會聯合會，除了交換各省在學務上的意見之外，更重要的是共同討論當前重要的學制和教育問題，以提交學部參酌實行，參與的省分共計廣西、安徽、江西、山東、湖北、直隸、福建、湖南、浙江、河南、江蘇十一省。會中議定的事項，有「軍國民教育主義案」、「統一國語方法案」、「停止畢業獎勵案」、「變更初等教育方法」、「變更高等教育方法」、「組織各種學堂職員聯合會」、「改良初級師範教育方法」和「實行義務教育之預備方法」。由於各省教育總會聯合會和中央教育會的召開只相差一個月，當時江蘇教育總會會長唐文治於呈學部文牘中言，此次聯合會發起的目的除了共同商議關係全國之教育事項的改良外，也是爲「帝國教育會」作預備。〔註57〕唐文治口中的帝國教育會，即是後來的中央教育會。由於聯合會結束不到一個月，學部便奏設中央教育

〔註55〕　〈開會一覽表〉，《江蘇教育總會文牘五編》，頁 75。
〔註56〕　〈各省教育總會聯合會章程〉，朱有瓛主編，《教育行政機構及教育團體》，頁 181。
〔註57〕　〈各省教育總會聯合會會議議決案〉，朱有瓛主編，《教育行政機構及教育團體》，頁 186。

會。所以有人認爲中央教育會的成立，是受到各省教育總會聯合會的催化。總會認爲這樣的說法太過膚淺，因爲中央教育會全程有學部的學務大臣參與其中，所以中央教育會爲教育行政的補助機關，是爲學部的輔助；而各省教育總會聯合會，則爲中央之補助，兩者的性質和功用並不相同。

假若我們從兩會中的議決案來看，唐文治言各省教育總會聯合會爲中央教育會的先行會，實爲眞切之言。因爲兩者討論與議決的議案幾乎相同，各省教育總會呈請學部參酌施行的五項法案：「軍國民教育主義案」、「統一國語方法案」、「停止畢業獎勵案」、「變更初等教育方法」、「變更高等教育方法」，在中央教育會中皆有所討論，其中統一國語、停止獎勵、變通初等小學教育皆議決通過。更何況，中央教育會會長便是當時江蘇教育總會的副會長——張謇，雖然主事者不同，但兩者之間的關聯不可謂不深。誠如前兩節所言，此時的江蘇教育總會已經預備邁向全國交通時期，積極地向全國宣揚其成績，並向中央建言，企圖建立一龐大的輿論力量，迫使政府更進一步地開放權力，影響中央的教育政策，以達成士紳們對於國家想像藍圖。

一、中央教育會的召開

所以江蘇教育總會召開的各省教育總會聯合會，催生了清末學界最大的一場盛宴，即宣統三年（1911）六月二十日召開的中央教育會。學部大臣唐景崇，爲求全國教育之進步，仿照日本高等教育會議的設置，於京師召開中央教育會，號召全國各省在研究教育以及辦理學務上具有豐富經驗及著有成效的學界人士，薈萃一堂，共同商討全國的辦學方針。1906 年，學部成立時，即規定設置高等教育會議所。但自學部成立以來，卻一直都沒有實行過，即便各省、各縣的地方教育會在光緒三十二年（1906）後相繼成立，學部對於此股力量也是任其自由發展，並未藉助教育會在地方上處理學務的經驗和研究，對全國學制和教育進行任何的統合思考和政策研擬。但是召開全國性的教育會一事，在學部內其實一直都有討論，卻因反對者眾，始終無法成案。直到唐景崇任學部大臣，對於召開全國性的教育會議一事非常的堅持，屢次召集學部的官員會議，官員的反對的聲音始終比較多，最後在唐景崇的極力堅持下，眾官員雖然反對也不敢明言，中央教育會遂得以召開。

但以會議旁聽席的安排爲例，足見學部官員對於中央教育會的召開，一開始就具有相當的保守性：

當時原議即普通旁聽卷，然須嚴加限制。在京議員由學務大臣領取，
在外議員由會長領取。獨於新聞記者，則深閉固拒。〔註58〕

關於是否設置記者席一事，學部中的部份官員特別反對，學部大臣唐景崇爲了
讓此次會議能順利展開，遂於此事退讓遷就。根據《申報》的記載官員王季烈
在內部討論時即主張不用設置新聞記者席並言：「此次果列新聞記者席，則吾之
政策將爲之一變，臨議時，吾亦須略罵學部一二語，以博聲譽」。〔註59〕　幾經
轉折之後，中央教育會雖未設記者席，卻設了旁聽席，但旁聽者則多爲記者，
可見學部官員召開中央教育會的目的並不是想讓各種意見大鳴大放。而會長的
派任，一開始鎖定的人選有三：嚴復、孟慶榮以及戴展誠，後來才決定由頗負
民間聲望的張謇擔任會長一職，學部之所以選擇張謇爲會長，在當時人的眼中
頗有沽名釣譽之嫌，意欲藉此籠絡士紳，好讓士紳爲其政策背書。唐景崇在開
會致詞中即言，希望藉助與會眾人長年參與地方教育的經驗，對地方利弊的熟
悉，必能對整體的教育政策、方向、進行的次序和社會的情形有相當之掌握，
願與會眾人「各推本所學及一己之經驗，殫竭義醞，折衷至當。備本部之諮詢
採納，上以助國家憲政之治，下以開教育普及之盛」。〔註60〕

而民間對於中央教育會的召開目的也是議論紛紛，大致上分爲三派。一派
認爲教育是新政中最具顯著成績的一個項目，但因爲「上下之情，睽隔太甚，
各省狀況與服民間之經驗，學部不盡知也。故措施之間，未能盡當」。〔註61〕
所以開會的目的在溝通教育政策及行政中的疑問和滯塞之處，並且期望：「吾國
教育之進步，殆可一洩千里，沛然而莫之禦乎！」〔註62〕第二種說法則是認爲，
學部之所以召開此會，是因爲去年在資政院被質詢時，有被議員砲轟的狀況，
爲了避免類似的情形再次發生，故先羅致資政院有力之議員開中央教育會。最
後一種說法，則是認爲開會的目的完全是消極的。因爲新的立憲籌備清單中，
有擬定國庫補助小學經費章程、試辦義務教育章程、頒佈國語課本和軍國民教
育方法等案，皆難以實行，故學部欲藉由中央教育會將其否決。

學部召開此會真正的目的爲何？由於資料不足，並不可考。但是經由會議
的過程，可知最後一種說法是完全不正確的。而第一種說法則是太過於樂觀，

〔註58〕〈中央教育會雜聞〉，《申報》，1911年7月26日，第1張第5版。
〔註59〕〈中央教育會開會三紀〉，《申報》，1911年7月23日，第1張第4版。
〔註60〕〈中央教育會開會紀盛〉，《申報》，1911年7月21日，第1張第4版。
〔註61〕陸費逵，〈論中央教育會〉，《教育雜誌》，第3卷，第8期，1911，頁3091。
〔註62〕陸費逵，〈論中央教育會〉，《教育雜誌》，頁3091。

從結果來看，中央教育會雖然決議了許多重要的教育政策，但整個會議過程的喧嘩吵鬧，顯現出中央官員與地方代表之間的意見分歧。張謇在會前希望各議員在討論議案時必須「平心商榷，不可爭持意氣」，在整過會議進行的過程中，可以說是完全被忽視。但中央教育會的召開，在當時仍是一件鼓舞人心的盛事，有志於教育改革的知識份子對於此會的召開抱持著很大的期望。認為此會集合了研究教育學理且富有辦學經驗的地方代表和握有教育行政權的學部官員，兩者面對面地討論有關教育的一切事務，對全國教育的進步應該是大有裨益。

中央教育會於宣統三年六月二十日（1911 年 7 月 15 日）正式召開，組成人員依照章程規定官方的代表有：學部丞參及各司長參事官、各局局長；視學員；學部直轄的各學堂監督；民政部內外廳丞及民治司司長；陸海軍部軍學司司長；京師督學局二人。而地方代表則是請提學使從各省學務公所的議長或議紳、教育總會會長和副會長推舉一人或二人；從各省學務公所科長及省視學中，由提學使遴派一人；各省兩級師範，及中學堂之監督、教員，及兩等小學堂長，由提學使遴派二人。除此之外，學部再挑選「著有學識或富於教育經驗者」三十人。〔註 63〕由章程中的會員資格之限定，隱約可見學部的保守性，與會人士以官方人員居多，即使是地方人士亦須經過提學使的審核方可參加。由於中央教育會章程是參考日本高等教育會所擬定而成，舉凡會議規則、會員資格均可見日本高等教育會的影子。日本高等教育會的會員資格共有十七項，除各學校校長外，有內務省、地方局長，陸海軍教育主任、將校，文部省各局長等等。其餘則為地方人士，例如：圖書館長、博物院長，各府廳州縣的視學官、衛生會顧問長等等。並非所有符合上述之資格的人皆可與會，而是有名額的規定，或者是互選而出。〔註 64〕兩者互相參照，可知中央教育會的與會資格，在官員資格的大部分皆沿襲日本高等教育會的模式，唯獨在地方代表的資格上因應國情而有所調整。為什麼開一個教育會議需要聚集如此多樣的人員與會？

　　夫必萃如許之人材，乃可議及教育事宜。其所以必徵集多數行政者，
　　則以教育有關於地方自治制，有關於軍國民，有關於實業故。〔註 65〕

〔註 63〕〈中央教育會章程〉，朱有瓛主編，《教育行政機構及教育團體》，頁 172。
〔註 64〕關於日本高等教育會的會員資格，參見〈追論中央教育會派員與會之弊〉，《盛京時報》，1911 年 9 月 1 日，第 2 版。
〔註 65〕〈追論中央教育會派員與會之弊〉，第 2 版。

也就是除了一般熟習教育原理的學者，和許多熟稔教育實際事務的中央和地方教育者之外，還有其他部會的官員也要參與討論，因爲教育政策不是單方面的，尚須其他部會的配合，此點在爭論最凶的〈試辦義務教育案〉、〈軍國民教育案〉中皆爲重要的問題所在。但中央教育會開會之時，是否真有度支部等其餘各部會首長參與會議的討論？答案是否定的。而章程中所謂的「著有學識或富於教育經驗者」，在當時的人看來根本就是空話一句。因爲，教育是一專門的學問，有學識的人不一定懂得教育，更何況教育一事非久於閱歷，無法瞭解其中的訣竅。學部所派者，除了該部的「頑固司員」外，又藉此名義濫派數十人，其中不是政客、舊學家就是實業加或是古董的鑑賞家，如同《盛京時報》所言：「言乎學識，則誠哉有學識也」，由於中央教育會所議之事皆關乎教育，需有教育方面的學識才符合會議代表的資格，難怪當時有人以「大請客」一語譏諷之。〔註66〕加上與會者的無視會場秩序和結果令人失望，使得《申報》在會議結束之後，發表了一篇評論，直斥會場議員皆各懷私意，不顧大局，而開會時彼此之間的謾罵、咆哮，使得整個議場秩序蕩然無存，簡直就是一場「以視粉墨登台之劇場猶不及焉」的鬧劇。〔註67〕

二、學部與地方代表之間的分歧

　　學部大臣唐景崇在開會致辭中，認爲目前教育方針最重要的是「實業教育」及「普及教育」，而會長張謇則認爲目前教育最重要的是「軍國民教育」、是「救亡圖存的教育」、是「國家的教育」，是一整體的大方向。張謇於開會致詞中言：

> 私心惰力，二者之病，既爲教育精神上之大害，然則藥之有道乎？曰
> 救私心當竭力提倡國家主義；救惰力，當竭力提倡軍國民教育。提倡
> 國家主義，即前此學部教育宗旨之所謂尚公；提倡軍國民教育，即學
> 部教育宗旨之所謂尚武。能實行尚公、尚武兩者，以救精神之病，則
> 所謂尊君、尊孔、尚實三者，皆在躬行實踐，不言而喻之。〔註68〕

可見張謇重視的是整體教育精神的確立，而中央所重視的則是學齡兒童的調查、學區的劃分、經費籌畫等末節。至於實業教育一項，則是因當時的內閣

〔註66〕　〈追論中央教育會派員與會之弊〉，第 2 版。
〔註67〕　〈中央教育會議事成績之評論〉，《申報》，1911 年 8 月 12 日，第 1 張第 2 版。
〔註68〕　〈中央教育會會長張謇開會詞〉，《申報》，1911 年 7 月 23 日，第 1 張 2 版～3
　　　　版。

總理授意注重實業，並非學部所確立的教育方針。可見兩者對整體教育的走向和重點，從一開始就存在著分歧。

中央教育會開會的時間從宣統三年六月二十日到閏六月的十八日，每星期開會三次，大會中應議之事，皆於前一天先送至預備會研究，以減少因爭論而浪費的時間。清末雖有統一的學制章程，但在中央權力式微的狀態下，各地的學堂和教育行政機關，基本上仍是放任由地方各自經營。由於中國傳統社會中，地方士紳便有推展教育的義務，加上《地方自治章程》中亦將「學務」下放至地方，中央只做一監督性質的掌控，所以全國的辦學和管理情形相當混亂，沒有統一性，故希望藉由中央召開的全國性會議，達到統合全國教育政策與方向的目標。

中央教育會討論的議案大多集中在初等教育的範圍，即中學與小學。對改革派士紳們而言，此時的教育目標在於實行國民教育，奠定立憲政治的基礎：「我國政體既易專制爲立憲，而教育之宗旨，自不能不隨政體而轉移」，[註69] 更重要的一點是要合乎世界的潮流趨勢，與東西文明各國並駕齊驅。更何況預備立憲的進程縮短，教育普及對於國家建設以及制度的改變，更有迫不及待的實行壓力：

> 就教育功効而言，小學中學關於全體及多數人民之知識，材藝之文野，實爲鑄造國民之機械。[註70]

如之前所言，清末士紳對教育的關注點在於普及教育而非高等教育。因爲在新的制度藍圖中，人民必須要有足夠的知識，立憲政治才有實行的可能。而高等教育只是少數人的需求，高深的學問雖然關係一國文化之進退，但在大多數的士紳想法中，仍非必要之需，尚可稍緩。本段將利用會中對於《試辦義務教育案》、《國庫補助小學案》、《軍國民教育案》這三個議案的爭論，大略地探討學部（中央）與地方之間對於學務／教育看法的歧異處。

學部提交的第一案爲《國庫補助小學案》，預備會的中的爭議點是此案究竟是要補助初等小學，還是優待教員？由於學部的提案是採用俄國補助教員薪俸的方式，而非直接補助初等小學，故有會員認爲，題目和內文並不相符合，討論三小時後，僅議決贊成題目，關於條文則需再論。[註71]

〔註69〕 〈中央教育會閉會答辭〉，《大公報》，演說，1911 年 8 月 19 日，第 3 張。
〔註70〕 〈對於中央教育會之意見〉，《申報》，1911 年 7 月 20 日，第 1 張第 2 版。
〔註71〕 〈中央教育預備會開會詳記〉，《申報》，1911 年 7 月 22 日，第 1 張第 5 版。

第二天的大會，先由學部實業司司長——陳寶泉說明學部提案的主旨，恩華、顧棟臣、王季烈再接續陳述。綜合而言，學部提案是有鑑於〈地方學務章程〉頒佈後的實行效果不好，才會想到要補助初等小學教員的薪俸，加上國庫補助不可能無所限制，所以才會想到要補助薪俸，目的在讓教員得此補助後，不只使私立學堂易於成立，公立學堂也易於設置，是一間接促進普及教育的方法。〔註72〕而姚漢章、袁希濤、吳鼎昌、胡汝霖等地方教育代表人則認為，此項補助辦法並不能達到教育普及的目的，且會衍生種種糾葛。更何況教育補助，還涉及到財政問題，即使會議通過仍須經過度支部編列預算，並且得到資政院的許可後才能實行，不然這樣的議決亦是無效。兩派爭論不決，遂交付審查。〔註73〕總之，學部官員認為只要有經費的補助，就能達到教育普及的目標，但孟昭常、江謙等人士，則認為此一想法太過天真。由於學部補助的對象主要在教員，且認為此一補助雖可以讓「各處學堂得自無至有」，但並非維持現狀和獎勵久任的最佳辦法。針對此點，孟昭常認為要讓學堂由「有至無」的關鍵，在於能否「歆動辦學者」，加薪可能只維持現狀，而不一定會增加小學堂的數目，若補助的對象僅限於教員，採取「年功加俸」的辦法即可。〔註74〕加上補助的款額未定，而且國稅和地方稅制的區分也都還沒完整的制度，現在就討論補助方法是一件很蠢的事，討論再多也只是淪為一張空頭支票。〔註75〕會中對於此案的討論甚為仔細，例如補助者究竟是教員還是學堂有所爭議外，關於被補助的學堂，資格限制又為何？只限新設，還是舊有的也需要？各方都有不同的意見，張元濟於會中便指出，此案雖經修正，而終不能無疑問。如補助之數如何？而確定補助之款如何而得度支部、資政院之認可？明年學堂勃興，假如有十萬、百萬之學堂興起，則補助之需，是否能應之無缺，〔註76〕都需要再詳加研究。最後敲定的原則，仍是以補助教員為主，且只限新辦的學堂，而非添設的學級，其目的在使學堂日漸增加，以推廣教育。

另外一項重要的議案是〈試辦義務教育案〉，此案之所以重要在於其與普及

〔註72〕〈中央教育會開會三紀〉，《申報》，1911 年 7 月 23 日，第 1 張第 3 版。
〔註73〕〈中央教育會開會三紀〉，第 1 張第 3 版。
〔註74〕〈中央教育會第一次審查會詳紀〉，《申報》，1911 年 7 月 25 日，第 1 張第 3～4 版。
〔註75〕〈中央教育會第四次大會紀略〉，《申報》，1911 年 7 月 23 日，第 1 張第 4 版。
〔註76〕〈中央教育會第四次大會詳紀〉，《申報》，1911 年 7 月 25 日，第 1 張第 5 版。

教育的目標息息相關。此案最初的爭議點在義務教育必須強制實行，故應由學部定為法令，奏請上諭強迫實行。「試辦」二字應該要將之刪去，因為義務教育非實行不可，而試辦二字彷彿無效，即行收回。〔註77〕第二次的討論，仍有三處辯論點：一、延續前一次的討論，認為試辦二字，有延宕之意，中央若真有誠意要開辦義務教育，便無所謂試辦一詞；二、簡易識字學塾，不屬於教育系統，不應將之列入；三、本案所謂的義務，僅止於勸導，並無懲罰，不能達到強迫教育的目的。除此之外，袁希濤認為在實施義務教育之前，必須要有種種的預備措施，例如教員的養成、學校的設置等問題都必須先行解決。否則空有學齡兒童，卻無法入學，實行之期仍是遙不可及。〔註78〕

義務教育的推行在實際的執行層面上困難重重，副會長張元濟在二十四日的第二次會議中提到，要辦義務教育必須先解決兩大問題，一是人，二是錢。人的部份又可分為兩種，一為間接者，即地方自治及學務專員；直接者便是教員。上次會議中，袁希濤即以直隸一省為例，認為全國約需七十餘萬名教員才勉強足夠。若每一教員的年薪以二百元計，則需一萬四千萬元，再加上其他如文書簿籍等的雜支，也需要二百二十萬元。如此龐大的數目，要如何籌措便是一個難題。籌款的方式，又可分為兩種：一為「財權統一」，由學部大臣向內閣提議：「移緩就急，而後國庫補助法，義務教育等乃有下手之方」。二為「先定稅法」，但加稅便是加重人民的負擔，更何況我國人民負擔一向極輕，一旦加重，是否能辦到也是一個問題。辦理義務教育的預備工作甚多，實在是很難急於一時。除此之外，義務教育的年限如果太長，人民因生計困苦，入學的意願恐怕不高。若以國外辦理義務教育的經驗來看，英國的義務教育始於 1817 年；而美國紐約的義務教育也只實行了三年而已；比利時至今也是尚未辦理。所以義務教育一案，不應如此倉促成事。至於「試辦」一詞，張元濟的意見則是認為可以暫存，因為「現在欲人知何謂義務教育，必先使人民知，不使其子弟受教育，即不可以為人為官者；不使其民受教育，即不以為上」。所以，學部應先指定一區域試辦，觀其成效如何，若有效，再推廣至其他區域。最後，張認為學部所定之義務年限太長，恐不易辦到。爭論頗多，最後交付審查，下次再議。〔註79〕

〔註77〕〈中央教育預備會開會詳記〉，《申報》，1911 年 7 月 29 日，第 1 張第 5 版。
〔註78〕〈中央教育會開會三紀〉，《申報》，1911 年 7 月 30 日，第 1 張第 3 版。
〔註79〕〈中央教育會第二次大會紀〉，《申報》，1911 年 7 月 22 日，第 1 張第 4～5 版。

　　民間代表認爲義務教育不能馬上辦，而必須先行提倡。由學部提出的議案觀之，第三條言「學齡兒童」、第五項言「就學義務」、第七項言「推廣義務教育」，都必須先有推廣義務教育此一概念的方法，使人人明瞭兒童有就學的義務。但是以當時的國情觀之：「則此義務教育四字，尚不能貫徹士大夫之腦際，蚩蚩者無論矣」。所以推行義務教育的第一步，應該是讓家家戶戶都知道何謂「義務教育」，且明瞭「不學之不可爲今日之國民」後才能開始實行。而推行義務教育的第一步，便是「明降諭旨」，明確宣示政府辦理義務教育的決心。諭旨頒佈之後，便需通報各省，且由各州縣地方官會同視學員，將諭旨譯爲白話文向民眾講說。光是張貼是不夠的，因爲鄉民們識字者本來就不多，加上風氣未開，若不向人民解釋宣傳，就強制推行強迫性的義務教育，會讓鄉民無所適從，且會讓鄉民認爲強迫入學是因外人傳教之故，容易滋生許多不必要的事非。所以，各州縣視學員一定要把政策轉化爲土音的白話，四處宣傳，才能免除民間因文告所生的疑慮，和繼之而來的流言、挑釁行爲和破壞。務必要讓人民深切地知道，義務教育就像租稅一樣是人民所應擔負的責任和義務。簡單的說，就是要讓人民養成習慣，並且努力的讓「義務」二字，深深地刻印在人民的腦海之中，自發性地願意讓孩童上義務教育，才能避免不必要的紛爭。至於法律的制裁是最後一道防線，宣傳講解讓人民具有應當之知識和瞭解才是正途：「安有知識未備，而可繩以法律哉」，所以白話講解是第二步，最後一步便是設置補助機關。

　　一般而言，義務教育的對象是學齡兒童，但在此時代轉變之際，年長者尤需教育。立憲進程表中，所謂要達到二十分之一的識字人口，主要是指兒童，但以現實的狀況來看，不識字的成年人才是大多數。更何況，兒童在未成年之時，與政治並無直接關係，眞正與政治有直接相關的是成年人，由之前討論的毀學風潮可知：「各省因舉辦新政，而迭釀風潮，則皆此年長失學者爲之梗」。〔註80〕所以，必須普設宣講所、半日學堂，讓年長失學者得以接收新知，除此之外，改良戲曲，對教育大眾的社會教育也是一有效的辦法。所以提學使應對各州縣的宣講材料加以注重。以上三項，都是爲了要讓普及教育深化於民心的必要措施，至於學區的分化、學費的支配等項，還要其他行政單位的配合，非單純的學務範圍，與其在無謂的枝節中打轉，不如先確定方向和宣傳，才是使義務教育可以順利推行的首要之機。

〔註80〕沈同芳、陸爾奎，〈提倡義務教育芻議〉，《申報》，1911 年 7 月 24 日，第一張
　　　　第 2～3 版。

軍國民教育一案，可謂是此番會議的重頭戲。軍國民教育在全國各省教育總會聯合會中，已然通過，亦是時任江蘇教育總會會長唐文治，在致中央教育會一信中，所提及的三案之一。第三次召開大會時，除了學部及唐文治所提的版本之外，尚有陸軍部和學部的版本，會中將三個版本一併討論。正式開會時，王季烈在會中陳述了爲何要採軍國民教育時言：「中國向有重文輕武之習，實與外邦武士道之意相反。今欲中國強盛，非取軍國民教育主義不可」。〔註81〕但軍國民教育和軍事教育並不相同，軍事教育是以戰爭爲目的，而軍國民教育的目的則在使「人人長其敵愾保種之氣」。所以軍國民教育，不是海、陸二部的責任，而是學部的職責。

第一次在大會中討論時，主要的爭論點在軍國民教育的精神，此部份的爭議較少，直到論及「打靶」一節時，爭議逐日趨激烈。在唐文治所提出的版本中，認爲中學堂的學生皆應練習打靶，而學部的版本中雖亦有打靶一節，但條文中有打靶一事若稍一不愼，恐滋生流弊的字眼，在會中遭楊保恆的痛批。激起學部的代表恩華的反彈，便以其擔任高等巡警學堂教員時，曾親眼見學生藉打靶之名，縱槍擊人的經歷說明打靶之流弊爲例，來替學部的提案辯護。綜觀第一次將軍國民教育提入議程時，會中除了恩華一人外，反對打靶一事者並不多。但二十九日的會議，因集中討論打靶一節，反對的聲浪漸多。反對者大多認爲打靶是軍事教育而非軍國民教育。之後，關於軍國民教育的爭論，便是圍繞在打靶一項，贊成與反對者平分秋色，致使最後進行表決時，贊成者與反對者同聲喧嘩，搗亂發言秩序，使得整個會場的議會秩序蕩然無存，只能決定先付審查，下次開會再議。

其實在學部的內部討論中，軍國民教育一案原本是有「中學以上練習打靶」一項的。後來因學部官員喬樹枬的極力反對而撤銷此條。喬樹枬一開始以打靶要浪費過多的經費爲理由反對，遭唐景崇駁斥後，遂言「現在學生程度不齊，倘此舉實行後，施之於一堂，則講堂監督即是靶；行之於一省，則本省督撫則是靶；全國一律照辦，則學務大臣即是靶。流弊所及，不可不防」，因其發言時，聲色俱變，學部大臣見其反對如此激烈而將此條撤去。喬樹枬此番言論受到了報紙輿論的大肆批評，《申報》在此項報導之後下了如下的評語：

實行打靶監督、督撫、學務大臣未必即是靶，而後亮子乃眞是靶矣。

〔註81〕〈中央教育會第三次大會紀〉，《申報》，1911 年 7 月 28 日，第 1 張第 5～6 版。

〔註82〕

《大公報》也針對喬樹枏的作為大肆批評，亦有專文斥責喬樹枏他反對軍國民教育的謬論。〔註83〕

　　王季烈在六月三時的第五次大會時，認為昨天軍國民教育案的表決「靠不住」，因為當天與會者共有 148 人，贊成者 76 人，雖為多數，但因會議採取起立表決，難保數數時不會出錯，加上會場的設計不良，後排之人有可能因誤聽而起立，故應重新討論及表決。對於軍國民審查會的會員資格，王亦認為有偏袒之嫌，因會中竟無一學部之代表。此番言論，遭會員陸光熙的反對，陸直言昨日表決人數，為確定之多數，因為學部開中央教育會的目的是「聚多數人士相與琢磨」，故「學部會員不應列會員之席」。〔註84〕此話一出，等於直接排除了學部與會人士的議決資格，引起戴展誠、恩華、陳寶泉等其他人的強烈不滿。而之後每一次開會的討論，反對與贊成者壁壘分明，很難取得共識。

三、會後士紳的反應

　　中央教育會結束之後，各方的失望之情可以說是溢於言表，學部大臣及會長張謇兩人對中央教育會開會的過程皆有所不滿。唐景崇對會員的提案「多有不以為然者」，而張謇在會期進行期間就先行出京，可見會議氣氛不甚融洽。〔註85〕開議的情形更是每況愈下，張謇出京後，整個會場秩序根本就是慘不忍睹，其中以孫雄鬧場的情形最為嚴重。討論〈軍國民教育案〉中，有關體操一節時，孫雄認為，如此一來學堂等於就是運動會；在江蘇教育會代表黃炎培說明審查主旨後，孫雄竟要求條文中必須詳加註明，因為學生恐怕沒有貴會員的程度。《申報》的短評中，曾有如下之言：

> 中央教育會連日紛紛擾擾，嬉笑怒罵，無所不有，大類戲場。而孫雄者尤武場中之頭等腳色也。時而奮臂大呼，時而裂眥狂吼，時而叱人起立，時而從袖中摸出上諭，信口宣讀。嗚呼！孫雄其無理取鬧之雄哉！〔註86〕

〔註82〕〈喬亮子反對軍國民教育〉，《申報》，1911 年 7 月 24 日，第 1 張第 4 版。
〔註83〕无妄，〈斥喬樹枏阻撓軍國民教育之謬說〉，言論，《大公報》，1911 年 7 月 19 日，第 1 張。
〔註84〕〈中央教育會第五次大會紀〉，《申報》，1911 年 8 月 1 日，第 1 張第 5 版。
〔註85〕〈中央教育會碍難展期〉，《大公報》，1911 年 8 月 12 日，第 1 版。
〔註86〕〈時評〉，《申報》，1911 年 8 月 19 日，第 1 張第 6 版。

而第十次大會的議場秩序根本就是一團混亂，有人「拍桌叫罵」以及「頓足」，讓江謙發出「教育會性質不應如是」的感嘆。會中討論初等小學是否要廢止讀經講經一案時，尚有林傳甲上演的鬧劇。林傳甲認為，讀經講經萬萬不可廢，因為此舉「廢經叛孔，是喪失國粹」，發言時情緒激動，甚至是「大聲急呼」、「痛哭流涕」、「擊案頓足」，持續約有一分鐘之久，並且不管眾人的阻止，盤據發言台。〔註87〕

另外，士紳們的離心力可以從與會者看出一二不尋常的地方。〈中央教育會章程〉中，規定參與會員的資格中，地方代表為各省學務公所議長或議紳，及教育總會會長、副會長。〔註88〕但從與會人士中，很明顯地可以看到各省教育總會的會長是缺席的。其中各省教育總會的龍頭——江蘇教育總會會長——唐文治便未參與。而對照一個月前才召開的全國各省教育總會聯合會，中央教育會的會議過程與之相比，可以說是混亂而無秩序，即使有決議的政策，也與民間的期望差距甚大。中央教育會會長張謇對於與會人士的素質亦是有所抱怨：

> 學部諸公既不知世界之大勢，對於教育國民，又無一定之方針。此次所派該部會員，雖不乏一二有卓識之士，然於教育原理、現今時局，茫然不解者實繁有徒。各省來會會員其中雖多教育家，然每遇一事，往往沾沾於字句之末，未能就全體立言，彼此因無謂之駁擊，費時至數小時，且會場秩序之紛亂，語言之龐雜，幾與劇場無異，甚者彼此謾罵。初不料聚無數之教育家演出此種惡劇，真令人氣悶欲死。〔註89〕

此番言論與日後《大公報》認為中央教育會不過是聚集「一羣咬文嚼字之人」與「一羣淺見薄識之官」的見解頗有暗合之處。會員資格的不合宜，和先天上對於教育精神、目標的歧異，導致開會過程中「無一次不秩序大亂，無一次非草草了事，紛紛擾擾，鬼混了三十光陰而已。」〔註90〕國家正值危難的多事之秋，與會者非但不能共體時艱，認真地研究和討論教育之方針，只為了一時的意氣之爭，把會場秩序搞的烏煙瘴氣，讓擔任會長的張謇萌生「現

〔註87〕〈中央教育會第14次大會紀〉，《申報》，1911年8月17日，第1張第6版。
〔註88〕〈中央教育會章程〉，朱有瓛主編，《教育行政機構及團體》，頁172。
〔註89〕〈張會長出京前之憤言〉，《申報》，1911年8月11日，第1張第6版。
〔註90〕〈聞評一〉，《大公報》，1911年8月15日，第1張。

在惟有速求脫身之一法，早離此間一日，吾心早清靜一日」的想法，而事實也顯示張謇在閏六月初十日即已出京，此時的中央教育會尚未結束，之後的會議均由副會長張元濟代為主持。而張謇對於中央教育會的不滿，在出京前即已表露無遺，初十出京，初八便在北京發起「各省師範聯合會」，而十七日午後，張元濟亦於北京成立「中國教育會」。

四、中央教育會的成果

　　學部在開會之前，便將所有議案編輯成冊，其中最重要的項目為強迫教育及提倡實業、籌畫經費三項，而中央教育會的所有議案，根據張元濟在閉會致辭中所言，共有六十三件，但三十天會期中所討論的議案只有十八件，不到三分之一的數目。由於尚未討論的議案過多，曾有過延長會期的討論，但會議秩序越到後期越加混亂，氣氛亦不融洽，會長及學部大臣對於會議的過程和議案也都有所不滿，使得延期一事無疾而終。三十天的會期中，討論的議案有〈國庫補助小學經費案〉、〈試辦義務教育案〉、〈任免小學教員案〉、〈教育經費諮詢案〉、〈軍國民教育案〉、〈停止獎勵案〉、〈統一國語案〉、〈變通考試章程案〉、〈振興實業教育案〉、〈各省開學務討論會案〉、〈初級師範改歸省轄案〉、〈各府州中學改歸省轄案〉、〈補助各府廳州縣小學教員養成所經費案〉、〈改良師範課程案〉、〈中學畢業生補習師範案〉、〈變通初等小學教育案〉。而真正通過議決的提案有十二件，即〈國庫補助小學經費案〉、〈試辦義務教育案〉、〈教育經費諮詢案〉、〈軍國民教育案〉、〈停止獎勵案〉、〈統一國語案〉、〈變通考試章程案〉、〈振興實業教育案〉、〈各省開學務討論會案〉、〈初級師範改歸省轄案〉、〈變通初等小學教育案〉中的小學以手工為必修科，不設讀經講經科，和男女同校兩項。

　　其中毫無異議一次就通過的當屬〈停止獎勵案〉和〈變通考試章程案〉，其餘的如軍國民教育、試辦義務教育以及教育經費等案在開會過程中，皆有許多的爭議。其中爭執最烈的當屬〈軍國民教育案〉和〈試辦義務教育案〉，最後結果雖然皆以通過作結，但其爭論的過程，足以顯示中央與地方之間對於教育方向的歧異。也是因為這樣的歧異，導致中央教育會尚未結束，身為會長的張謇便先行離京，進而另外組織「全國師範聯合會」，此一動作，顯示出民間人士對於中央教育政策的整體不滿。此次會議的召開，在某種程度上足以彰顯改革派士紳對於清政府更深層的失望。立憲的口號呼喊了將近十

年，改革派士紳們對於制度的變革寄望如此之深厚，最後的結果卻仍無法滿足。在得尺則尺進，得寸則寸進的溫和改革份子的心理，鑑於國會三次請願的失敗、教育改革的烏煙瘴氣以及鐵路問題的無法解決，滿懷的無力感，促使他們在辛亥革命爆發後，寄望一個能實現其理想國家藍圖的新政權。

　　加上會中通過的議決案是否實行，並非中央教育會和學部所能決定，除了部份議案因與國家財政有直接之關係外，如〈國庫補助小學案〉、〈養成小學教員案〉，實行與否尚須仰賴財政大臣和資政院的同意才有施行的可能，倘若其他單位不同意，此議案形同取消，而教育普及之夢想仍然只是空話而已。更重要的一點，中央教育會對於議決的實行效力，不具任何約束力。學部召開中央教育會時，便明言開會的目的在於「博採羣言，廣徵意見，以期教育之發達，輔憲政進行，而為根本問題之解決」，〔註91〕加上開會以來，各省代表和學會官員形同水火，在許多議案的討論過程中不但沒有取得共識，還是對立的兩方。所以，一些極具爭議議案，雖在地方代表的強勢主張下通過，但決定是否執行議案的權力則掌握在學部官員手上。不管學部執行與否，或者是執行的敷衍了事，中央教育會對學部的作為，無法構成任何的約束力。

　　　　開會之初，會員中竟無一人質問及此議決而不實行，果為背法與否？
　　　　提為議案，作成先決問題，以保持議決之效力，必負責任者有人，
　　　　而後通過之議案，方不致變為泡形幻影。〔註92〕

所有通過的議案是否實行，以及施行的程度，仍是由學務大臣和學部官員作最後的裁決。加上會期甚短，議案又多，為了「牽議案以就時期」，議員們往往是倉促地討論，草草通過。所有議案是否能通行全國，其實存在著很大的疑問。加上中國幅員廣大，各省往往又自行其事，各為風氣，以此一隅之見解，是否能為全局之統一計畫，強迫其他各省跟進，也是一項問題，甚至會產生削足適履的現象，於教育前途實為一大阻力。

　　會議結束後，唐景崇於二十二日召集學部各官員開會審核中央教育會中所提的議案，原本以為學部會採納議案加以推行。〔註93〕沒想到隔天便傳出，唐景崇認為此次的議決案，有許多是逞一時意氣及個人主觀的結果，表面上看起來似乎是很周全，實際上確有施行的困難。故擬將各項議案通行各省提學使，

〔註91〕〈論中央教育會之前途〉，《申報》，1911 年 8 月 24 日，第 1 張第 4 版。
〔註92〕〈論中央教育會之前途〉，第 1 張第 4 版。
〔註93〕〈學部將採行議案矣〉，《申報》，1911 年 8 月 21 日，第 1 張第 6 版。

視各地之情形，擬妥試行之法。若眞有窒礙難行之處，馬上向學部申覆。〔註94〕短短幾天之內，學部的態度竟有如斯廝轉變，主要在於中央對於教育會議決各案的態度，有所疑慮。官員劉廷琛在會後便上奏，認爲中央教育會中議決廢除初等學堂講經讀經一案，實在是「離經叛道，荒謬絕倫」。〔註95〕

　　關於小學廢經一事，沈同芳在中央教育會集會期間，曾於《申報》發表文章說明民間人士的態度：

> 按定章，初等小學第三四年有讀經講經科，議者或病經意艱深，不便於兒童之心理，名詞奧衍，尤不便爲直觀之教授。且國文教科書，既按照兒童程度以編纂，而又使之讀難解之經義，至於政治知識，更非兒童所能領會。凡此皆停止初等讀經者所主張，誠持之有故，言之成理，而最近各省教育聯合會，條陳大部，謂宜將初等讀經講經時間，改爲其他各科時間，而節錄經訓定爲修身科之格言，且以經書爲教員最要之參考書。〔註96〕

簡單的說，就是「經可不必全讀，而可以節錄；不必責學生以誦讀，而但求教員之善講。果如所言，甯非事半功倍」。〔註97〕但根據沈同芳的經驗和觀察，可以將經書融會貫通，講解起來又能隨心所欲的教員十個裡面，恐怕連一兩個都沒有。遽然廢棄讀經，不但可能連融會善講的教員都培養不出來，誤解經義者也會更甚於今日。所以，廢除讀經不可行，而應採取折衷的辦法，即採用節錄本。因爲與其討論經典是否該讀，不如討論經典是否該廢。而沈同芳認爲經不可廢的原因在於，不論是何種中國的學術派別，在援引時都必須以經爲依歸：

> 無論何種學派，其所稱引，必納之於經，以自圓其說。漢宋門戶無論，已即今之言立憲者，必曰天視民視，天聽民聽；言革命者，必曰湯放桀武王伐紂；言鹽民權者，必曰民貴君輕。此猶涉政治問題也，其他尋常動作、人倫道德，譽之者，必曰經正民興；毀之者必曰，離經畔道。〔註98〕

他們認爲孔子雖非西方的宗教家，但其力量與影響，是國家的魂魄，不論新

〔註94〕〈學部不信教育會〉，《申報》，1911 年 8 月 22 日，第 1 張第 6 版。
〔註95〕〈專電一〉，《申報》，1911 年 8 月 21 日，第 1 張第 6 版。
〔註96〕沈同芳，〈變通初等小學讀經講經芻議〉，《申報》，1911 年 7 月 31 日，第 1 張第 3 版。
〔註97〕沈同芳，〈變通初等小學讀經講經芻議〉，第 1 張第 3 版。
〔註98〕沈同芳，〈變通初等小學讀經講經芻議〉，第 1 張第 3 版。。

學、舊學，各種門派皆須引援爲據所以「經」既然不能廢，卻又與兒童的心理發展相悖，編輯節本是最好的方法。〔註99〕經典的講讀並非是完全的廢除，而是爲了順應兒童的心理和腦力發展，以節錄本的方式教學。

除此之外，停止「實官獎勵」一案，在中央教育會會議的過程中，雖是一次討論就通過的案子。但在會議結束後，唐景崇對於此案卻甚有疑慮，因爲此案可以說是地方戰勝學部的最佳典範。關於此案在討論時，便分爲三派：一、先將他項獎勵保舉一律停止。二、獎勵故當停止，出身也要停止，學堂畢業後用某某畢業生即可。此觀點爲地方代表的言論，認爲：「國家尊重舊出身，故社會尊重出身；國家若尊重畢業生，則畢業生亦重。且出身爲入官之謂，既不獎官，何不一律停止？」〔註100〕三、不是不廢，而是因爲社會上的習慣心理，有此名者爲人所重，尤其是偏僻爲開化之區，更重視傳統的功名，所以欲藉此爲發達教育之手段。許鼎霖言，學部應明定「學何科者即行何事，則農工醫等事均可振興。各專一事業，有大效果後，不妨獎勵爵封。東西各國因事業而得爵者，指不勝屈。若不正其趨向（同），即停止舊名而稱畢業生，其做官之思想如故。是思一稱畢業生，即不思做官乎？此根本之問題也。」正式大會時，汪榮寶言，此案大略有二派，一主張緩停出身（待文官考試實行後再停止）；一主張速行一律停止。所以他主張：

> 本員以爲出身與學位不同，學位是名譽獎勵，出身是利祿獎勵。暫留出身是仍留學生利祿之心也。且學問本有高等、普通之不同，普通學生給以出身，是使人人有爲官之意也，二者流弊極大。學堂志在爲官，道德於以壞，既欲爲官，即不願謀他項職業，生計於以窮，此事關乎教育方針。望眾會員贊成一律停止，爲教育上放一光彩。〔註101〕

最後，中央教育會通過的是唐文治的版本，與唐景崇的想法似乎有所出入，因爲學部大臣的立場，偏向第三個選項，不應驟然遽廢，故對此案的議決疑慮甚多。

由於中央教育會對於各議案的實行沒有參與權，而學部的態度似乎也只將中央教育會當作是一諮詢的對象，並未給予眞正的尊重。對當時的參與人士和

〔註99〕沈同芳，〈變通初等小學讀經講經草議〉，第1張第4版。。
〔註100〕〈中央教育會開第五次預備會詳紀〉，《申報》，1911年8月1日，第1張第5版。
〔註101〕〈中央教育會第六次大會紀〉，《申報》，1911年8月2日，第1張第5版。

報章媒體而言,皆認爲:「觀乎東西各國的議案,議會一旦經議會決定後,行政部門只需斟酌並後而推行實行,此乃立憲國的慣例」。但中國一直以來則有「成立者自成立,推行者自推行」的現象。〔註102〕加上中國的決策系統,向來就是以官方的意見爲主,經由地方提議而推行者實屬少數,大多會受到官方的延宕與牴牾。以諮議局和資政院開議以來的情形觀之:「其所謂成立之議案,蓋無律其數千百條,而得行政長官之同意,以朝報可,而夕推行焉者,亦僅僅千百之什一耳」。〔註103〕因此,中央教育會中議決的議案,若屬地方提議者,其命運可想而知。若由之後學部大臣和中央的態度來看,的確與此說法相符。

　　《申報》在會議結束後的總檢討中舉出會議失敗的三大原因認。爲,第一、學部與各省特派員之間的心態非常可議。因爲兩者的言論常處於對立面,且有爲反對而反對的現象:「凡一議題之討論,不問理論之是非、實際之便利與否、施行有無窒礙。雙方必先爲意氣之爭,各不相下,而議題之是是非非,轉若置諸度外」。〔註104〕倘若有會員附和學部之意見,亦遭排擠,可見雙方之間並沒有理性討論的空間,有只問立場不問是非的嫌疑。第二,學部特派員與各省代表之間的勢力亦不平均,兩者之間勢力以地方佔優勢,而學部永遠處於劣勢。主要原因在於自學部設立以來,有關教育的一切事項和地方教育普及的目的,大多遭到學部的箝制與破壞,使得地方辦學人員頗有力不從心之感。但中央教育會的代表比例又以各省代表爲多,所以雙方之間的勢力並不平衡。加上,地方代表因實際接觸地方學務,屢遭困難,極希望能藉此機會暢所欲言,並且達到理想的教育藍圖。第三,主持會議的會長和學部之間的理念不合:「會長之意嚮所趨,與學部之意嚮所趨,有兩者不相容之勢」。〔註105〕學部之所以選擇張謇爲會長人選,是一種好名之心;而會長自開會以來亦因求好名之心,以符社會眾望。以「軍國民教育議案」的審查員的名單爲例,竟然沒有一個是學部的特派員,導致學部會員在會場中忿忿不平,喧嘩吵鬧。會長亦因學部會員此一行徑而反對其反感,極力主張此案通過,遂使得學部會員更加不滿,互相交惡。可見會議召開的過程中,與會人士明顯地分爲兩派,而且互不相容,所以此會被戲稱爲一場粉墨登場的鬧劇不是沒有理由的。兩方的衝突,早在學部大臣唐

〔註102〕〈時評〉,《申報》,1911 年 7 月 29 日,第 1 張第 6 版。
〔註103〕〈時評〉,第 1 張第 6 版。
〔註104〕〈論中央教育會之前途〉,《申報》,1911 年 8 月 23 日,第 1 張第 4 版。
〔註105〕〈論中央教育會之前途〉,第 1 張第 4 版。

景崇和會長張謇的開會致辭中，就已經可以聞到火藥味，而歷時三十天的議期，處處可見兩方的衝突和官方的保守心態。

小 結

推進中國近代思想文化史轉變的主要關鍵在於學會、報紙和學校。廣義上言之，江蘇教育總會恰恰集此三者於一體。雖然總會沒有自辦的報館和學校，但從實際的層面上看來，申報與時報館在 1906 年之後與總會的關係甚為密切，可以說是總會向社會或政界發聲的輿論園地；而江蘇一省的公立新式學堂，幾乎皆為總會所掌握，此一現象，在民國之後更為明顯。張灝認為，報刊、學會和學校是近代中國公共領域出現的真正因素；〔註106〕許紀霖亦認為此三者為公共領域的基本架構，〔註107〕但中國與西方的歷史發展本不相同，所以我們不能直接以西方的概念和歷史進程套入，所以關於哈伯馬斯（Habermas）的資產階級公共領域（bourgeois public sphere）還是市民社會（civil society）的內涵並不一定適合中國。筆者以為黃宗智提出的第三領域（third realm）概念，是對中國官紳之間關係的最好描述：

> 國家與社會的二元對立，是從那種並不適合於中國的近現代西方經驗裡抽象出來的一種理想構造。我們需要轉向採用一種三分的觀念，即在國家與社會之間存在著一個第三空間，而國家與社會又都參與其中。〔註108〕

從江蘇教育總會在論述國家（官方）與社會之間的關係來看，中國的確不存在一個與國家二元對立的社會概念。在第三章的論述中可以明顯地感覺出來，張謇等總會成員雖然強調社會的力量，但都是站在輔助或是監督官方的立場，兩者之間並無對立的關係。而是比較接近孟德斯鳩和托克維爾的「中間團體」之概念：「擁有外在於政治結構的生命，而且也的確是他們的主要目的和力量的基礎；但是在政治中也發揮作用」。〔註109〕

〔註106〕張灝，〈轉型時代在中國近代思想史與文化史上的重要性〉，收於《張灝自選集》，頁 112。

〔註107〕許紀霖，〈近代中國公共領域的原初型態及其演變〉，收於唐力行主編，《國家、地方、民眾的互動與社會變遷》（北京：商務，2004 年）頁 197。

〔註108〕黃宗智，〈中國的「公共領域」與市民社會？——國家與社會間的第三領域〉，收於《國家與市民社會》（上海：上海人民，2006 年），頁 406。

〔註109〕Charles Taylor 著，馮青虎譯，鄧正來校，〈市民社會的模式（Models of civil

　　Charles Tayler 認爲 18 世紀時西方形成了，關於「意見（opinon）」的新觀念，並且對公眾或公共空間的模式做出了相當不同的界定。而這些意見，通過在受教育階層中發行報紙、評論文獻和書籍，以及通過在沙龍、咖啡館和（有時）政治集會中分散的、小規模的面對面交流，形成了一種文化人的民族感，也就是一種「公眾或公共（public）」的意見。所以公眾或公共的意見：「是指經過詳盡地辯論和討論，並被我們所有人成認爲共同同意的那種東西」。〔註110〕近代中國雖然沒有西方的沙龍、咖啡館或是俱樂部此類的文人聚會場所，但在近代中國爲了救，亡和變革這些政治問題，士紳們「不是以文學，而是直接以政治作爲中介聚集起來。討論的主題，不是所謂公共的文學藝術問題，而是民族國家的建構和傳統制度的變革」，〔註111〕所以中國的公共領域，流露出明顯的政治性質。在向現代國家轉變的過程中，改革派士紳所領導的第三領域與公共意見實爲中國近代史轉變的火車頭，藉由總會處理地方事務時與官方的折衝經驗，和自國會請願運動之後，廣泛地與各省士紳的聯絡，皆足以證明在晚清的士紳與新知識份子們的確存有一新型態的交往網絡，透過新式傳媒——報紙、學會和各省諮議局的成立日漸地在擴大中。

　　除了士紳之外，更值得注意的是「學生」這一新的團體的發展。這裡的學生，指的是受西方式教育的學子，與傳統的官學學生不同。在 1905 年科舉廢除之後，學生開始擁有自己的發展，與傳統士紳或士人的交往型態不同。各式各樣的學生團體與組織，在民國之後不斷地發展，形成一股龐大，且足以左右社會的力量，取代了傳統士紳在中國社會中政治和文化等各領域的地位，新的知識份子階層於此正式成形。而兩者之間的爭執，於五四之後日漸明顯；兩者之間存在巨大的代溝，導致傳統社會的解體和價值的崩潰。自此，中國走向一個與傳統完全不同的方向上，在整體的知識體系上斷裂地更爲明顯，故有「全盤西化」一語的出現。

---

　　　society）〉，收於《國家與市民社會》（上海：上海人民，2006 年）頁 45。
〔註110〕Charles Taylor，〈市民社會的模式（Models of civil society）〉，頁 39。
〔註111〕許紀霖，〈近代中國公共領域的原初型態及其演變〉，頁 197。

結　論

　　1905 年，正值中國近代教育史轉變的關鍵年代——廢科舉、立學部——江蘇教育總會亦以研究學務爲名成立於上海。江蘇教育總會歷經了清末、民國建立到北伐，共二十二年的時間，可以說是眾多學會組織中最長壽的。經過長期的發展與經營，到民國初年已經成爲江蘇省的一方之霸。誠如曹聚仁所言：

> 到了上海，我才知道江蘇教育會是了不得的。那位南通王張季直在江蘇是太上皇，北洋軍閥任何勢力，非張氏點頭不可。……地方割據，不管誰來稱王，教育、財政、實業這幾個部門，總是轉在他們手中；……江蘇教育會在上海西門有宏偉的會所，還有中華職業教育社。此外，如商務、中華這幾家大書店，和《申報》、《新聞》、《時報》這幾家大報館，和他們互通聲勢，眞的是煊赫一時。〔註1〕

可見江蘇教育總會在上海是極具影響力的團體。尤其是在軍閥割據的時代，江蘇一省的政治、教育、財政還是實業都可見其身影。在全國性的舞台上，尚有中華教育改進社、中華職業教育社等與蔡元培、蔣夢麟、陶行知等人組織全國性的教育團體；而自清末以來的新興媒體——報館和出版社，例如：申報、時報、中華書局、商務印書館也都與他們有所聯繫，形成一綿密的士紳網絡。而此一士紳網絡，在某種程度上維持了軍閥亂政時期的社會穩定。

　　因此在最後，筆者想要藉由官方的學務公所和民間的學會——江蘇教育總會的對比和總會的立場論述，探討清末以來士紳此一群體在面對國家與社會之間的關係時所採取的態度。誠如之前所討論的，在光緒三十二年之前，

〔註1〕　曹聚仁，〈悼念黃任之（炎培）先生〉，收於曹聚仁著，曹雷編，《天一閣人物譚》（上海：上海人民出版社，2000 年），頁 246。

清政府對於各級學堂的規範，可以說是空有學制卻無法加以管制，只能任由民間士人憑著一股興學的熱誠自行發展。光緒三十年開始，雖有省學務處綜攬一省之學務，江南各省也紛設學務公所輔佐於下，但對於發起總會的紳士們而言，學務公所之設立，似有「立法與行政併爲一權」的嫌疑。學會的設立的目的在補立法權之不足：「故以勢言，無學務公所者，不能無學會；以理言，即有學務公所者，亦不可無學會」。所以，學會必須由民間而立，而非由官方主持，其所根據之理由：

> 至謂由官主持，誠使有此萬能之長官，猶將嫌其養成人民倚賴之習重，其漠視羣益之心。況官立學校有之矣，官立學會未之聞也。推厥元因要由於不解立法行政之界說，誤認學會爲官對待之一羣，因疑生忌，遂同齗齗。不思學會所儗議待行者，仍當受成於官，官所籌慮不及者，亦可取資於會，交相益而不能互相非。〔註2〕

張謇在江蘇學務總會成立後，上江蘇學政言其立會之目的時，力陳學會設置之益處，以示成立之正當性。更言學務公所與省教育會的定位不同，因爲學務公所是官方機構，屬於政府的行政範疇，而學會則是屬於「社會」的一部份，其目的在輔助官府的不足以及提供意見，所以兩者之間屬於互利的關係。更重要的一點是，張謇認爲江蘇學務總會是行政、立法、司法三權之中的立法權，與「行政人」，即官方相對，處於監督的位置。

　　張謇雖以行政和立法之別，來區分學會和學務公所，但兩者之間的界限，在現實層面上仍是非常曖昧不明的：

> 論其區別，學務公所綜理一方學界之事，無論提撥款項，增訂章程，苟有關於學務者，皆得有權以稽核之，故其義實兼有學校行政之性質。若學會則惟研究教育之道，而不與聞他事，其界限似判然不同。
> 〔註3〕

以當時的章程來看，學務公所是一教育行政單位；而學會成立的目的則是專事教育研究，不應干涉教育之外的事，但此篇文章中又言：「要之學務公所與學會，皆所以輔官力之不足，而擴充學界之進步」。〔註4〕如果學務公所和學會，一是

〔註2〕　〈上江蘇學政唐條陳學務書〉，《江蘇學務總會文牘》初編上，頁64～65。
〔註3〕　〈論官紳仇視學務公所學會之原因〉，《申報》，1906年5月11日，第1張第2版。
〔註4〕　〈論官紳仇視學務公所學會之原因〉，第1張第2版。

官方的教育行政單位，一為民間團體，那麼「輔官力之不足」者，應該只有學會，學務公所是學會輔佐之對象，怎會有學務公所和學會的職責皆在「輔官力之不足」一語出現。以現今的觀念看這兩段文字，可以說是矛盾備至。

再以張謇本身為例，《各省學務官制》頒佈後，省學務公所的組織中設有「學務議紳」四名，「議長」一名，張謇在光緒三十二年擔任寧屬學務公所的「學務議長」一職，〔註5〕此時的他亦是江蘇學務總會的會長。如果，學務公所與教育會分屬行政與立法兩個不同的範疇，那張謇的身份究竟為何？但是這樣的情形，不只見於張謇一人，翻開江蘇教育總會的調查報告，既是地方教育會會長，又身兼地方學務公所和勸學所總董等職務的士紳比比皆是。行政與立法之間的界限，社會與官方的邊界到底在哪？而這樣的矛盾，不只存在於「學會和學務公所」之間，學部頒佈正式的《各省學務官制》後，依然存在於「教育會和勸學所」，由此衍生的議論更多。矛盾產生的主要原因，在於不論是省級的學務公所還是次級的勸學所，兩者的組成人員，皆以地方紳董為主。在傳統的認知中，士紳並不屬於官方的一員，雖擔有社會義務，卻非正式權力的組成人員，主要的目的便在輔助地方官之不足。所以即使在《各省學務官制》和《勸學所章程》頒佈之後，一般人仍將此二者視為傳統士紳的民間組織之一，而非官方的行政機構。此類新興的地方士紳組織，在清末新政尚有地方自治局，與傳統的善堂、善會等其他由民間士紳組織的團體之間形成競爭關係。主要之原因，便在於主事者的意識型態並不相同，新政所添設的機構，其中之士紳多半為改革者，而傳統民間組織則多半為傳統的地方紳董，兩者之間的身份、地位和價值觀存有差異。在新政當道的情況下，傳統紳董倍感權益受損之威脅，兩者之間遂生衝突。清末最後兩三年內，毀學風潮之所以如此層出不窮，有其深層社會結構的因素。

再者，綜觀《江蘇教育總會文牘》中的許多篇章，江蘇教育總會皆以「社會」自居，言論之中隱隱約約含著一種由下而上改革的理想。

> 江蘇學會者，尤江蘇合羣之起點也。由社會之合羣而推之於官場，由江蘇學會之合羣而推之於各省。方今 朝廷更新且日夕盼憲法之成立。若并此區區預備而尚不足見信於行政人，如我國前途之何？〔註6〕

相較於清末官府的腐敗，江蘇紳士企圖以社會的力量去改變它。但他們的社

〔註5〕 張謇，《嗇翁自訂年譜》，卷下，頁112。
〔註6〕 〈覆兩江學務處論總會應設上海書〉，《江蘇學務總會文牘》初編上，頁12。

會與政治，雖然是二分的範疇，卻仍非絕然對立的兩端，其主要之目的仍在於輔助官方的不足之處，是一種協調性的思路，即黃宗智所言的第三領域。以總會士紳的角度來說，官紳之間的理想狀態應是「官有阻力難辦之事可商之紳，紳有權利不及之處可商之官」，〔註7〕兩者之間必須密切的合作，才有利學務的推行。但甲午之後言興學者多為地方士人，實際辦學者亦多為地方士人，許多的新式學堂多由地方士紳監督、管理。加上當時的人認為：「學務者，國民公共之事」，〔註8〕即使朝廷屢次頒佈興學之詔，責成官紳合作。但在當時的人眼中卻認為，數百年來政府與社會之間的關係相當的冷漠與隔閡。更何況當時熱心於倡導學務者往往是地方士紳，而官方對熱心於地方學務的士紳又頗多微詞，認為他們侵犯了官府的權力，羅織罪名的情形非常嚴重：「各處催折學界之文牘，不曰流血，即曰革命；不曰把持地方，即曰莠言亂政」。〔註9〕可見清末地方官對於紳士集會的忌諱和不滿，地方官府與紳士之間的矛盾日益顯見。總會在回覆甯屬學務處官員時即言：

> 顧社會處立法之地位，地方官處執法之地位。吾誠不願社會中人留此藉口者，受執法人之淘汰。總之，社會之解說一日不明，即行政人之疑慮一日不解。〔註10〕

足見當時官紳之間的衝突與矛盾，與詔令中所揭示之「官紳合作」並不相符。在當時士人的想法中，社會具有新的意義，是一種「新的社會」，跟過去的社會是不一樣的。行政者必須以新的思維來對待「新的社會」，看待學會，官紳之間的齟齬才會減少，嫌隙才不會增加。

余英時先生認為清末士人，在接受西方學術時，以三個觀念為主，即「抑君權而興民權」、「興學會」和「個人的自主」，晚清士人所接收的西方觀點當然不只有這三項，但在當時的中國思想界，這三組觀念無疑居於中心地位，並且影響久遠。余英時先生並認為，這三組觀念透露出晚清士人對國家與政府的不信任，企圖將權力收歸至民間組織和個人的手中，也就是說：他們希望不斷擴大民間社會和個人的功能。〔註11〕梁啟超的《新民說》中，便明白

〔註7〕　〈兩江學務處沈觀察桐來書〉，《江蘇學務總會文牘》初編上，頁83。
〔註8〕　〈復甯學務處沈觀察桐論官紳辦學意見書〉，《江蘇學務總會文牘》初編上，頁83。
〔註9〕　〈復甯學務處沈觀察桐論官紳辦學意見書〉，頁84。
〔註10〕　〈復甯學務處沈觀察桐論官紳辦學意見書〉，頁85。
〔註11〕　詳細論述請參見余英時，〈現代儒學的回顧與展望──從明清思想基調的轉換

地指出，現在政府之官吏，以及政府的組成，都是來自民間，種瓜得瓜，種豆得豆，人民的素質不佳，自然不會有好的政府與官吏。新法、維新講了數十年，成效依然不彰，就是因爲不懂得「新民」之道。〔註12〕新的社會觀，是一種社會有機體論，強調每一分子皆能自由地發展其力量，並且能緊密地結合在一起。〔註13〕國民的養成、組織學會等各種民間社團以及遍設宣講所，都是爲了使得社會中的每個人都是健全的，由下而上地改造整個國家。清末士人，重視社會力，想要超越傳統的親緣組織團結有志之士，形成有力的社會團體傳播啓蒙思想、或是發起愛國行動，最後之目的在於建造一個類似於西方國家的理想型態。學務總會文牘最後的〈跋〉中有一句話：「非學不足以御世變，非會不足以謀公益」，〔註14〕最足以代表江蘇學務總會成立的理念與意義。以此對照沈恩孚所謂的理論時期和實行時期，即可明白，學務總會成立之初，除了要整頓地方學務外，是以社會、立法的一端自居。此想法可以透過總會與官方來往的文牘中窺見一二，而總會在處理各式各樣地方學務時，更是明確地堅持此一態度和立場。

　　江蘇教育總會一開始的關注點確實是放在地方學務上，但隨著政治氣氛的開放，例如各省諮議局的成立，使得教育會的士紳紛紛投入地方選舉之中，並參與諮議局的運作。1910 年之後，總會更積極地擴張士紳的橫向聯繫，由省至全國。在政治上，有國會請願運動和全國諮議局聯合會，其目的都在聯合全國士紳的力量，向清廷施加政治改革的壓力。而全國各省教育總會聯合會的召開，目的也是在統合各省從事教育改革的力量，以便促進教育的革新。爲了不讓地方專美於前，學部決定召開中央教育會，重新掌握教育改革的主導權。但一場中央教育會，讓士紳由會前的喜悅和希望再次落空，不論是會長張謇的提前離京，還是副會長張元濟等人後來所組成的中國教育會，都難掩對清廷的失望之情，學部與地方士紳之間的盛宴可以說是不歡而散，且進一步地加深了士紳對政府的不信任感與離心力。

　　但嚴格來說，教育會是一由士紳組成的社會團體，在意識型態上，本來就略顯保守，思考的出發點皆以維持地方社會秩序的穩定爲首要目標，不喜

　　　　看儒學的現代發展〉，收於《現代儒學論》（台北：八方，1996 年），頁 7～8。

〔註12〕梁啓超，〈新民説〉，《飲冰室文集點校》頁 547～548。

〔註13〕王汎森，〈清末民初的社會觀與傅斯年〉，《清華學報》，25：4（新竹：國立清華大學），1995。

〔註14〕何震彝，〈跋〉，《江蘇學務總會文牘》，頁 2。

劇烈的社會變動。那麼此一思考模式為何會促成辛亥革命的成功，並且成為袁世凱登上民初總統寶座的最佳助力？

Theda Skocpol 將革命理論區分為四種，分別為馬克思（Karl Marx）的革命理論、聚眾心理理論（aggregate-psychological theories）、系統價值共識理論（systems／value consensus theories）和政治衝突理論（political-conflict theories）。〔註15〕以此區別，筆者以為辛亥革命應屬於系統價值共識理論，即思想運動針對社會系統嚴重失衡所做出的激烈反應。Johnsons 於其著作中言，革命改變的首先是社會的核心價值取向，有意識的企圖採取一種有價值取向的思想運動模式，從而準備好使用暴力來反對現有權威。〔註16〕士紳們於清末的態度，雖未傾向以暴力來反對現有權威，但其心理的轉向，卻是出自於價值系統的轉變。不論從任何一個層面來看，中國自己內部本身在 19 世紀中葉，就已經是一個問題叢生的國家，而西方列強的武力壓迫和文化衝擊，除了加速內部的問題的惡化之外，事實上也提供了一條解決問題的途徑和模範。面對內外問題的交迫，加上新的價值觀和技術的輸入，使得士紳在重新思考國家未來的走向時，有更多的資源可以運用，正如 Johnson 所言：

> 如果當權者，精明靈活又善於權謀，就會進行改革，重新協調起價
> 值觀和環境，如果頑固不化，那麼就會用暴力來實現。〔註17〕

這一段話精準地詮釋了清末新政失敗以及革命成功的原因。這樣的論述，不免會令人有種強調西方衝擊的質疑，但是不可諱言的，近代中國的轉變的確是受到了大量西方文化的衝擊而產生，如果沒有如此大量新式思想資源的輸入，面對層出不窮的社會與政治困境，中國士紳只能在舊有的經典與體制中找尋出路，而無法做如此大規模的政治變革。變動，除了有內在的自身邏輯之外，外力的衝擊，實為加速的催化與轉化劑。藉由對江蘇教育總會的研究，士紳階層在清末的確擔負起轉變推動者的角色。

但士紳的致命傷，在於其歷史的延續性。以江蘇教育總會來說，其組織型態——學會，雖為一新式的士人團體，但其組成份子士紳卻具有不折不扣的傳統延續性。誠如第三章一開始所言，士紳是傳統社會的主角，負責許多

〔註15〕Theda Skocpol，劉北成譯，《國家與社會革命（States and Social Revolution）》（台北：桂冠，2003 年），頁 7。

〔註16〕Theda Skocpol，《國家與社會革命（States and Social Revolution）》，頁 13。

〔註17〕轉引自 Theda Skocpol，《國家與社會革命（States and Social Revolution）》，頁 13。

地方事務，地方的教育和教化向來都是他們的職責之一，所以不論是總會還是各地分會之所以能獲得如此廣大士紳的迴響，且獲得學部的認可、中央的允許，成爲合法性的機關，皆是因爲它具有傳統的延續性。在清廷的認知裡，尚未脫離傳統士紳的社會責任範圍。梁其姿先生在研究善堂善會時，曾指出明清的慈善組織是一「新的社會現象」。明清的慈善組織，即後來遍佈各地的善堂善會，就歷史的淵源來看並非一新鮮的事物，但這裡之所以認爲它「新」，在於它是各種因素的重新組合。〔註18〕

　　藉此觀念來看清末各式各樣的教育會，也可以說是一種「新的社會現象」。因爲，學會雖然是一新的概念與組織，但也並非沒有歷史之淵源——晚明的士人結社；地方學務，在傳統社會中原本就屬於士紳的責任。其新穎之處，在於運作的模式，是以西方的議會、學會、董事會爲學習範本，而清末各地教育會的組成份子和運作仍亦仰賴地方上的商、紳，跟明末清初善堂組織的領導人有異曲同工之妙。除此之外，梁其姿的研究中指出，善堂等慈善組織在雍正二年之後有官方積極介入的傾向。到了乾隆時代，許多地方官爲了要管理善堂、善會所發生之弊端，而介入善堂的管理，自此以後善堂日漸官僚化。當地被視爲正派的縉紳，仰仗官僚的力量，將他們心目中的惡勢力剷除，〔註19〕這一點跟晚清教育會士紳所遇到的衝突情形正好相反。以江蘇教育總會爲例，不論是在成立之初還是後來運作的過程中，都渴望得到中央或地方官的幫助。但官方除了設置規章以示管理主權之外，對地方教育會和自治局並沒有積極介入的痕跡。18世紀的中國社會，國家的中央權力仍強，縣衙門是地方最大的權力來源。所以，善堂一開始雖然被界定爲地方民間社會所資助及管理的機構，但最後還是必須依賴地方官來解決各種難題。到了清末，教育會的地方士紳雖然也有此種想法，但官僚機構的癱瘓與無能，卻無法達到清中葉以前的效果，兩相比較之下，清末民初的社會力實大於中央的統治力。

　　除此之外，江蘇教育總會和明清以來由士紳所組成慈善組織，還有一個值得玩味的地方。善堂善會在晚明時期的主事者多爲舉國知名的儒士，後來卻發生了儒生化的現象，也就是說積極參與地方事務者變成中下層的儒生。

〔註18〕梁其姿，《施善與教化——明清的慈善組織》（石家庄：河北教育出版社，2001年），頁320。
〔註19〕梁其姿，《施善與教化——明清的慈善組織》，頁320。

但教育總會的領導人則是舉國知名的人物——張謇、唐文治等著名的士紳，而從事實際事務的會員，多半也都具有舉人以上的頭銜。按照張仲禮先生的分類，教育總會的士紳皆屬於上層紳士（upper gentry）。而負責地方事務的中下層儒生（lower gentry），及傳統的地方士紳，在教育會士紳的眼中，往往被歸類爲需要再教育的一群。

　　Keith Schoppa 在研究二十世紀早期的浙江地方菁英與政治局勢的轉變中，〔註20〕把浙江省依據政治和經濟發展的程度區分爲四個區域來探討。這樣的分類是很有意思且正確的，因爲中國社會中的城市與鄉村之間存在著相當大的差距，而其掌控地方權力的菁英或士紳階層也因此而有所區別，故其政治區域的發展是很不相同的。而這樣的區分有助於我們瞭解城市和鄉村的地方菁英，各以何種方式適應新型態的政治轉變。不論如何，地方士紳自十七世紀開始，便在地方社會上扮演著重要的角色——擔負地方公共事務的經營與管理人員，亦是國家與社會的中介。到了二十世紀早期，即新政時期，清政府又開始允許士紳成立許多「準政府組織（quasi-governmental organizations）」，例如：農會、商會和教育會等等，其目的在有效地控制地方士紳和節省因實行改革而所需之花費。但對士紳而言，清廷的諭令等於是提供地方主動行爲和自治的最佳保證。

　　所以 Schoppa 認爲士紳在二十世紀中國政治發展的轉變中的重要性實大於所謂的革命團體，因爲他們才是眞正掌握社會、政治和經濟的主要角色，不論是哪一個統治者都必須要拉攏其力量。而這一股力量，在清末，即 1911 年的時候達於頂峰。所以，他認爲 1913 到 1927 年之間的歷史，並不是一種斷裂，透過士紳的作用，可以觀察到歷史的連續性。而藉由對江蘇教育總會的研究，我們也可以觀察到相同的現象，即新政的現代化過程是因地區而有區別的，在新教育體系推行的過程中，城市與鄉村之間也存在著巨大的鴻溝。此一歷史的延續性，被新興的知識階層——學生，歸結爲辛亥革命不完全成功的主要原因。

　　革命成功後，伴隨而來的是各種政治亂象，例如：袁世凱的稱帝和地方軍閥的割據，使得曾經推動革命進程的士紳被新一代的知識份子妖魔化成爲腐敗的典型：

〔註20〕R. Keith Schoppa, Chinese Elites and Political Change:Zenjiang Province in the Early Twentieth Century （Mass. : Harvard University Press, 1982）

他們慣於盜用許多好聽的名詞，做他們搶飯碗出風頭的旗幟，所以
從受他們壓迫欺侮的階級看，他們是惡霸、士豪、土皇帝、虎而
冠。……一鄉有一鄉的「鄉紳」，一縣有一縣的「縣董」；能干涉一
省政治的，便算一省的「耆碩」；對於一國的政治能夠暗中牽線的，
便算一國的「名流」；名目不同，其為害國病民的紳士則一。〔註21〕

民國成立後的政治黑暗和社會混亂，連帶使得士紳在清末所努力的目標，諸
如：地方自治、議會制度和教育都遭到新一代知識份子的猛烈批評：

年來地方自治之絕無成績，代議制度之根本敗壞，乃至教育事業弄
得像今天這樣無可救藥，他們要算是禍首罪魁。〔註22〕

所以想要有健全的政治體制、挽救亂象，唯有打敗此一由軍、官、紳三位一
體合作造亂的局面，才能談法治，談民治，和學術、思想、教育。歷史的反
諷即在此處，江蘇教育總會在清末是教育改革的火車頭，本欲藉由新式教育
的推行，培養出新一代的國民。孰料，接受新知識洗禮後的下一代，卻反過
來強力的抨擊其所努力與經營的成果。

中國士紳在意識型態方面向來保守，不喜跟政府有所衝突，傾向於維護及
保存既有政制、社會秩序，及支持這個體制的一切價值。換言之，任何對既有
體制有對抗性的思想或言論，不可能在這個合作關係中產生，也不可能在這個
領域中傳播。〔註23〕但關於意識型態一點，到了清末有所轉變，雖然保守但也
有積極的一面，期待與現實之間的落差，驅使士紳們轉向支持共和，所以才有
辛亥革命的成功。但尋找一既能夠穩定社會秩序又能實現其理念的人物才符合
士紳的共同利益，因此，他們的轉向行為雖然是進步的，但在思維上卻依然傳
統，同樣保有與官方合作的思考與行動模式。而且不論是清末還是民初，龐大
的地方士紳勢力一直都未真正地晉身為官僚集團，所以新政的效果並未如杜贊
奇（Prasenjit Duara）所言，國家權力有下達至底層的現象，社會上的控制主力
仍是士紳，或者是更低一級的「土豪劣紳」。此一現象，應到1927年，國民黨
北伐成功之後才開始有所轉變，士紳勢力自此開始步入衰微之途。

江蘇教育總會的領導人身份，是舉國知名的士紳代表和地方紳商，理想
的組織型態也是希望以城市為中心向下擴散。但總會的士紳實為城市菁英的

〔註21〕舜生，〈中國紳士〉，《中國青年》，第1卷，17期，1924年2月9日，頁6。
〔註22〕舜生，〈中國紳士〉，《中國青年》，頁6。
〔註23〕梁其姿，《施善與教化──明清的慈善組織》，頁321～322。

代表，所以江蘇教育總會的地方經驗無法做爲廣大中國農村在近現代歷史發展中的模式。城市與鄉村之間的差異，在清末從事教育工作的士紳，便已有真切的感受。但對士紳來說，新政時期最急於解決的問題，在於國家政治改革的問題，處理的是國家與社會之間的問題。所以城市與鄉村之間的差異，雖然自清末即已存在，卻從未被挑起，直至共產黨喊出「延安道路」和「以農村包圍城市」的口號，兩者之間的衝突才正式的檯面化。1916 年之後，中國的政府等同於不存在，地方軍閥的控制力皆僅限於部分，即使在袁世凱當政的頭一兩年和北伐成功之後的全國統一時期，中央公權力的重新整頓一直都沒有成功，沒有強大的政府力量，地方發展的自主性遂強，整個國家行政體系的科層化工作便無法深入地方的基層社會。而城市與鄉村之間的差距與鴻溝，隨著資本主義的發展而日漸擴大，沒有了政府官員，士紳成爲地方社會的主要管理者。然而在國家主義日漸興起的民國 20 年代，在社會中佔有一席之地的士紳，便成爲國家深耕地方社會過程中主要的剷除目標與對象。

　　共產黨的學生雜誌——《中國青年》對江蘇省教育會向來以「學閥」視之，學閥一詞應是相對於軍閥而產生，因爲江蘇省教育會的主要人物，黃炎培、袁希濤、蔣維喬、沈恩孚、郭秉文等人幾乎掌握了江蘇一省的全部教育機關：

> 在江蘇之各大反動勢力中，學閥確實要算一個，其歷史之久，並不下於軍閥，而其深根蒂固之處，反不是軍閥所可及。故江蘇自民元以來，雖號稱太平之地，軍閥卻已數易朝代，至於學閥，則卻不曾有過一次搖動，而且反因時局之變遷，政治之擾亂而更取得了優越的地位。〔註 24〕

《中國青年》的言論對於江蘇省教育會，向來就是抨擊有加，但此段文字除了點出江蘇社會確實因江蘇省教育會的存在，得以免於因軍閥更替而產生的動亂不安外。亦可說明爲何北伐至上海後，國民黨亦替江蘇省教育會冠上學閥之名號，將其會所沒收及關閉，並以另一類似組織——江蘇省教育協會——取代之。〔註 25〕如此具有影響力的社會團體，實爲國家政權建設（state

---

〔註 24〕 華貞，〈江蘇學閥之過去及將來〉，第 6 卷，第 131 期，民國 15 年 8 月 3 日，頁 167。

〔註 25〕 關於江蘇教育協會對於江蘇學閥的指控，可參考〈江蘇省教育會權威之崩潰〉，《教育雜誌》第 19 卷，第 4 號，1927 年，頁 4～6。

formation, Charles Tilly,1994）過程中的阻礙，故必須加以剷除。而士紳們除了筆桿與人際網絡之外，著實沒有革命的本錢，基本上是依賴著政權而生的，所以在政治日趨激化的過程中，這群半新半舊的改革派士紳也日漸地被邊緣化，無法成為主宰政局的中道力量。

因此筆者贊同馮友蘭認為辛亥革命是一場是紳權打倒官權的革命的說法：

> 在革命中，活動的人還多半是知識份子。他們的活動的動力，是三民主義中的民族主義。……在鄉村，歡迎革命的也是一些比較開明的紳士，他們實際上也是知識份子。我現在想起來，當時的鬥爭，是紳權和官權的鬥爭。在當時的封建社會中，官和紳本來是一樣的人。……在新政中，往往用了些本地的紳士，特別是教育一項，官是無能為力的，在教育界，紳權很快就發展起來了。〔註26〕

雖然在傳統社會中，官與紳是相互替補的兩個集團，但士紳不論是在清末還是民初，皆未被正式地融入官僚體系之中，只是一敷衍的點綴。因為清廷礙於滿漢之分界，無法真心的將權力下放。對於西方的國家政治體制，清廷並非不能接受與轉化，但其無法廣納人才，妥善地運用與收編士紳的力量，導致士紳離心力與不信任感的增加而轉向。然而，轉向之後的士紳，又無法完全拋棄過去歷史和社會的枷鎖，被視為民國成立之後的亂象根源。因此，民國之後的江蘇教育總會雖然擁有龐大的社會、文化和經濟實力，也曾主導上海，甚至是江蘇一地的勢力變化，卻因時代的變化，而消失於歷史的記載之中。

由江蘇教育總會看整體清末的教育改革，可以說是空有章法，除了在政治面上達到轉向的效果之外，在實際的執行面上，可以說是毫無系統，只能放任各地自行為政。過去對於清末紳權擴張的研究，總是偏向政治、軍事與商業上的發展，忽略了士紳在教育文化上的權力擴張與深化。民國之後的江蘇教育會，幾乎掌握了江蘇全省教育體系，從小學到大學，皆可見江蘇省教育會的身影，可以說是民間的教育部。江蘇省的教育官員，與江蘇省教育會更可以說是息息相關。除了擔負實際的教育責任外，總會更成立了經費管理處，以維持教育經費的正常運作。當民國之後的教育風氣，由普通教育轉向高等教育時，江南的著名大學：東南大學、同濟大學、暨南大學等等亦為江

〔註26〕馮友蘭，《三松堂自述》，頁32。

蘇教育會所掌握，成為南方的學術霸權與北大相抗衡。〔註27〕為教育會所掌握的東南大學、暨南大學等高等教育的型態和理念，與北京大學之間又有何不同？而教育界之間的合縱連橫更令人值得玩味。以江蘇教育會二十二年的歷史而言，清末只佔了六年的時間，剩餘約三分之二的歲月皆在民國之後。故其所能探討的問題與現象更多，是一有待開發的區域，

　　例如，在教育理念上，由黃炎培所提倡的職業教育，與蔡元培的高等教育是兩種完全不同的教育理念。職業教育的提倡。除了一般學理上的探究之外，更可上溯至清末實業教育的理念。加上江蘇教育會成立之初，多為「紳商」，故其關於社會結構的轉變與傳統有所不同，甚至與民初蔡元培、胡適等北大系統的教育思想有所差異。蔡元培是主張發展高等教育的，而職業教育和傳統中國所遺留下來的科舉觀念大為不同，故其理念與社會觀是值得深思的。而職教的理念，與後來共產黨所提倡的教育和社會觀又有何衝突之處？否則為什麼在共黨的雜誌《中國青年》，對江蘇教育會一派有如此多的批評？

　　除了，在教育上的貢獻之外，1912 年後的江蘇教育會更值得研究之處，在於觀察士紳在民國之後的發展。誠如第四節所言的清末士紳網絡，在民國之後，除了政治，因袁世凱關閉各省議會而停擺，但在文化和商業上，其勢力與網絡可以說是遠比清末更為強盛。因此，國民黨北伐至上海之後，隨即將教育總會打為學閥，並且強力將其解散，以另一可受控管的類似組織替代，其間所牽涉的各種問題應該要更深入的討論。而在武力抬頭的軍閥時代，江蘇教育會中的士紳與其關係究竟如何？為何這一股中間的力量，漸漸地無法立足於五四和五卅以來的變局？教育會權威的崩潰，有何時代的意義？都是未來江蘇教育總會研究的重點。

〔註27〕　《學衡》即為東南大學的刊物。相關研究可參考：沈松僑，《學衡派與五四時期的反新文化運動》（台北：國立臺灣大學歷史學研究所碩士論文，1983 年）。

徵引書目

一、史　料

1. 《上海通志館期刊》，上海：通志館，1933～1934 年。
2. 《大公報》（天津），北京：人民出版社影印，1983 年。
3. 《申報》（上海），上海：上海書店，1982～1987 年。
4. 《江蘇省教育會二十年概況》，上海：江蘇省教育會，1925 年。
5. 《江蘇省教育會年鑑》，第二期，上海：江蘇省教育會，1916 年。
6. 《江蘇教育會十年概況》，上海：江蘇省教育會，1914 年。
7. 《江蘇教育總會文牘三編》，上海：江蘇省教育總會，1908 年。
8. 《江蘇教育總會文牘五編》，上海：江蘇省教育總會，1910 年。
9. 《江蘇教育總會文牘六編》，上海：江蘇省教育總會，1911 年。
10. 《江蘇教育總會文牘四編》，上海：江蘇省教育總會，1909 年。
11. 《江蘇學務總會文牘》，上海：江蘇省教育總會，1906 年。
12. 《東方雜誌》，上海：商務印書館。
13. 《教育雜誌》，台北：臺灣商務印書館，1975 年。
14. 《清末籌備立憲檔案史料》，（北京，中華書局，1979 年）。
15. 《盛京時報》，瀋陽：盛京時報影印組，1985 年。
16. 《諮議局章程講義》，宣統元年，預備立憲公會出版，收於《清末民初憲政史料輯刊》，北京：北京圖書館出版社，2006 年。
17. 中國青年社編輯，《中國青年》，北京：人民出版社，1966 年。
18. 中華聯業教育社編，《黃炎培教育文集》，北京：中國文史出版社，1994 年。

19. 包天笑，《釧影樓回憶錄》，台北：龍文，1990 年。

20. 田正平、李笑賢編，《黃炎培教育論著選》，北京：人民教育，1993 年。

21. 朱有瓛主編，《中國近代學制史料》，上海：華東師範大學，1983 年。

22. 朱有瓛等編，《中國近代教育史資料彙編：教育行政機構及教育團體》，上海：上海教育出版社，1993 年。

23. 吳馨，姚文枏等修纂，《江蘇省·上海縣志》，台北：成文，民國 64 年。

24. 俞子夷，〈一九二七年前幾個教育團體——回憶簡錄〉，《華東師範大學學報》（教育科學版），1989 年第二期。

25. 茅盾，《我走過的道路》，北京：人民文學，1997 年。

26. 柴德賡等編　，中國史學會主編，《辛亥革命》，上海：上海人民出版社，1957 年。

27. 高叔平，《蔡元培年譜長編》，北京：人民教育，1996 年。

28. 商衍鎏，《清代科舉考試述略及有關著作》，河北：百花文藝出版社，2004 年。

29. 張孝若，《南通張季直先生傳記》，臺北縣：文海，1981 年。

30. 張謇，《張謇全集》，南京市：江蘇古籍出版社，1994 年。

31. 張謇，《嗇翁自訂年譜》，北京：北京圖書館出版社，1999 年。

32. 曹聚仁著，曹雷編，《天一閣人物譚》，上海：上海人民出版社，2000 年。

33. 梁啓超，《飲冰室文集點校》，雲南：昆明出版社，2001 年。

34. 許漢三編，《黃炎培年譜》，北京：文史資料，1985 年。

35. 曾樸，《魯男子·孽海花》，台北：桂冠，1984 年。

36. 湯志鈞、陳祖恩編，《中國近代教育史資料彙編·戊戌時期教育》，上海市：上海教育出版社，1993 年。

37. 湯志鈞編，《康有爲政論集》，北京：中華書局，1981 年。

38. 馮友蘭，《馮友蘭自述》，河南：河南人民出版社，2004 年。

39. 黃炎培，《八十年來》，北京：文史資料出版社，1982 年。

40. 劉大鵬，《退想齋日記》，太原：山西人民出版社，1990 年。

41. 鄭孝胥，勞祖德整理，《鄭孝胥日記》，北京：中華書局，1993 年。

42. 鄭逸梅，《書報舊話》，北京：中華書局，2005 年。

43. 魯迅，《阿 Q 正傳》，台南：金安出版社，1993 年。

44. 學部總務司編，《第一次教育統計圖表（光緒三十三年）》，台北：文海，1986 年。

45. 錢穆，《八十憶雙親師友雜憶合刊》，臺北：聯經，1995 年。

46. 璩鑫圭，唐良炎編，《中國近代教育史資料匯編：學制演變》，上海：上海教育出版社，1991 年。

47. 璩鑫圭，童富勇編，《中國近代教育史資料匯編‧教育思想》，上海：上海教育出版社，1997 年。

48. 羅繼祖輯述，羅昌霦校補，《羅振玉年譜》，台北：行素堂，1986 年。

49. 譚嗣同，《譚嗣同全集》，台北：華世出版社，1977 年。

50. 嚴修自訂，高凌雯補，嚴仁曾增編，《嚴修年譜》，濟南：齊魯書社，1990 年。

二、近人研究

1. Bastid, Marianne, *Educational Reform in early twentieth-Century China*, Ann Arbor: University of Michigan Press, 1988。

2. Charles Tayler，〈市民社會的模式〉（Models of civil society），收於《國家與市民社會》，上海：上海人民，2006 年。

3. Pierre Bourdieu and Jean-Claude Passeron，邢克超譯，《再生產——一種教育系統理論的要點》，北京：商務印書館，2002 年。

4. Schoppa, R. Keith, *Chinese Elites and Political Change:Zenjiang Province in the Early Twentieth Century*, Mass. : Harvard University Press, 1982

5. Schwintzer, Ernst Pete, *Education to save the nation : Huang Yanpei and the educational reform movement in early twentieth century China*, Ph. D.--University of Washington, 1992。

6. Tilly, Charls and Blockmans, Wim P. ed., *Cities and the rise of states in Europe, A.D. 1000 to 1800*, Boulder, : Westview Press, 1994.

7. Tilly, Charls, *The Formation of national States in Western Europe*, Princeton: Princeton University Press, 1975.

8. Xiaohong , Xiao-Planes （蕭小紅）*Education et politique en Chine : le rôle des élites du Jiangsu*, 1905～1914 ,Paris : Ecole des hautes études en sciences sociales, 2001.

9. 于志嘉，〈日本明清史學界對「士大夫與民眾」問題之研究〉，《新史學》第 4 卷，第 4 期，1993 年 12 月。

10. 孔復禮（Phillip Kuhn），《中華帝國晚期的叛亂及其敵人：1796～1864 年的軍事化及社會結構》，北京：中國社會科學，1990 年。

11. 王汎森，〈清末民初的社會觀與傅斯年〉，《清華學報》，第 25 卷，第 4 期，1995 年。

12. 王汎森，《中國近代思想與學術的系譜》，台北：聯經，2003 年。

13. 王樹槐，《中國現代化的區域研究：江蘇省，1860～1916》，台北：中央

研究院近代史研究所，1984 年。

14. 古偉瀛，《清廷的立憲運動：晚清變局的最後抉擇》，台北：知音出版社，1989 年。

15. 史卡波（Theda Skocpol），《國家與社會革命》（States and Social Revolution），台北：桂冠，2003 年。

16. 史華慈（Benjamin I. Schwartz），《尋求富強：嚴復與西方》，江蘇：江蘇人民，1990 年。

17. 田正平主編，《中國教育史研究・近代分卷》，上海：華東師範大學，2001 年。

18. 任達（Douglas R. Reynolds），《新政革命與日本：中國，1898～1912》，江蘇：江蘇人民出版社，1998 年。

19. 何思眯，《清末江蘇省學會運動之研究（1895～1911）》，台北：國立政治大學歷史研究所碩士論文，1985 年。

20. 何炳隸，《中國會館史論》，台北：學生書局，1966 年。

21. 余英時，〈現代儒學的回顧與展望——從明清思想基調的轉換看儒學的現代發展〉，《現代儒學論》，台北：八方，1996，

22. 李弘祺，《宋代官學教育與科舉》，台北：聯經，1993 年。

23. 李孝悌，《清末的下層社會啓蒙運動：1901～1911》，台北：中央研究院近代史研究所，1992 年。

24. 李達嘉，〈上海商人的政治意識和政治參與〉，《中央研究院近代史研究所集刊》，22 期（上），1993 年 6 月，台北：中央研究院近代史研究所。

25. 李達嘉，《商人與政治——以上海爲中心的探討（1895～1914）》，台北：國立臺灣大學歷史學研究所博士論文，1994 年。

26. 沙培德，〈「利於君，利於民」：晚清官員對立憲之議論〉，《中央研究院近代史研究所集刊》，第 42 期，2003 年 12 月，台北：中央研究院近代史研究所。

27. 邱秀香，〈清末江蘇教育會之研究（1905～1911）〉，收於胡春惠、周惠民主編，《兩岸三地「研究生視野下的近代中國」研討會論文集》，台北：政治大學歷史系，2000 年。

28. 邱秀香，《清末新式教育的理想與現實》，台北：國立政治大學，2000 年。

29. 胡春惠，《民初的地方主義與聯省自治》，北京：中國社會科學出版社，2001 年。

30. 桑兵，《晚清學堂學生與社會變遷》，台北：稻禾，1991 年。

31. 桑兵，《清末新知識界的社團與活動》，北京：三聯，1995 年。

32. 高田幸男，〈江蘇教育公會の誕生——教育界に建る清末中國の地方政治

と地域エリト〉,《駿台史學》,第 103 號（東京：駿台史學會,1998 年 3 月）,頁 1～29。

33. 高田幸男,〈辛亥革命前夕江蘇學務總會與地方教育界〉,《史林》（上海：上海社會科學院出版社,2002 年增刊）,頁 93～96。

34. 高田幸男,〈清末江蘇における地方自治の構筑と教育会──江蘇教育総（總）會による地域エリートの「改造」──〉,《駿台史學》第 111 號（東京：駿台史學會,2001 年 2 月）,頁 37～62。

35. 張玉法,〈戊戌時期的學會運動〉,《歷史研究》,1998 年,第 5 期。

36. 張玉法,《清末的立憲團體》,台北：中央研究院近代史研究所,1971 年。

37. 張仲禮,《中國紳士：關於其在十九世紀中國社會中作用的研究》,上海：上海社會科學院,1991 年。

38. 張仲禮,《中國紳士的收入》,上海：上海社會科學院,2001 年。

39. 張朋園,〈立憲派的「階級」背景〉,《中央研究院近代史研究所集刊》,第 22 期（上）,1993 年 6 月。

40. 張朋園,〈時報──維新派宣傳機關之一〉,《中央研究院近代史研究所集刊》,第 4 期,1973 年 5 月。

41. 張朋園,〈預備立憲的現代性〉,《中國近代的維新運動──變法與立憲研討會》,台北：中央研究院近代史研究所,1982 年。

42. 張朋園,《立憲派與辛亥革命》,台北：中研院近史所,2005 年。

43. 張朋園,《梁啓超與清季革命》,台北：中央研究院近代史研究所,1964 年。

44. 張倩儀《另一種童年的告白：消逝的人文世界最後回眸》,台北：臺灣商務,1997 年。

45. 張桓忠,《上海總商會研究》,臺北：知書房出版,1996 年。

46. 張起鳳,《黃炎培：中國職業教育之先驅》,台北：國立師範大學歷史研究所碩士論文,1990 年。

47. 張偉平,《教育會社與中國教育近代化》,杭州：浙江大學出版社,2002 年。

48. 張灝,〈思想的轉變和改革運動〉、〈轉型時代在中國近代思想史與文化史上的重要性〉,《張灝自選集》,上海：上海教育出版社,2002 年。

49. 張灝,《梁啓超與中國思想的過渡》,江蘇：江蘇人民,1995 年。

50. 梁其姿,《施善與教化──明清的慈善組織》,石家庄：河北教育出版社,2001 年。

51. 莊吉發,《京師大學堂》,台北：國立臺灣大學文學院,1970 年。

52. 許紀霖,〈近代中國公共領域的原初型態及其演變〉,收於唐力行主編,《國

家、地方、民眾的互動與社會變遷》，北京：商務，2004 年。

53. 許美德（Ruth Hayhoe），《中國大學：1895～1995，一個文化衝突的世紀》，北京：教育科學，2000 年。

54. 陳以愛，《中國現代學術研究機構的興起：以北京大學研究所國學門爲中心的探討（1922～1927）》，台北：國立政治大學，1999 年。

55. 陳玉申，《晚清報業史》，濟南：山東畫報出版社，2003 年

56. 陳東原，《中國教育史》，台北：商務，1976 年。

57. 陳科美主編，《上海近代教育史：1843～1949》，上海：上海教育出版社，2003 年。

58. 陳雯怡，《由官學到書院：從制度與理念的互動看宋代教育的演變》，台北：聯經，2004 年。

59. 湯志鈞，《戊戌時期的學會和報刊》，台北：商務印書館，1993 年。

60. 費孝通，《中國紳士》，北京：中國社會科學，2006 年。

61. 馮筱才，《在商言商：政治變局中的江浙商人》，上海：上海社會科學院，2004 年。

62. 黃克武，〈清季重商思想與商紳階層的興起〉，《思與言》，第 21 卷，第 5 期，1984 年。

63. 黃宗智，〈中國的「公共領域」與市民社會？──國家與社會間的第三領域〉，收於《國家與市民社會》，上海：上海人民，2006 年。

64. 黃東蘭，〈國家、地方社會與地方自治──清末川沙自治個案研究〉，收於唐力行主編，《國家、地方、民眾的互動與社會變遷》，北京：商務，2004 年。

65. 楊功亮，〈我國教育行政制度之沿革及其發展〉，《教育行政治度研究》台北：商務，1967 年。

66. 賈志揚，《宋代科舉》，台北：東大，1995 年。

67. 劉正偉，《督撫與士紳：江蘇教育近代化研究》，石家莊：河北教育出版社，2001 年。

68. 劉秀琴主編，《近代中國社會文化變遷錄》，杭州：浙江人民出版社，1998 年。

69. 劉龍心，《學術與制度：學科體制與現代中國史學的建立》，台北：遠流出版社，2002 年。

70. 鄭世興，《梁啓超教育思想》，台北：幼獅出版社，1980 年。

71. 蕭小紅，〈從黃炎培與江蘇省教育會看國家和社會關係的歷史演變（1905～1927）〉，收於朱宗震，陳偉忠編，《黃炎培研究文集‧二》，四川：四川人民出版社，2001 年。

72. 蕭小紅，〈教育與政治：新文化運動時期的中國省際菁英──江蘇省教育會的個案研究〉一文原為〈Chinese Provincial Associations with the New Culture Movement, 1914～1927〉。

73. 蕭邦奇（R. Keith Schoppa），周武彪譯，《血路：革命中國中的沈定一（玄盧）傳奇》，南京：江蘇人民出版社，1999 年。

74. 謝義勇，《蔡元培社會教育思想之研究》，高雄：復文圖書出版社，民 79。

75. 瞿立鶴，《教育行政》，台北：國立編譯館，1992 年。

76. 瞿立鶴，《清末教育西潮：中國教育現代化之萌芽》，台北：國立編譯館，2002 年。

77. 瞿同祖，《清代地方政府》，北京：法律，2003 年。

78. 魏光奇，《官治與自治：20 世紀上半期的中國縣制》，北京：商務印書館，2004 年。

79. 關曉紅，《晚清學部研究》，廣州：廣東教育出版社，2000 年。

80. 蘇雲峰，《三（兩）江師範學堂：南京大學的前身，1903～1911》，台北：中央研究院近代史研究所，1998 年。

81. 蘇雲峰，《張之洞與湖北教育改革》，台北：中央研究院近代史研究所，1983 年。

82. 蘇雲峰，《從清華學堂到清華大學（1911～1929）：近代中國高等教育研究》，台北：中央研究院近代史研究所，1996 年。